WOLFGANG BERENSMANN

Bürgschaft und Garantievertrag im englischen und deutschen Recht

Untersuchungen über das Spar-, Giro- und Kreditwesen

Abteilung B: Rechtswissenschaft

Schriften des Instituts für internationales Recht
des Spar-, Giro- und Kreditwesens an der Universität Mainz

Herausgegeben von

Prof. Dr. Walther Hadding und Prof. Dr. Uwe H. Schneider

Band 52

Bürgschaft und Garantievertrag im englischen und deutschen Recht

Von

Wolfgang Berensmann

Duncker & Humblot · Berlin

CIP-Titelaufnahme der Deutschen Bibliothek

Berensmann, Wolfgang:
Bürgschaft und Garantievertrag im englischen und deutschen Recht / von Wolfgang Berensmann. — Berlin: Duncker u. Humblot, 1988
(Untersuchungen über das Spar-, Giro- und Kreditwesen: Abt. B, Rechtswissenschaft; Bd. 52)
Zugl.: Marburg, Univ., Diss., 1986
ISBN 3-428-06334-1
NE: Untersuchungen über das Spar-, Giro- und Kreditwesen / B

Satz: Werksatz Marschall, Berlin 45
Druck: Berliner Buchdruckerei Union GmbH, Berlin 61
Printed in Germany

ISBN 3-428-06334-1

Inhaltsverzeichnis

Abkürzungsverzeichnis

a.A.	=	anderer Ansicht
AbzG	=	Gesetz betreffend die Abzahlungsgeschäfte
A.C.	=	Law Reports, Appeal Cases, House of Lords and Privy Council
A.c.P.	=	Archiv für die civilistische Praxis
Ad. & E.	=	Adolphus and Ellis's Reports, King's Bench and Queen's Bench
a.E.	=	am Ende
AG	=	Aktiengesellschaft
AGB	=	Allgemeine Geschäftsbedingungen
AGBG	=	Gesetz über die Allgemeinen Geschäftsbedingungen
All E.R.	=	All England Law Reports
A.L.R.	=	American Law Report
Anm.	=	Anmerkung
App. Cas.	=	Law Reports, Appeal Cases, House of Lords
Aufl.	=	Auflage
Aus. L.J.	=	The Australian Law Journal
AP	=	Arbeitsrechtliche Praxis
B.	=	Baron of the Exchequer
B. & Ad.	=	Barnewall and Adolphus' Reports, King's Bench
B. & Ald.	=	Barnewall and Alderson's Reports, King's Bench
BAG	=	Bundesarbeitsgericht
BB	=	Betriebsberater
B. & C.	=	Barnewall and Cresswell's Reports, King's Bench
Bd.	=	Band
BGB	=	Bürgerliches Gesetzbuch
BGHZ	=	Entscheidungen des Bundesgerichtshofs in Zivilsachen
Bing.	=	Bingham's Reports, Common Pleas
Bing. N.C.	=	Bingham's New Cases, Common Pleas
Bli.	=	Bligh's Reports, House of Lords
Bos. & P.	=	Bosanquet and Puller's Reports, Common Pleas
Bro. C.C.	=	W. Brown's Chancery Reports
Brod. & B.	=	Broderip and Bingham's Reports, Common Pleas
B. & S.	=	Best and Smith's Reports, Queen's Bench
Burr.	=	Burrow's Reports, King's Bench
BW	=	Burgerlijk Wetbook
c.	=	chapter
cc	=	code civil
C.A.	=	Court of Appeal
Car. 2	=	König Karl der Zweite
C.B.	=	Common Bench Reports
C.B.N.S.	=	Common Bench Reports, New Series
Ch.	=	Law Reports, Chancery Division, ab 1890
Ch. App.	=	Law Reports, Chancery Appeals
Chan. Rep.	=	Reports in Chancery
C.J.	=	Chief Justice

C.L.R.	=	Common Law Reports
Ch.D.	=	Law Reports, Chancery Division, 1875-1890
Cl. & F.	=	Clark and Finelly's Reports, House of Lords
Cmd.	=	Command Papers
cod. civ.	=	codice civile
Cox.Eq.Cas.	=	S.C. Cox's Equity Cases
C.P.D.	=	Law Reports, Common Pleas Division
DB	=	Der Betrieb
De G & J.	=	De Gex and Jones's Reports, Chancery
ders. A.	=	derselber Ansicht
East	=	East's Reports, King's Bench
E. &. B.	=	Ellis and Blackburn's Reports, Queen's Bench
E. & E.	=	Ellis and Ellis' Reports, Queen's Bench
Esp.	=	Espinasse's Reports, Nisi Prius
Exch.	=	Exchequer Reports (Welsby, Hurlstone and Gordon)
FamRZ	=	Zeitschrift für das gesamte Familienrecht
F.N.	=	Fußnote
Geo. 5	=	König Georg der Fünfte
Giff.	=	Giffard's Reports, Chancery
GmbH	=	Gesellschaft mit beschränkter Haftung
Godb.	=	Godbolt's Reports, King's Bench, Common Pleas and Exchequer
Gruch. B.	=	Beiträge zur Erläuterung des Deutschen Rechts, begründet v. Dr. J. A. Gruchot
Hare	=	Hare's Reports, Chancery
H. & C.	=	Hurlstone and Coltman's Reports, Exchequer
HGB	=	Handelsgesetzbuch
H.L.	=	House of Lords
H.L.C.	=	Clark's Reports, House of Lords
h.M.	=	herrschende Meinung
H. & N.	=	Hurlstone and Norman's Reports, Exchequer
Iherings Jahrbücher	=	Iherings Jahrbücher für die Dogmatik des bürgerlichen Rechts
I.R.	=	Irish Reports
i.S.	=	im Sinne
J.	=	Justice
Jac. 1	=	König Jakob der Erste
Johns.	=	Johnson's Reports, Chancery
Jur.	=	Jurist Reports
JuS	=	Juristische Schulung
JW	=	Juristische Wissenschaft
JZ	=	Juristenzeitung
Kap.	=	Kapitel
K.B.	=	Law Reports, King's Bench Division
KG	=	Kammergericht
Law Rev. Comm.	=	Law Revision Committee
Leon.	=	Leonard's Reports, King's Bench, Common Pleas and Exchequer
L.C.	=	Lord Chancellor
L.J.	=	Lord Justice
L.J.Ch.	=	Law Journal, Chancery
L.J.Ex.	=	Law Journal, Exchequer

Ll. L. Rep.	= Lloyd's List Law Reports
LM	= Lindenmaier-Möhring, Nachschlagewerk des Bundesgerichtshofes
Lofft	= Lofft's Reports, King's Bench
L.Q.R.	= Law Quarterly Review
L.R.C.P.	= Law Reports, Common Pleas
L.R. Eq.	= Law Reports, Equity Cases
L.R. Exch.	= Law Reports, Exchequer
L.R.H.L.	= Law Reports, English and Irish Appeals and Peerage Claims, House of Lords
L.R. Ir.	= Law Reports (Ireland), Chancery and Common Law
L.R.Q.B.	= Law Reports, Queen's Bench
L.T.	= Law Times Reports
LZ	= Leipziger Zeitschrift für Deutsches Recht
Man. & G.	= Manning and Granger's Reports, Common Pleas
MDR	= Monatsschrift für Deutsches Recht
Mer.	= Merivale's Reports, Chancery
M.L.R.	= Modern Law Reviews
Mos.	= Moseley's Reports, Chancery
M.R.	= Master of the Rolls
M. & S.	= Saule and Selwyn's Reports, King's Bench
M. & W.	= Meeson and Welsby's Reports, Exchequer
My. & K.	= Mylene and Keen's Reports, Chancery
N.	= Nummer
NJW	= Neue Juristische Wochenschrift
N.R.	= New Reports
N.S.	= New Series
o.J.	= Ohne Jahrgang
OLG	= Oberlandesgericht
OlGRspr.	= Die Rechtsprechung des Oberlandesgerichts auf dem Gebiet des Zivilrechts
Ord.	= Order
P. Wms.	= Peere Williams' Reports, Chancery and King's Bench
Q.B.	= Law Reports, Queen's Bench Division, 1891-1901, und ab 1952
Q.B.D.	= Law Reports, Queen's Bench Division, 1875-1890
r.	= rule
Rdn.	= Randnummer
Recht	= Das Recht
RGZ	= Entscheidungen des Reichsgrichts in Zivilsachen
r.r.	= rules
R.S.C.	= Rules of the Supreme Court
S.	= Seite
s.	= section
Salk.	= Salkeld's Reports, King's Bench
Seuff. Bl.	= Seufferts Blätter für Rechtsanwendung
Sm. & Giff.	= Smale and Giffard's Reports, Chancery
Sol. Jo.	= Solicitor's Journal
Sp.	= Spalte(n)
ss.	= sections
Stark.	= Starkie's Reports, Nisi Prius
Statute	= Statute of Frauds

Swan.	=	Swanston's Reports, Chancery
Taunt.	=	Taunton's Reports, Common Pleas
T.L.R.	=	The Times Law Reports
T.R.	=	Term Reports
Turn. & R.	=	Turner and Russell's Reports, Chancery
v.	=	versus
V. & B.	=	Vesey and Beames's Reports, Chancery
V.C.	=	Vice Chancellor
Ves.	=	Vesey Jun.'s Reports, Chancery
Ves. Sen.	=	Vesey Sen.'s Reports
vgl.	=	vergleiche
Vict.	=	Königin Victoria
WarnRspr.	=	Warneyer, Rechtsprechung des Reichsgerichts
W.L.R.	=	Western Law Reporter
Wm. Bl.	=	Wiliam Blackstone's Reports, King's Bench and Common Pleas
W.N.	=	Weekly Notes
WM	=	Wertpapiermitteilungen
W.R.	=	Weekly Reporter
Y. & C. Ch. Cas.	=	Younge and Coolyer's Reports, Chancery Cases
Y. & C. Ex.	=	Younge and Collyer's Reports, Exchequer in Equity
Z	=	Ziffer
ZGR	=	Zeitschrift für Unternehmens- und Gesellschaftsrecht
ZHR	=	Zeitschrift für das gesamte Handels- und Wirtschaftsrecht

Meinen Eltern

Einleitung

Bürgschaft und Garantievertrag sind nicht nur ein wichtiges Mittel der Kreditsicherung im Inland, sondern spielen auch für die Abwicklung des grenzüberschreitenden Waren- und Geldverkehrs eine große Rolle. Schon aus diesem Grund verdient Beachtung, wie die persönlichen Kreditsicherheiten in einer so bedeutenden Handelsnation wie England rechtlich geregelt sind, zumal sich dort trotz aller Wandlungen nach dem Kriege Europas bedeutendster Umschlagplatz für Bankgeschäfte aller Art erhalten konnte. Um so mehr zwingt die Zugehörigkeit Großbritanniens zu den Europäischen Gemeinschaften zu einer Beschäftigung mit seiner Rechtsordnung.

So ist es Ziel der vorliegenden Arbeit, zunächst einmal dem deutschen Juristen eine systematisch gegliederte Darstellung des englischen Rechts zu geben. Dabei können und müssen Schwerpunkte bei besonders wichtigen und problematischen Aspekten gelegt werden, nicht zuletzt deshalb, weil auf diesem Gebiet schon eine Abhandlung in deutscher Sprache vorliegt*.

Ein weiteres Anliegen der Arbeit ist es, über die bloße Konstatierung von Gemeinsamkeiten und Unterschieden zwischen der deutschen und der englischen Rechtsordnung hinaus im englischen Recht gefundene Anregungen aufzugreifen und für das deutsche Recht weiterzuentwickeln.

Zwar kann dies angesichts der Verschiedenheit von Rechtsquellen und Rechtsdenken nur bei einigen Problemen Aussicht auf Erfolg bieten. Speziell für diese glaubt der Verfasser aber zeigen zu können, daß sich die Rechtsvergleichung — selbst mit einem so andersartigen Rechtsystem wie dem des Common Law — durchaus befruchtend auf die Behandlung von Rechtsfragen im eigenen Land auswirken kann.

Daß die Berücksichtigung des europäischen Partnerlandes schließlich auch bei rechtspolitischen Überlegungen eine Rolle spielen muß, bedarf angesichts der Harmonisierungsbedürftigkeit des untersuchten Rechtsgebietes keiner besonderen Rechtfertigung.

---

* Hartley, Das Bürgschafts- und Garantierecht im Vereinigten Königreich und in Irland, Brüssel - Luxemburg 1977.

Teil A: Die Bürgschaft

I. Akzessorietät

In England wird der *contract of guarantee* definiert als Vertrag, in dem eine Person (*guarntor* oder *surety*) rechtlich verbindlich verspricht, für die gegenwärtige oder zukünftige Schuld einer zweiten Person (*principal debtor*) aufzukommen[1]. Vertragspartner ist der Gläubiger dieser Schuld. Der *principal debtor* wird als der primär für die Erfüllung der Verpflichtung Verantwortliche angesehen. Die Verantwortung des *guarantors* ist sekundär[2]. In anderen Definitionen wird *guarantee* als eine parallel laufende, unterstützende oder subsidiäre Verpflichtung bezeichnet, die nicht ohne die Existenz der Schuld des anderen existieren kann[3]. Dow[4] benutzt ausdrücklich das Wort „*accessory*" zur Kennzeichnung ihrer Natur.

Dem Begriff nach entspricht die *guarantee* damit der Bürgschaft i. S. von § 765 BGB. Diese Übereinstimmung erlaubt es, bei der Beschreibung auch des englischen Rechts auf die deutschen Ausdrücke Bürgschaft, Bürge und Hauptschuldner zurückzugreifen.

Schlüsselwort für die Fälligkeit der Bürgschaftsverpflichtung ist in England der *default* des Hauptschuldners[5]. *Default* ist hier nicht als Verzug zu übersetzen, sondern einfach als Nichtleistung des Hauptschuldners trotz der Fälligkeit seiner Schuuld. Die Einrede der Vorausklage ist in England unbekannt.

Der Gläubiger kann den Bürgen sogar verklagen, ohne ihn von dem *default* des Hauptschuldners in Kenntnis gesetzt oder ihn zur Zahlung aufgefordert zu haben[6]. Aus diesem Grund erlegt das englische Recht im Gegensatz zu § 767 II BGB dem Bürgen nicht die Kosten der Rechtsverfolgung gegen den Hauptschuldner auf[7].

---

[1] Holden, S. 203; Sutton-Shannon, S. 237.

[2] Megrah, S. 764.

[3] Dow, N. 775.

[4] Dow, N. 767.

[5] Megrah, S. 750; Carroll, S. 3.

[6] Megrah, S. 764; Chitty, Rdn. 4433; Brink-Habel, Rdn. 182; Hitchcock v. Humfrey (1843) 5 Man. & G. 559; Rede v. Farr (1817) 6 M. & S. 121; selbstverständlich kann der Vertrag etwas anderes vorsehen, wie etwa das Versprechen des Bürgen, die Schuld „*on request*" zu zahlen, vgl. Re Brown's Estate, Brown v. Brown [1893] 2 Ch. 300.

[7] Dow, N. 820.

Entsprechend der akzessorischen Rechtsnatur der Bürgschaft kann sich der Bürge auch im englischen Recht — wie in §§ 767 I 1, 768 I 1 BGB — der dem Hauptschuldner zustehenden Einreden und Einwendungen bedienen. Wie bei § 770 II BGB gilt dies grundsätzlich auch für ein Recht des Hauptschuldners zur Aufrechnung. Hier ist jedoch zu unterscheiden: Geht die aufzurechnende Forderung des Hauptschuldners auf denselben Vertrag zurück wie die verbürgte Schuld, so kann der verklagte Bürge im Prozeß aufrechnen[8]. Beruht die Forderung dagegen auf einem anderen Rechtsgrund, so ist Aufrechnung erst dann eine Verteidigungmöglichkeit für den Bürgen, wenn der Hauptschuldner in den Rechtsstreit einbezogen wurde und ein Urteil damit auch für ihn bindend wird[9]. Anderenfalls kann nicht ausgeschlossen werden, daß ein anderer Bürge einer anderen Schuld dieselbe Forderung des Hauptschuldners noch einmal zur Aufrechnung stellt oder daß der Hauptschuldner selbst sie zur Grundlage einer eigenen Klage macht.

II. Probleme bei Vertragsschluß, insbesondere die Anfechtbarkeit

Grundsätzlich gelten für die *guarantee* dieselben rechtsgeschäftlichen Voraussetzungen wie für jeden anderen Vertrag.

Hinsichtlich der *capacity* des Bürgen ist besonders zu beachten, daß Bürgschaften von *limited companies ultra vires* und damit nichtig sind, wenn das *memorandum of association* die Abgabe von Bürgschaften nicht vorsieht[1]. Außerdem muß der Bürgschaftsvertrag im Rahmen der Vertretungsmacht des Organs liegen, von dem er abgeschlossen wurde[2].

Selbstverständlich muß auch beim Bürgschaftsvertrag ein *consensus ad idem* zwischen den Parteien bestehen. Dieser fehlt z. B., wenn der Bürge glaubt, etwas ganz anderes als eine Bürgschaftserklärung zu unterschreiben[3].

---

[8] Bechervaise v. Lewis (1872) L. R. 7 C. P. 372; Curtis-Bennett, N. 716; Hartley, N. 105.

[9] Dow, N. 860; Rowlatt, S. 104 f.; Hartley, N. 105, hält hier das Recht des Bürgen, sich auf ein Aufrechnungsrecht zu berufen, überhaupt für fraglich. Er beruft sich dabei auf Rowlatt, 3. Aufl., London 1936, S. 137 ff., der die Aufrechenbarkeit einer Forderung des Hauptschuldners aus einem anderen Geschäft als dem verbürgten verneinen soll. In Wirklichkeit schrieb Rowlatt (in Übereinstimmung mit der hier vertretenen Ansicht) auf S. 138: „But *where the principal is not before the court* the mere existence of an independent cross-debt from the creditor of the principal is no defence to the surety."

[1] Holden, S. 264. Zu den besonderen Problemen in den U.S.A. vgl. Dwyer, Syracuse Law Review 1972, 33.

[2] Holden, S. 247.

Wurde der Bürge zur Abgabe der Bürgschaft durch eine unrichtige Angabe (*misrepresentation*) des Gläubigers veranlaßt, so ist das Bürgschaftsversprechen anfechtbar. Eine wichtige Frage für das Bürgschaftsrecht ist dabei, inwieweit Schweigen eine *misrepresentation* darstellen kann.

Grundsätzlich sieht das englische Vertragsrecht bloßes Schweigen noch nicht als *misrepresentation* an[4]. Eine allgemeine Pflicht der Vertragspartner zur Aufklärung über vertragserhebliche Tatsachen gibt es in England ebensowenig wie in Deutschland[5]. Eine Ausnahme bilden in England die sogenannten *contracts uberrimae fidei*. Bei diesen Verträgen ist in der Regel eine Partei allein mit den Umständen des Vertragsgegenstandes vertraut und muß diese dem anderen Vertragspartner mitteilen[6]. Eine Unterlassung dieser Aufklärung ist hier Anfechtungsgrund. Hauptbeispiel ist der Versicherungsvertrag. Die Bürgschaft dagegen wird diesen Verträgen im allgemeinen nicht zugerechnet[7].

Dieser Unterschied zwischen Bürgschaft und Versicherungsvertrag ließ die Frage akut werden, wie Mischformen zu behandeln sind. Das ist auch für das deutsche Recht interessant, da die besonderen Aufklärungspflichten, die §§ 16 ff. VVG dem Versicherungsnehmer auferlegen, bei der Bürgschaft kein Äquivalent haben.

Der bei weitem meist zitierte Fall ist *Seaton v. Heath, Seaton v. Burnand*[8]. Hier hatte die Klägerin vor Hingabe eines Darlehens die Solvenz des Darlehensnehmers durch den Beklagten, einen *underwriter* bei Lloyds, versichern lassen. Dieser focht den Versicherungsvertrag an, weil die Klägerin den ungewöhnlich hohen Zinssatz des Darlehens bei Abschluß des Versicherungsvertrages verschwiegen hatte. Die Anfechtung führte zur Abweisung der Klage. Der Vertrag zwischen den Prozeßparteien wurde trotz der darin enthaltenen Bürgschafts-Elemente als Vertrag *uberrimae fidei* angesehen, weil, wie in jedem Versicherungsvertrag, dem Versicherer ein bestimmtes Risiko angetragen wurde, auf Grund dessen er die Prämie berechnete. Dies sei kein Fall der Bürgschaft, die der Bürge aus Freundschaftsmotiven eingeht und deren Risiko diesem bekannt ist[9].

---

[3] Carlisle and Cumberland Banking Co. v. Bragg [1911] 1 K. B. 489; Gallie v. Lee [1969] 2 W. L. R. 901.

[4] Cheshire-Fifoot, S. 251; Hobeck, S. 40.

[5] Vgl. OLG München, NJW 1967, 158; Palandt-Heinrichs, § 123 Anm. 2 c aa; MünchKomm-Pecher, § 765 Rdn. 31.

[6] Blair, M. L. R. 29 (1966), 522, 524.

[7] Anson-Guest, S. 236; Mac Gillivray, Bd. I, S. 420.

[8] [1899] 1 Q. B. 782.

[9] [1899] 1 Q. B. 793.

Obwohl letztere Voraussetzung fehlte, wurde in *Trade Indemnity Co. v. Workington Harbour and Dock Board*[10] eine Bürgschaft angenommen. Dieser Entscheidung lag folgender Sachverhalt zugrunde: Das Workington Harbour and Dock Board, im folgenden Auftraggeber genannt, gab einer Reihe von Bauunternehmern Gelegenheit, Angebote für die Erweiterung einer Hafenanlage abzugeben. Bei der Ausschreibung wurde klargestellt, daß die Anbieter ihre Kalkulation auf eigene Untersuchungen der örtlichen Verhältnisse einschließlich des Tidenhubs, der Grundwasserverhältnisse und der Art der auszuhebenden Erde stützen müßten. Der Auftraggeber sei für diesbezügliche Informationen nicht verantwortlich. Das günstigste Angebot wurde von Kirk & Randall, im folgenden Unternehmen genannt, abgegeben. Es lag mit £ 284 000 um etwa £ 42 000 unter dem nächstniedrigsten Angebot. Nach Beratung durch das von ihm eingeschaltete Ingenieurbüro erklärte sich der Auftraggeber zur Annahme des Angebots nur unter der Bedingung bereit, daß das Unternehmen eine „*guarantee*" über £ 50 000 für die Ausführung des Auftrags stelle. Daraufhin trat das Unternehmen durch Versicherungsagenturen an die Beklagte heran. Diese verpflichtete sich durch Erklärung vom 11. 10. 1922 gegenüber dem Auftraggeber, bis zur Höhe von £ 50 000 für die ordnungsgemäße Erledigung des Auftrags als „*surety*" einzustehen. Nach Erhalt der Erklärung erteilte der Auftraggeber dem Unternehmen den Auftrag.

Nach Arbeitsaufnahme stellte sich heraus, daß das Unternehmen die Menge des in die Baugrube fließenden Meer- und Grundwassers bei weitem unterschätzt hatte. Die Kosten des Abpumpens erreichten ein solches Ausmaß, daß das Unternehmen in finanzielle Schwierigkeiten geriet. Um die Weiterführung der Arbeiten sicherzustellen, gab der Auftraggeber dem Unternehmen einen Kredit von zunächst £ 20 000 und später weiteren £ 25 000. Auch diese Darlehen konnten den vorzeitigen Abbruch der Arbeiten und die Liquidation des Unternehmens nicht verhindern.

Der Auftraggeber bezifferte seine Darlehens- und Schadensersatzforderungen gegen das Unternehmen mit £ 78 000 und nahm die Beklagte in Höhe von £ 50 000 in Anspruch. Die Beklagte berief sich demgegenüber auf ihre Anfechtung der am 11. 10. 1922 abgegebenen Erklärung. Die Anfechtbarkeit ergebe sich daraus, daß der Auftraggeber ihr vor Vertragsschluß wichtige Tatsachen verschwiegen habe. So habe er ihr die ungewöhnlichen Wassermengen an der Baustelle nicht mitgeteilt, obwohl er gewußt habe, daß die niedrige Angebotssumme des Unternehmens in einem groben Mißverhältnis zu den hohen Kosten der Bewältigung des Problems gestanden habe. Der klagende Auftraggeber habe eine Aufklärungspflicht verletzt, die er gehabt habe, weil zwischen den Parteien ein Versicherungsvertrag geschlossen worden sei.

---

[10] [1937] A. C. 1.

Nachdem die Klage des Auftraggebers in erster Instanz abgewiesen worden war, obsiegte er in zweiter Instanz beim *Court of Appeal*. Nach dessen Auffassung ergab sich die Verpflichtung der Beklagten nicht aus einer Versicherung, sondern aus einer Bürgschaft. Aus diesem Grunde könne dem Auftraggeber nicht die Verletzung einer besonderen Aufklärungspflicht entgegengehalten werden.

Das von der Beklagten angerufene Oberhaus hob das Urteil des *Court of Appeal* auf und verwies die Sache zur Verhandlung und Entscheidung über die Höhe des klägerischen Anspruchs an das Gericht der ersten Instanz zurück. Auch das Oberhaus hielt die Erklärung vom 10. 11. 1922 für eine Bürgschaft. Der Behauptung der Beklagten, sie sei eine Versicherungsgesellschaft, die die Erklärung im Rahmen ihres normalen Versicherungsgeschäfts abgegeben und das Risiko, wie branchenüblich, bei anderen Versicherern rückversichert habe, komme keine Bedeutung zu. Von der Beklagten sei die Erteilung einer „*guarantee*" verlangt worden, und sie habe sich in ihrer Erklärung selbst als „*surety*" bezeichnet. Es sei nicht zu verstehen, daß Geschäftsleute dem von ihnen Gewollten nicht die richtige Bezeichnung geben könnten[11]. Demgemäß sah auch das Oberhaus keinen Grund, die Klage wegen einer Anfechtbarkeit der Erklärung vom 11. 10. 1922 abzuweisen. Anders als die Vorinstanz sah es aber die dem Unternehmen gegebenen Darlehen als nicht von der Bürgschaft erfaßt an. Dies machte es erforderlich, die in der Auflistung der Ansprüche des Auftraggebers enthaltenen Positionen für Kapital und Zinsen der Darlehen auszuscheiden. Mit dieser Aufgabe wurde die erste Instanz durch die Rückverweisung betraut.

Die Entscheidung hat klargestellt, daß auch kommerzielle Einstandserklärungen, etwa durch Versicherungsgesellschaften, nicht notwendigerweise als Versicherungsvertrag, sondern auch als Bürgschaft gewertet werden können. Von entscheidender Bedeutung bei der gerichtlichen Abgrenzung waren die von der Beklagten gewählten Worte. Dem entspricht Treitels[12] rein terminologische Unterscheidung zwischen einer Bürgschaft und einer Versicherung gegen die Nichtzahlung einer Schuld[13].

Die Nützlichkeit einer solchen begrifflichen Gegenüberstellung soll nicht angezweifelt werden, da die Frage der *uberrima fides* in der Regel tatsächlich die der Abgrenzung von Bürgschaft und Versicherung ist. Dem Einzelfall gerechter werden aber folgende Gedanken von Romer, L. J.[14]: Der Unterschied zwischen den Verträgen, die *uberrima fides* erfordern, und solchen, bei denen das nicht der Fall ist,

---

[11] [1937] A. C. 1, 17.

[12] Contract, S. 306.

[13] Vgl. auch Golser, S. 18 ff.

[14] Seaton v. Heath, Seaton v. Burnand [1899] 1 Q. B. 782, 792. Nach den Worten von Colinvaux, S. 345, ist das Urteil „the most detailed pronouncement on the matter".

„does not depend upon any essential difference between the word 'insurance' and the word 'guarantee'. There is no magic in the use of those words. The words, to a great extent, have the same meaning and effect; and many contracts, like the one in the case now before us, may with equal propriety be called contracts of insurance or contracts of guarantee."

Unter Berücksichtigung dieser Worte ergibt eine Auswertung der beiden oben dargestellten Fälle folgende Abgrenzungkriterien:

Uberrimae fides ist erforderlich, wenn das Bürgschaftsrisiko Gegenstand eines unmittelbar zwischen Gläubiger und Versicherer (bzw. Bürgen in einigen Fällen[15]) ausgehandelten und vergüteten Geschäfts ist. Beauftragt dagegen der Hauptschuldner den Bürgen (bzw. Versicherer), so ist letzterer auch hinsichtlich seines Informationsbedürfnisses der Sphäre des Hauptschuldners zuzurechnen, so daß den Gläubiger keine besondere Aufklärungspflicht trifft.

Dennoch kann auch im „Normalfall" der Bürgschaft das Schweigen des Gläubigers manchmal einer *misrepresentation* gleichkommen[16]. Das kann etwa dann der Fall sein, wenn der Gläubiger unerwartete Umstände des Geschäfts unerwähnt läßt[17] oder ein offensichtliches Mißverständnis des Bürgen nicht berichtigt[18]. Beispielsweise konnte eine *guarantee* für die pflichtgetreue Erfüllung eines Dienstvertrages erfolgreich angefochten werden, weil der Dienstherr bei Abschluß des Bürgschaftsvertrages eine vorausgegangene Unterschlagung des Angestellten nicht mitteilte[19]. Andererseits kann sich ein Bürge nicht darauf berufen, der Gläubiger müsse ihm ungefragt eröffnen, daß der zu sichernde Kredit lediglich einer Umschuldung dienen sollte[20].

III. Consideration, insbesondere bei Bankbürgschaften

Wie jeder Vertrag im englischen Recht bedarf auch die Bürgschaft, soweit sie nicht in einer gesiegelten Urkunde[1] niedergelegt ist, der *consideration*[2].

15 Anson-Guest, S. 237.

16 Pollock, S. 435.

17 Vgl. Treitel, Contract, S. 307, National Provincial Bank of England Ltd. v. Glanusk [1913] 3 K. B. 335, 338.

18 Holden, S. 219.

19 London General Omnibus Co. Ltd. v. Holloway [1912] 2 K. B. 72.

20 Hamilton v. Watson (1845) 12 C. & F. 109; vgl. auch Pedge v. Buss (1860), Johns. 663; Cooper v. National Provincial Bank Ltd. [1946] 1 K. B. 1.

1 Vgl. Sutton-Shannon, S. 25 ff.

2 Ein vom Versprechensempfänger zu erbringendes Gegenopfer für das Versprechen, ohne das es rechtlich nicht bindend ist. Vgl. Zweigert-Kötz, S. 84 ff.; Schnitzer, S. 615; Jenks-Winfield, §§ 117 ff.

Daß ein Bürge vom Gläubiger in der Regel keine Gegenleistung erhält, beeinträchtigt die Wirksamkeit der Bürgschaft nicht. Als *consideration* genügt es, daß der Versprechensempfänger auf Grund des Versprechens eine für ihn nachteilige Vermögensverfügung trifft, gleich, ob sie dem Versprechenden nützt oder nicht. So gibt der Gläubiger die *consideration* für die Bürgschaft durch seine Leistung (auch ein Leistungsversprechen genügt) an den Hauptschuldner[3]. Ist diese Leistung allerdings schon vor der Abgabe der Bürgschaftserklärung erfolgt, so kann sie ihr als sog. „*past consideration*" nicht mehr zur Wirksamkeit verhelfen[4].

Dies ist auf das Prinzip der Gegenseitigkeit zurückzuführen, das der *consideration*-Lehre zugrunde liegt[5]. Das Versprechen muß motiviert sein von dem Bestreben, den Versprechensempfänger zu seinem Gegenopfer zu veranlassen, und wird mit der Erbringung dieses Gegenopfers rechtlich bindend[6]. Eine vom Gläubiger aber bereits in der Vergangenheit gewährte Leistung kann denknotwendig mit der Abgabe der Bürgschaftserklärung nicht mehr bezweckt werden.

Hat der Gläubiger in einem solchen Fall fällige Forderungen gegen den Hauptschuldner, so genügt es als *consideration*, wenn er die Schuld stundet[7], auf Bitte des Bürgen für einen angemessenen Zeitraum (*reasonable time*) auf ihre Eintreibung verzichtet[8] oder einem Vergleich mit dem Schuldner zustimmt[9]. Eine Bürgschaft für schon entstandene Forderungen wird auch dadurch durchsetzbar, daß der Gläubiger nach ihrer Erteilung neue Leistungen erbringt, etwa einen schon bestehenden Kredit erweitert[10]. Das folgt daraus, daß die *consideration* nicht wertgleich dem Versprechen gegenüberstehen muß[11]. In einem solchen Fall muß sich der Gläubiger zu seiner zusätzlichen Leistung allerdings wirksam verpflichten oder diese tatsächlich erbringen, bevor er seine Bürgschaftsforderungen mit Erfolg einklagen kann. Die bloße Inaussichtstellung genügt nicht.

Fraglich ist die *consideration* für *tender guarantees*. Bei größeren Ausschreibungen verlangen Auftraggeber nicht selten solche Sicherheiten von den Anbietern, die sich um den Zuschlag bewerben. In der Regel stellt die

---

3 Rheinstein, S. 98; Story-Thorndike, S. 615; N. N., L. J. 69 (1930), 40.

4 Rowlatt, S. 9; Collingwood, S. 119; Meyer, Tulane L. R. 1957, S. 645, 647.

5 Brink-Habel, Rdn. 63.

6 Zweigert-Kötz, S. 85.

7 Payne v. Wilson (1827) 7 B. & C. 423; Rolt v. Cozens (1856) 18 C. B. 673; Wynne v. Hughes (1873) 21 W. R. 628.

8 Crears v. Hunter (1887) 19 Q. B. D. 341; Holden, S. 222; Hartmann, AcP 77, 161, 226; Pollock, S. 155.

9 Rowlatt, S. 11.

10 Holden, S. 222; Rowlatt, S. 14.

11 Sutton-Shannon, S. 70; Dow, N. 784.

Bank des Anbieters dem Auftraggeber die *tender guarantee* dafür aus, daß der Anbieter sein Angebot bis zur Entscheidung über dessen Annahme durch den Auftraggeber aufrechterhält. Man könnte eine daraufhin erfolgende Erteilung des Auftrags als *consideration* ansehen. Das würde aber bedeuten, daß die *tender guarantees* nicht bindend sind, solange der Zuschlag noch nicht erteilt worden ist. Jackson[12] schlägt deshalb vor, die Zulassung des Angebots zum Zuteilungsverfahren als die für die Entstehung einer (aufschiebend) bedingten Bürgenhaftung nötige *consideration* anzusehen. Die Bedingung tritt dann ein, wenn der Anbieter den Zuschlag erhält und dennoch den Abschluß des Vertrages verweigert.

Von Wichtigkeit für das englische Bürgschaftsrecht ist es auch, daß die Erfüllung einer schon bestehenden Pflicht keine weitergehende Belastung für den Erfüllenden im Sinne der *consideration*-Lehre ist[13]. Hatte sich ein Gläubiger somit vor Erteilung der Bürgschaft zu etwas verpflichtet, so kann er aus ihr auch dann keine Rechte herleiten, wenn er seine Schuld erst nach der Bürgschaftserteilung erfüllt. Seine Verpflichtung ist lediglich *past consideration*, und auch die Erfüllung stellt keine neue, weitergehende *consideration* dar. Dies macht die Wirksamkeit einer Bürgschaft problematisch, die im Rahmen eines Vertrages gegeben wird, der schon vorher von Gläubiger und Hauptschuldner abgeschlossen wurde, beispielsweise eine Bankbürgschaft, die ein Werkunternehmer seinem Kunden für die Erfüllung seiner Verpflichtungen beizubringen hat[14].

Im amerikanischen Recht[15] ist das Problem in vielen Fällen dadurch gelöst, daß man die Provision, die der Hauptschuldner an seine Bank zahlt, als ausreichende *consideration* für die Bürgschaftserklärung der Bank ansieht.

In England hingegen hält man an der Lehre fest, daß die *consideration* vom Gläubiger kommen muß[16]. Nach den allgemeinen Grundsätzen des englischen Vertragsrechts kann der Gläubiger sich auch nicht als Drittbegünstigter auf den Vertrag zwischen Bürgen und Hauptschuldner stützen. Aus eng mit der *consideration*-Lehre zusammenhängenden Gründen wird das Institut eines Vertrages zugunsten Dritter grundsätzlich abgelehnt (*doctrine of*

---

[12] Journal of the Institute of Bankers 79 (1958), 100, 105.

[13] Anson-Guest, S. 93.

[14] Diskutiert wird diese Frage in der englischen Literatur beim Dokumentenakkreditiv, bei dem hinsichtlich der *consideration* die gleiche Problematik besteht. Ders. Ansicht wohl auch Käser, Rabels Z 35 (1971), 601, 624, der in F. N. 113 auf das englische Akkreditiv-Recht verweist, und Schmitthoff, Export Trade, S. 83, der die Regeln über Akkreditive auf Bankbürgschaften für analog anwendbar hält.

[15] Käser, Rabels Z 35 (1971), 601, 624; Warren, A. L. R. 167 (1947), 1174 ff.

[16] „Consideration must move from the promisee"; vgl. Cheshire-Fifoot, S. 66 ff.; Kritik dazu bei Zweigert-Kötz, S. 173.

the privity of contract)[17]. Insoweit hat die Rechtsentwicklung jedoch Ausnahmen zugelassen. So wurde die Klagemöglichkeit eines „Dritten" aus einem Scheck oder Wechsel anerkannt, erst durch das Gewohnheitsrecht der Kaufleute[18], dann durch Gerichtsentscheidungen[19] und schließlich durch Gesetzesrecht[20]. Eine ähnliche Entwicklung sehen Cheshire-Fifoot[21] bei der Frage der Wirksamkeit eines Akkreditivs, die sich im Fall der Bankbürgschaft in derselben Weise stellt. In der Praxis hätten sich Banken bisher noch nicht auf mangelnde *consideration* berufen. Immerhin könne aber der Liquidator einer Bank sich gezwungen sehen, eine solche förmliche Einwendung zu erheben. Dann könnte auch hier ein Handelsbrauch die Gerichte veranlassen, von dem strengen Grundsatz der *privity of contract* abzuweichen[22]. Ein Gläubiger könne so die Bank in Anspruch nehmen, ausnahmsweise als Drittbegünstigter deren Vertrages mit dem Auftraggeber (dem Besteller einer Ware beim Akkreditiv und dem Hauptschuldner bei der Bankbürgschaft).

Demgegenüber bevorzugt Anson-Guest[23] die Lösung, den Anspruch des Begünstigten aus seinem eigenen Vertragsverhältnis mit der Bank abzuleiten. Die Frage aber, was in diesem Verhältnis *consideration* ist, wird von ihm leider nur aufgeworfen und nicht beantwortet.

Die Gerichte haben zu diesem Problem, wenn auch nicht für den Fall der Bankbürgschaft, in zwei Entscheidungen Stellung genommen.

In *Urquhart Lindsay v. Eastern Bank*[24] nahm die Klägerin die Beklagte aus einem Akkreditiv in Anspruch. Sie hatte einer Jute-Spinnerei in Kalkutta Maschinen verkauft, deren Herstellung sich über einen längeren Zeitraum erstrecken und die in mehreren Teillieferungen verschifft werden sollten. In entsprechenden Abschnitten sollte auch die Zahlung des Kaufpreises erfolgen, und zwar über ein von der Käuferin der Verkäuferin zu eröffnendes Akkreditiv. Mit der Erfüllung dieser Vertragsbestimmung betraute die Käuferin die Beklagte, ihre Hausbank in London. Im Auftrag der Käuferin schrieb die Bank der Verkäuferin, sie wolle unwiderruflich von der Verkäuferin auf die Käuferin gezogene Wechsel bei Vorlage bestimmter Dokumente (Rechnungen, Konnossemente und Versicherungspolicen) bis zum Gesamtbetrag

---

[17] Vgl. Cheshire-Fifoot, S. 404 ff.; Anson-Guest, S. 363 ff.; Treitel, Contract, S. 459.

[18] Cheshire-Fifoot, S. 408.

[19] Crouch v. Credit Foncier of England (1873) L. R. 8 Q. B. 374, 381 f.; Goodwin v. Robarts (1875) L. R. 10 Exch. 337.

[20] Bills of Exchange Act, 1882, 45 & 46 Vict., c. 61, ss. 29 ff.

[21] 8. Aufl., S. 433 f.

[22] Auch Chorley, S. 24, vertritt die Auffassung, daß die Verkehrssitte (*custom of trade*) mit rechtlicher Wirkung Ausnahmen schaffen kann.

[23] S. 376; ebenso Ellinger, Malaya Law Reports 4 (1962), 307.

[24] [1922] 1 K. B. 318.

von £ 70 000 bezahlen. Nachdem zwei Teillieferungen über das Akkreditiv bezahlt worden waren, verweigerte die Käuferin einer Preisgleitklausel im Vertrag, mit der die Verkäuferin Steigerungen der Rechnungsbeträge begründete, ihre Anerkennung. Auf Anweisung der Käuferin zahlte die Bank einen weiteren von der Verkäuferin vorgelegten Wechsel nicht. Auf deren Klage hin wurde die Bank zur Zahlung verurteilt.

In *Dexters Ltd. v. Schenker & Co.*[25] hatte ein Käufer von 10 Tonnen Fett den Kaufpreis an den Beklagten, seinen Spediteur, bezahlt. Dieser erklärte sich gegenüber dem Verkäufer, dem Kläger, bereit, ihm den Kaufpreis gegen bestimmte Dokumente auszuzahlen. Nachdem der Spediteur die Zahlung verweigert hatte, erstritt der Verkäufer ein Urteil gegen ihn.

Obwohl in *Urquhart Lindsay v. Eastern Bank* ein etwaiger Mangel an *consideration* gar nicht vorgetragen wurde und in *Dexters Ltd. v. Schenker & Co.* der Einwand zwar erhoben, später aber wieder fallengelassen wurde, gingen in beiden Fällen die Richter in *dicta* auf die Frage der *consideration* ein. Sie sahen eine vom Begünstigten kommende *consideration* in seinem „*acting upon the undertaking*"[26], seiner Leistung gegenüber dem Hauptschuldner, nachdem er das Versprechen der Beklagten erhalten hatte.

Eine solche Begründung kritisiert Davis[27] mit dem Argument, dabei handele es sich nur um die Erfüllung einer schon bestehenden Vertragspflicht und damit um keine *consideration*[28]. Gegenüber dieser Kritik muß allerdings eine Tatsache Berücksichtigung finden, auf die Greer, J., in *Dexters Ltd. v. Schenker & Co.*[29] hingewiesen hat: Vor Stellung der Bankbürgschaft[30] ist der Begünstigte zu keiner Leistung verpflichtet. Seine Verpflichtung gründet sich zwar auf den ursprünglichen Vertrag mit dem Hauptschuldner, kann aber erst dann in Anspruch genommen werden, wenn dieser seinerseits die Bürgschaft vertragsgemäß gestellt hat. Diese besondere Lage rechtfertigt es, die Begründung der eigenen Leistungspflicht durch den Begünstigten nicht als bloß vergangene, sondern als gültige *consideration* für die Bürgschaft anzusehen, da sich erst bei deren Entgegennahme seine Verpflichtung vollendet[31]. Letztlich schafft sich die Bankbürgschaft selbst die für ihre Wirksamkeit erforderliche *consideration*, indem sie die Bedingung für die Leistungspflicht des Begünstigten eintreten läßt.

---

[25] (1923) 14 LL. L. Rep. 586.

[26] Urquhart Lindsay & Co. Ltd. v. Eastern Bank Ltd. [1922] 1 K. B. 318, 321.

[27] 52 L. Q. R. 225, 238.

[28] Vgl. oben S. 21.

[29] (1923) 14 LL L. Rep. 586, 588.

[30] Der Richter sprach für seinen Fall natürlich von dem akkreditiv-ähnlichen Versprechen des Beklagten.

[31] Davis, L. Q. R. 52 (1936) 225, 238; aber vgl. Simmons and Others v. Keating (1818) 2 Stark. 426; Rowlatt, S. 69 f.

Im Ergebnis ist festzuhalten, daß auch im Fall einer Bankbürgschaft am Erfordernis der *consideration* grundsätzlich festgehalten wird. Trotz aller Kritik[32] und der Schwierigkeiten, die Doktrin mit den Erfordernissen des modernen Wirtschaftslebens in Einklang zu bringen, haben Reformbestrebungen[33] bisher nur wenig Erfolg in Rechtsprechung oder Gesetzgebung gehabt. Andererseits ist zu erwarten, daß auch vor englischen Gerichten der Einwand einer Bank, der Begünstigte habe keine *consideration* geleistet, grundsätzlich kein Gehör findet[34]. Die Überzeugung von der Wirksamkeit des Akkreditivs[35], die in der englischen Literatur trotz unterschiedlicher Konstruktionen vorherrscht, läßt sich wohl auch auf Bankbürgschaften übertragen. Dennoch bleibt die *consideration* ein Faktor, der bei der Prüfung der Wirksamkeit einer Bürgschaft, auch einer Bankbürgschaft, im englischen Recht nicht fehlen darf.

IV. Die Formvorschrift des Statute of Frauds im Vergleich zu der des § 766 BGB

1. Anwendungsbereich

Das wohl wichtigste Gesetzesrecht im englischen Bürgschaftsrecht stellt das *Statute of Frauds* von 1677[1], s. 4, dar. Diese lautet:

"... noe action shall be brought... whereby to charge the defendant upon any speciall promise to answer for the debt, default or miscarriages of another person ... unlesse the agreement upon which such action shall be brought or some memorandum or note thereof shall be in writeing and signed by the partie to be charged therewith or some other person thereunto by him lawfully authorized."

Das Ausmaß der Anwendbarkeit auf die Bürgschaft bestimmt sich danach, was unter einem *„special promise to answer for the debt default or miscarriages of another person"* zu verstehen ist. Die Erklärung der Begriffe *debt, default* und *miscarriage* und insbesondere ihre Unterscheidung voneinander

---

[32] Vgl. Davis, L. Q. R. 52 (1936) 225, 238; Anson-Guest, S. 109; Weeramantry, S. 240 ff.

[33] Vgl. Law Revision Committee, Sixth Interim Report, S. 17 ff.

[34] Käser, Rabels Z 35 (1971) 601, 624.

[35] Davis, S. 76 ff.; Cheshire-Fifoot, 8. Aufl., S. 433 f.; Gutteridge-Megrah, S. 28, bezeichnen die Frage als lediglich noch akademisch; zurückhaltend: Treitel, Contract, S. 116; vgl. auch Adams, L. Q. R. 94 (1978), 73, 84: „Whilst however the law of contract may in a sense be irrelevant to much of what goes on in real life, surely courts should not refuse recovery in the name of doctrinal tidiness when occasionally they are resorted to?"

[1] 29 Car. 2, c. 3.

ist in Rechtsprechung und Schrifttum nicht ganz klar und einheitlich[2]. *„Debt"* ist eine feste Summe Geldes, die auf Grund einer Vereinbarung geschuldet und mit der *„action of debt"* eingeklagt werden kann[3]. Schwieriger ist, das *Wort „default"* zu definieren[4]. Sicherlich ist es ein Versäumnis, einer Rechtspflicht nachzukommen. Für Sutton-Shannon[5] wird sich diese Pflicht in der Regel aus dem Vertrag ergeben haben, während Holroyd, J., in *Kirkham v. Marter*[6] die genau entgegengesetzte Ansicht äußerte. Mit dem Begriff *„miscarriage"* sollten schließlich Schadensersatzverpflichtungen aus unerlaubten Handlungen (*tort*)[7] erfaßt werden. De Colyar[8] hält darüber hinaus alle *„breaches of duty"* für *miscarriages*, wobei er meint, daß dieser Ausdruck im Gegensatz zu *„default"* klarstellt, daß nicht nur zukünftige, sondern auch schon geschehene Pflichtversäumnisse eingeschlossen werden sollten.

Im Endergebnis scheint aber Einigkeit darüber zu bestehen, daß ein *„promise to answer for the debt, default or miscarriages of another person"* mit einer *guarantee* identisch ist[9]. Wie § 766 BGB ist s. 4 des *Statute of Frauds* eine Formvorschrift für die Bürgschaft.

Gleichzeitig regelt s. 4 des *Statute of Frauds*, wie eine Urkunde beschaffen sein muß, um der Schriftform zu genügen. Dies ist in Deutschland einer besonderen Norm, § 126 BGB, vorbehalten. In diesem Zusammenhang ist darauf hinzuweisen, daß sich das im *Statute of Frauds* aufgestellte Formerfordernis, wie das des § 126 BGB, nicht auf die Bürgschaft beschränkte, sondern auf eine Reihe von Rechtsgeschäften erstreckte. Aus diesem Grunde betrifft die insoweit einschlägige Rechtsprechung überwiegend andere Verträge als Bürgschaften, insbesondere Kaufverträge. Da an die Form aller im *Statute of Frauds* aufgeführten Rechtsgeschäfte dieselben Anforderungen gestellt wurden, kann und soll hier, wie dies auch bei den englischen Darstellungen des Bürgschaftsrechts geschieht[10], die Rechtsprechung zu

[2] Vgl. Sutton-Shannon, S. 237; Cheshire-Fifoot, S. 178.

[3] Vgl. Stroud, Bd. II, S. 702.

[4] Saunders, Bd. II, S. 29; vgl. auch die modernere Definition oben S. 14.

[5] S. 237.

[6] 2 B. & Ad. 613, 617.

[7] Cheshire-Fifoot, S. 179; Williams, Statute, S. 25.

[8] S. 61.

[9] Anson-Guest, S. 67; Cheshire-Fifoot, S. 179.

[10] z. B. Chitty, Rdn. 4421; Rowlatt, S. 34 ff.; vgl. auch Cheshire-Fifoot, S. 185: „Such was the language applied by section 4 of the Statute of Frauds to all the contracts within its scope and which still applies to the 'special promise to answer for the debt, default or miscarriage of another person'. It is substantially repeated by section 40 (1) of the Law of Property Act 1925, and may be assumed to govern both contracts of guarantee and contracts affecting interests in land." und F. N. 4 auf derselben Seite: „Many problems were necessarily worked out on the parts of the Statute now repealed; but these cases will still apply, pari passu, to the surviving fragments."

anderen Verträgen zur Bestimmung der bei der Bürgschaft einzuhaltenden Form herangezogen werden.

2. Materiell-rechtliche und prozessuale Wirkung

S. 4 des *Statute of Frauds* verlangt, daß „no action shall be brought ... whereby to charge the defendant upon any special promise", wenn nicht ein dann näher spezifiziertes Schriftstück beigebracht wird.

Lange Zeit wurde dieser Bestimmung die Bedeutung zugemessen, daß ihre Nichteinhaltung wie bei § 766 BGB Nichtigkeit der Bürgschaft zur Folge habe[1]. Erst in *Leroux v. Brown*[2] wurde entsprechend dem Wortlaut entschieden, daß das *Statute*[3] in Wirklichkeit nur den Erfolg einer Bürgschaftsklage ausschließt, wenn kein schriftlicher Beweis beigebracht werden kann. Auf die Wirksamkeit des Vertrages an sich hat das *Statute* keinen Einfluß. Der Anspruch aus einer mündlich gegebenen Bürgschaft wird wie ein verjährter Anspruch als *imperfect right*[4], als Naturalobligation, angesehen. Die Nichtbeachtung der Formvorschriften macht sie nicht nichtig, sondern lediglich „unenforceable in an English court of justice"[5]. Daß das *Statute* nicht das materielle Recht regelt, sondern als Beweisregelung dem Prozeßrecht zugehört, hatte in *Leroux v. Brown*[6] entscheidende Konsequenzen. Hier beruhte die Klage auf einem mündlichen Vertrag, den der Kläger in Calais mit einem dort lebenden Briten abgeschlossen hatte und der auch in Calais erfüllt werden sollte. Der Vertrag war nach damaligem französischen Recht formlos gültig, fiel aber in England in den Anwendungsbereich des *Statute of Frauds*. Der Court of Appeal wies die Klage ab. Zwar sei der Vertrag nicht ungültig, weil hinsichtlich des materiellen Rechts einschließlich der Formvorschriften die französischen Gesetze anzuwenden seien. Verfahrensrechtlich seien aber die Bestimmungen am Ort des Gerichts maßgebend, so daß sich der Beklagte mit Erfolg darauf berufen könne, daß sich die Klage nicht auf ein nach dem *Statute* erforderliches Schriftstück stützen könne. Der Vertrag sei, obwohl wirksam, in England nicht einklagbar.

---

[1] Charter v. Becket (1797) 7 T. R. 201, 204; Carrington v. Roots (1837) 2 M. & W. 248, 255; Reade v. Lamb (1851) 6 Exch. 130.

[2] (1852) 12 C. B. 801, 824; ebenso: Britain v. Rossiter (1897) 11 Q. B. D. 130; bestätigt vom Court of Appeal in Bristol, Cardiff and Swansea Aerated Bread Co. v. Maggs (1890) 44 Ch. D. 616.

[3] Im folgenden soll das Statute of Frauds mit der Kurzfassung „Statute" bezeichnet werden.

[4] Salmon, S. 43.

[5] Leroux v. Brown (1852) 12 C. B. 801, 824.

[6] (1852) 12 C. B. 801.

Weitere Folge der materiellen Wirksamkeit ist, daß es dem Gläubiger unbenommen bleibt, die formlose Bürgschaft als Verteidigungsmittel in den Prozeß einzuführen[7]. Lediglich einem Kläger schneidet das *Statute* die Berufung auf eine solche Bürgschaft ab. So wird der Bürge keinen Erfolg damit haben, auf die Bürgschaftsschuld gezahltes Geld wegen Nichtbeachtung der Formvorschrift zurückzufordern[8]. Insofern hat die rein prozessuale Ausgestaltung des *Statute* dieselbe Wirkung wie § 766 S. 2 BGB.

Die Konsequenzen der englischen Regelung reichen aber weiter. So kann der Gläubiger die Herausgabe einer Sache mit der Begründung verweigern, ihm stünde an der Sache auf Grund einer formlosen Bürgschaft ein Besitzpfandrecht zu[9]. Weiterhin kann er Wechsel, die ihm für eine solche Bürgschaft gegeben wurden, behalten und auch einklagen[10]. Das gilt nach Williams[11] auch für Pfandrechte und ähnliche Sicherheiten. Er folgert dies aus einer Analogie zur Rechtsprechung zum *Statute of Limitations*[12], das wie § 223 BGB bestimmt, daß Verjährung die Realisierung von Sicherheiten nicht hindert[13]. Ob Williams' Meinung von den Gerichten geteilt würde, ist fraglich. Ein Urteil[14] zu einem anderen Problem lehnte jedenfalls die Anwendung einer für das *Statute of Limitations* anerkannten Regel auf das *Statute of Frauds* ab.

In einem anderen Aspekt dagegen wurde das *Statute of Frauds* den Verjährungsregelungen angeglichen: Das *Statute* ist nämlich nicht als zwingende, von Amts wegen zu beachtende Vorschrift angesehen worden. Der beklagte Bürge kann auf seine Anwendung verzichten[15]. Er muß sogar ausdrücklich eine entsprechende Einrede erheben, soll das *Statute* berücksichtigt werden[16].

---

[7] Thomas v. Brown (1876) 1 Q. B. D. 714, 723; Jervis v. Berridge (1873) 8 Ch. App. 351, 360; Hussey v. Horne-Payne (1879) 4 App. Cas. 311, 323. Der Möglichkeit, aus einem uneinklagbaren Vertrag eine Einwendung zu erheben, sind gewisse Grenzen gezogen, wenn beide Seiten Verpflichtungen eingegangen sind. Im einzelnen vgl. Williams, L. Q. R. 50 (1934) 532.

[8] Simmons v. Simmons (1847) 6 Hare 352; Thomas v. Brown (1876) 1 Q.B.D. 714; Jones v. Jones (1840) 6 M. & W. 84.

[9] Miles v. New Zealand Alford State Co. (1886) 32 Ch. D. 280.

[10] Jones v. Jones (1840) 6 M. & W. 84, 88.

[11] Statute, S. 202.

[12] 21 Jac. 1 c. 16, s. 3.

[13] London and Midland Bank v. Mitchell [1899] 2 Ch. 161.

[14] In re Rowson (1885) 29 Ch. D. 358, 361.

[15] Vgl. Williams, Sale of Land, S. 34.

[16] R. S. C. Ord. 18 r. 8; Dawkins v. Penrhys (1878) 4 App. Cas. 51; Manchester and Oldham Bank Ltd. v. Cook (W. A.) & Co. (1883) 49 L. T. 674; Fraser v. Pape (1904) 91 L. T. 430.

Erwähnenswert ist schließlich noch ein etwas kurioses Ergebnis, das die Konstruktion des *Statute* in *Morris v. Baron*[17] hatte. Hier wurde ein Vertrag, der die Formvorschrift erfüllte, später durch einen Vertrag ersetzt, bei dem dies nicht der Fall war. Ein Anspruch aus dem ersten Vertrag konnte nicht durchgesetzt werden, weil er wirksam durch den zweiten aufgehoben worden war, während auf den zweiten sich die Klage mangels schriftlicher Beweise nicht stützen konnte.

3. Anforderungen an die Schriftform

a) Inhalt und Form des gesetzlich geforderten Schriftstücks

Eine erfolgreiche Klage aus einer Bürgschaft erfordert nach dem Wortlaut des *Statute*, daß

„... the agreement upon which such action shall be brought, or some memorandum or note thereof, shall be in writing ...".

Im deutlichen Unterschied zu § 766 1 BGB braucht der Bürgschaftsvertrag selbst nicht schriftlich abgefaßt zu sein. Den Beweiszwecken des *Statute* genügt es, wenn der Vertrag später schriftlich in einem „*memorandum* or *note*" festgehalten wird[1].

Was hingegen Mindestbestandteil einer Bürgschaftsurkunde ist, wird in Deutschland und England ähnlich beurteilt. Sie muß die Vertragsparteien[2] und den Geschäftsgegenstand[3] enthalten, wobei sich die englische Rechtsprechung mit Bestimmbarkeit begnügt[4]. In Deutschland muß sich der Verbürgungswille aus der Urkunde selbst ergeben[5]. Hinsichtlich der verbürgten Forderung reicht Bestimmbarkeit aus[6].

Im frühen englischen Recht mußte aus dem *memorandum* auch die *consideration* der Bürgschaft hervorgehen[7]. Dieses Erfordernis ist durch den *Mercantile Law Amendment Act*[8], s. 3, im Jahre 1856 abgeschafft worden.

---

17 [1918] 1 A. C. 1.

1 Vgl. Goldschmidt-Langenbach, S. 384.

2 Williams v. Lake (1859) 2 E. & E. 349, 354; Champion v. Plummer (1805) 1 Bos. & P. (N. R.) 252; Skelton v. Cole (1857) 1 De G. & J. 587; Vandenberg v. Spooner (1866) L. R. 1 Ex. 317;Dewar v. Mintoff [1912] 2 K. B. 373, 385; BGH WM 1957, 1222; BGH NJW 1962, 1102; RGZ 62, 379, 382.

3 Shardlow v. Cotterell (1881) 20 Ch. D. 90, 93.

4 Sale v. Lambert (1874), L. R. 18 Eq. 1; Potter v. Duffield (1874) L. R. 18 Eq. 4; Commins v. Scott (1875) L. R. 20 Eq. 11; Catling v. King (1877) 5 Ch. D. 660; Rossiter v. Miller (1878) 3 App. Cas. 1124, 1140; Eastwood, S. 16; Hayes, S. 26.

5 MünchKomm-Pecher, § 766 Rdn. 5.

6 BGH WM 1957, 876; RGZ 97, 162.

Das nach dem Statute of Frauds erforderliche Schriftstück (*memorandum*) braucht nicht absichtlich als Vertragserklärung abgefaßt worden zu sein. Vorausgesetzt, es enthält den Inhalt des Bürgschaftsvertrages, ist vielmehr völlig gleichgültig, in welcher Form und zu welchem Zweck[9] es geschrieben wurde. Auch auf den Zeitpunkt kommt es grundsätzlich nicht an. So wurde die Wiedergabe des Vertrages in einem *affidavit*[10], in einem Testament[11] oder in einem Brief[12] als gültiges *memorandum* angesehen. Das gilt auch dann, wenn der Gläubiger nicht der Adressat ist[13] oder der Bürge mit dem Brief letztlich seine Verpflichtung abstreiten wollte[14].

Schließlich kann sogar der Anwalt[15] eines Bürgen mit einem Schriftsatz, mit dem er die Klage eines Gläubigers abzuwehren sucht, durch seine tatsächlichen Darlegungen unabsichtlich die Voraussetzungen eines *memorandum* erfüllen[16]. Ein solcher Schriftsatz kann zwar nicht mehr in dem Rechtsstreit, in dem er eingereicht wurde, der Klage zum Erfolg verhelfen, da sich die Bürgschaftsklage auf ein Schriftstück stützen muß, das schon bei ihrer Erhebung vorliegt[17]. Hatte sich aber der Bürge bei der im Schriftsatz beschriebenen Vereinbarung einem zweiten Gläubiger verpflichtet, so kann dieser sich in einer neuen Klage auf den Schriftsatz berufen.

b) Unterschrift

Das Schriftstück *„shall be ... signed by the party to be charged therewith"*. Verlangt wird die Unterschrift des Bürgen, nicht die beider Vertragspartner[18]. Das hat eine Parallele in § 766 BGB, der nur die Erklärung des Bürgen der Schriftform unterwirft. Bei der Auslegung des Ausdrucks „Unterschrift" ergeben sich aber große Unterschiede zwischen den beiden Rechtsordnungen. Das Wort *„sign"* wurde von der englischen Rechtsprechung so großzügig

---

[7] Wain v. Warltes (1804) 5 East 10.

[8] 19 & 20 Vict. c. 97.

[9] Benjamin-Finnemore-James, S. 268.

[10] Lucas v. Dixon (1889) 22 Q. B. D. 357.

[11] In re Hoyle [1893] 1 Ch. 84, 98.

[12] Moore v. Hart (1683) 2 Chan. Rep. 284.

[13] Gibson v. Holland (1865) L. R. 1 C. P. 1, 5.

[14] Bailey v. Sweeting (1861) 9 C. B. (N. S.) 843; Wilkinson v. Evans (1866) L. R. C. P. 407; Buxton v. Rust (1871) L. R. 7 Ex. 1; Thirkell v. Cambi (1919) 1 K. B. 590.

[15] Dieser wurde hier als Vertreter des Schuldners betrachtet.

[16] Grindell v. Bass [1920] 2 Ch. 487; Tarr, Smith & Co. v. Messers Ltd. [1928] 1 K. B. 397.

[17] Vgl. R. S. C. Ord. 14, rr. 15 & 20.

[18] Laythorp v. Bryant (1836) 2 Bing. N. C. 735.

ausgelegt, daß es sich weder mit dem normalen Sprachgebrauch[19] noch gar mit den Anforderungen des § 126 BGB deckt. Zum einen muß der Name des Unterschreibenden nicht handgeschrieben, sondern kann gestempelt oder sogar gedruckt[20] sein. Zum anderen braucht die Unterschrift keinesfalls unbedingt unter dem Text zu stehen, sondern kann grundsätzlich an jede beliebige Stelle des Schriftstücks gesetzt werden[21]. Das *Statute* „requires a signing and not a subscribing"[22]. Die Signatur braucht nicht einmal vom Text abgesetzt zu sein. Eine Urkunde, die lediglich den Namen des Verpflichteten im Text enthält, kann als *„sufficiently signed"* i. S. des *Statute* angesehen werden. Allerdings muß in einem solchen Fall der Verpflichtete auf andere Weise als durch eine übliche Unterschrift das Schriftstück als richtigen Ausdruck seines Willens anerkannt haben.

So wurde in *Knight v. Crockford*[23] ein eigenhändig geschriebenes, aber nicht unterschriebenes Schriftstück, beginnend mit „J, James Crockford", für ausreichend unterschrieben erklärt.

In *Saunderson v. Jackson*[24], *Schneider v. Norris*[25] und *Cohen v. Roche*[26] hat die Rechtsprechung den schon vorgeschriebenen bzw. vorgedruckten Namen des Beklagten als *signature* anerkannt, weil dieser andere Teile desselben Formulars handschriftlich ausgefüllt hatte. Lord Ellenborough, C. J.,[27] begründete:

„But here there is a signing by the party to be charged by words recognizing the printed name as much as if he had subscribed his mark to it, which is strictly the meaning of signing and by that the party has incorporated and avowed the thing printed to be his; and it is the same in substance, as if he had written Norris and Co. with his own hand. He has by his handwriting in effect said, I acknowledge what I have written to be for the purpose of exhibiting my recognition of the within contract. ... It appears to me, therefore, that the printed name thus recognized is a signature sufficient to take this case out of the statute."

Williams[28] weist zu Recht darauf hin, daß der hier gebrauchte Ausdruck *„recognizing the printed name"* und ähnlich mißverständliche Passagen in anderen Urteilen[29] nicht bedeuten, der Verpflichtete müsse bewußt seinen

[19] Vgl. Byrne, S. 820 unter „Sign; Signature".

[20] Schneider v. Norris (1814) 2 M. & S. 286, 289.

[21] Stokes v. Moore (1786) 1 Cox 219.

[22] Caton v. Caton (1867) L. R. 2 H. L. 127, 142.

[23] (1794) 1 Esp. 190.

[24] (1800) 2 Bos. & P. 238.

[25] (1814) 2 M. & S. 286.

[26] [1927] 1 K. B. 169.

[27] Schneider v. Norris (1814) 2 M. & S. 286, 289.

[28] Statute, S. 83 und 88.

[29] Vgl. Mc Cardies, J., Satz in Cohen v. Roche [1927] 1 K. B. 169, 176: „He thus recognized the bargain and his own printed signature."

Namen als Quasi-Unterschrift anerkannt haben. Es ist im Gegenteil kaum anzunehmen, daß sich die Beklagten in den Fällen irgendwelche Gedanken über eine besondere Bedeutung ihres Namens im Text gemacht haben.

Daß dem Namen Unterschriftsqualität zugemessen wird, ist vielmehr so zu erklären[30]: Die Unterschrift dient in erster Linie der „*authentication*", der Anerkennung eines Schriftstücks als Ausdruck des eigenen Willens. Hat nun ein Schuldner dieselbe Absicht gezeigt, wenn auch nicht durch eine Unterschrift im eigentlichen Sinne, sondern auf andere Weise, so wollte ihm die Rechtsprechung den Schutz des *Statute* nicht zukommen lassen. Um aber trotzdem dem Buchstaben des Gesetzes Genüge zu tun, wurde die allgemeine Anerkennung des Textes in eine spezielle Anerkennung des darin vorkommenden Namens fingiert, die den Namen in eine *signature* umwandelte. Williams[31] spricht deshalb hier von „*authenticated signature fiction*".

Der Sachverhalt vieler Fälle[32] zeigt deutlich, daß in Wirklichkeit eine Absicht des Schuldners, seinen Namen als Unterschrift anzuerkennen, nicht erforderlich ist. Vielmehr ist es ausreichende *authentication* für die Fingierung einer Unterschrift, daß der Schuldner klar macht, daß er das Schriftstück als „*correct exposition of all the terms of contract*"[33] ansieht.

Scheinbar in Widerspruch dazu steht die Entscheidung in *Hubert v. Trehene*[34]. Hier hatte der Beklagte die Urkunde mit „As witness our hands" abgeschlossen, aber nicht unterschrieben. Die Klage wurde abgewiesen, u. a. mit der Begründung:

„The words evidently show that the names of the contracting parties were meant to be subscribed, and that it was not intended that the insertion of the names in the body of the instrument should operate by way of signature."

Angesichts der oben zitierten Fälle kann daraus keinesfalls abgeleitet werden, ein Name könne nicht (fiktive) Unterschrift sein, wenn der Verpflichtete ihn nicht als Unterschrift gemeint hat. Vielmehr kann *Hubert v. Trehene* durch eine andere Auslegung mit den anderen Fällen in Einklang gebracht werden: Der Wille des Beklagten, daß das Schriftstück noch der

[30] Williams, Statute, S. 82 ff.

[31] S. 83.

[32] Außer den schon erwähnten Fällen Evans v. Hoare [1892] 1 Q. B. 595; Johnson v. Dodgson (1837) 2 M. & W. 653; Dyas v. Stafford (1881) 7 L. R. Ir. 590; Halley v. O'Brien [1920] 1 I. R. 330; vgl. auch die Worte von Blackburn, J., in Durrell v. Evans (1862) 1 H. & G. 174, 191: „In Johnson v. Dodgson the memorandum was retained by the defendant in his own possession, but as it contained his name, and was intended to be a note of the contract, it was held binding on him, although the fact of his keeping it was a clear indication that he never intended it as a voucher of his being bound, but only to bind the other party."

[33] Williams, Statute, S. 96.

[34] (1842) 3 Man. & G. 734.

Unterschrift bedürfe[35], läßt den Schluß zu, daß der Beklagte den Text vor der Unterschrift noch nicht als *„final memorandum of the contract"* ansah. Es fehlte hier an einer willentlichen *authentication* nicht nur des Namens, sondern der gesamten Urkunde.

Die weite Interpretation von *signature* macht es in England möglich, die Schriftform mit einem Telegramm bzw. Telex zu erfüllen. Zwar hatte in dem oft[36] dafür zitierten Fall *Godwin v. Francis*[37] eine vom Beklagten von Hand unterzeichnete Telegramm-Bestellung zusätzlich eine große Rolle gespielt[38]. Dennoch kann man angesichts der Prinzipien der *authenticated signature fiction* auch allgemein sagen, daß ein Telegramm den Anforderungen des Statute entspricht[39]. Hierdurch ergibt sich ein erheblicher Unterschied zur deutschen Rechtsprechung[40], nach der ein Fernschreiben die Schriftform nicht wahrt.

Wenn sich die Rechtsprechung auch großzügig gezeigt hat, eine Erklärung als unterschrieben anzusehen, so hat sie doch besondere Aufmerksamkeit der Frage geschenkt, ob die Unterschrift, ob echt oder fingiert, die ganze Erklärung deckt. Mit der Begründung, dies sei nicht der Fall, wurde z. B. in *Caton v. Caton*[41] die Klage abgewiesen, die auf einem Schriftstück mit folgendem Inhalt beruhte:

„In the event of a marriage between the undermentioned parties the following conditions, as a basis for a marriage settlement, are mutually agreed upon."[42]

Es folgten mehrere Sätze in der Art: „Caton (der Bräutigam) hat dies und jenes zu tun" und „Henley (die Braut) hat dies und jenes zu tun". Hierzu entschied das Oberhaus einstimmig, daß die Namen der Parteien keine ausreichende *signature* seien, da sie sich nicht auf das *memorandum* bezögen, sondern jeweils nur auf den Satz, in dem sie stünden.

Die *signature*

„must govern every part of the instrument. It must show that every part of the instrument emanates from the individual so signing, and that the signature was intended to have that effect. It follows, therefore, that if a signature be found in an instrument incidentally only, or having relation and reference only to a portion of the

[35] Allerdings läßt sich das aus der Klausel „As witness to our hands" nicht immer folgern. Anders z. B. Leemann v. Stocks [1951] 1 Ch. 941, 949.

[36] Z. B. Cheshire-Fifoot, S. 186; Treitel, Contract, S. 141.

[37] (1870) L. R. 5 C. P. 295.

[38] (1870) L. R. 5 C. P. 295, 301 ff.

[39] Vgl. Collingwood, N. 166.

[40] BGHZ 24, 297.

[41] (1867) L. R. 2 H. L. 127.

[42] Es handelt sich hier um einen Ehevertrag, der damals der Schriftform des *Statute* unterlag (vgl. oben A IV 1 und unten A IV 4 a).

instrument, the signature cannot have that effect and force which it must have in order to comply with the stature, and give authenticity to the whole of the memorandum."[43]

Diese Bedingungen scheinen bei der *authenticated signature fiction* am besten dann gewahrt zu sein, wenn der Name in einem Satz steht, auf den sich alle einschlägigen Vertragsbestimmungen beziehen[44].

c) Probleme mehraktiger Dokumentation

In der Praxis stellt sich nicht selten die Frage, ob die Schriftform auch durch mehrere, zusammenzulesende Schriftstücke erfüllt werden kann. Die Verfasser des *Statute* hatten ebenso wie § 126 I BGB ein einzelnes Dokument im Auge[45]. Eine spätere Rechtsprechung in England ließ aber den Beweis auch mit Hilfe mehrerer Schriftstücke zu, während in Deutschland Versuche, wesentliche Bestandteile der Bürgschaft aus einer in Bezug genommenen anderen Urkunde zu entnehmen, erfolglos blieben[46].

Zur Erläuterung des englischen Rechts sollen zunächst die Fälle dargestellt werden, in denen der Kläger ein unterschriebenes Schriftstück zusammen mit nicht unterschriebenen Schriftstücken vorlegte. Diese mußten nicht nur zu einem *memorandum* i. S. des *Statute* verknüpft sein. Vielmehr mußte sich auch die *authentication*-Wirkung der Unterschrift auf die nicht unterschriebenen Schriftstücke erstrecken. Diese beiden Bedingungen waren nach Ansicht der Gerichte am Anfang des neunzehnten Jahrhunderts nur dann erfüllt, wenn das unterschriebene Schriftstück ausdrücklich und klar auf das nicht unterschriebene hinwies[47].

Aber schon 1814 wurde in *Western v. Russell*[48] das Erfordernis ausdrücklicher Verweisung aufgegeben. Der Beklagte hatte hier dem Kläger ein schriftliches, aber unsigniertes Verkaufs-Angebot für ein Stück Land gemacht. Nachdem der Kläger angenommen hatte, schickte ihm der Beklagte folgenden Brief:

„July 11. Dear Sir, I have just received yours; and am glad you have determined to purchase the Watering Farm, as I think it will be an accomodation to you ..."

---

[43] Caton v. Caton (1867) L. R. 2 H. L. 127, 143.

[44] Vgl. Williams, Statute, S. 96. Etwa wäre in Caton v. Caton den Erfordernissen des Statute Genüge getan gewesen, wenn im ersten Satz statt „undermentioned parties" die tatsächlichen Namen der Parteien gestanden hätten.

[45] Cheshire-Fifoot, S. 189.

[46] Vgl. MünchKomm-Pecher, § 766 Rdn. 4 f.

[47] Tawney v. Crowther (1791) 3 Bro. C. C. 318; Dobell v. Hutchinson (1835) 3 Ad. & E. 355.

[48] (1814) 3 V. & B. 187.

In seiner Entscheidung wies Grant, M. R.,[49] darauf hin, daß der Brief des Beklagten deutlich von einer vorhergegangenen Übereinkunft der Parteien ausgeht. Dies sei eine stillschweigende Verweisung auf sein Angebot, die genügt, den Brief mit diesem zu einem *memorandum* i. S. des *Statute* zu koppeln.

Ähnlich wurde in *Morgan v. Holfort*[50] entschieden. Hier hatte der Verkäufer seinen Anwälten den Inhalt eines Kaufvertrages schriftlich mitgeteilt mit der Bitte, einen förmlichen Vertrag auszuarbeiten. Dem Käufer schickte er eine Kopie des Schreibens. Dieser mahnte einige Tage später bei den Anwälten brieflich den Vertrag an, „to be entered into with Mr. Crespigny relative to the purchase I have concluded with him". Die Erwähnung dieses „purchase I have concluded" genügte, den Vertragsinhalt im Brief des Verkäufers mit der Unterschrift des Käufers in seinem Brief zu einem vollständigen *memorandum* zu verbinden.

In *Long v. Millar*[51] hatte nur der Kläger den Kaufvertrag über ein Stück Land unterschrieben. Der Beklagte hatte dagegen folgende Quittung unterschrieben:

„Received of Mr. George Long the sum of thirty-one pounds as a deposit on the purchase of three plots of land at Hammersmith.
£ 31. 0s. 0d Chas. W. Millar"

Der *Court of Appeal* entschied, daß diese Quittung ausreichenden Bezug auf den Kaufvertrag enthielt, um die beiden Schriftstücke zusammensehen zu können. In der Urteilsbegründung findet sich der Satz: „When it is proposed to prove the existence of a contract by several documents, it must appear upon the face of the instrument signed by the party to be charged that reference is made to another document."[52] Diese Formulierung darf aber nicht zu dem Schluß führen, in der vom Verpflichteten unterschriebenen Urkunde müsse das weitere Schriftstück, auf das Bezug genommen wird, als solches bezeichnet worden sein. Denn schon 1857 hatte das Oberhaus in *Ridgeway v. Wharton*[53] entschieden, daß die Verweisung (*reference*) sich nicht schon ihrem Wortlaut nach auf etwas Geschriebenes beziehen muß. Der Fall lag so, daß in dem ersten Schriftstück das zweite nur mit dem Wort „*instructions*" gekennzeichnet wurde. Dem „*face of the document*" war nicht zu entnehmen, ob diese mündlich oder schriftlich gegeben worden waren.

Interessante Sonderfälle sind *Stokes v. Whicher*[54] und *Pearce v. Gardner*[55]. Im letzteren Fall wurde, um den in einem Brief fehlenden Namen einer

[49] 3 V. & B. 187, 191.

[50] (1852) 1 Sm. & Giff. 101.

[51] (1879) 4 C. P. D. 450.

[52] (1879) 4 C. P. D. 450.

[53] 6 H. L. C. 238.

Vertragspartei zu ergänzen, der dazugehörige Briefumschlag hinzugezogen[56]. In *Stokes v. Whicher* begehrte der Käufer eines Hausgrundstücks vom Verkäufer dessen Übereignung. Er berief sich darauf, daß ein Bevollmächtigter des Verkäufers für diesen den Durchschlag des mit Schreibmaschine aufgesetzten Kaufvertrages unterschrieben hatte. Dieses Schriftstück erfüllte — für sich genommen — nicht die Schriftform des *Statute*, da der Name des Käufers im Text des Kaufvertrages fehlte. Der Name des Käufers stand nur in Form seiner Unterschrift auf dem Original des Vertrages. Der Käufer obsiegte, da das Gericht Original und Durchschlag, obwohl sie nicht aufeinander Bezug nahmen, wegen ihrer optischen Kongruenz zu einem *memorandum* verband.

Grundsätzlich waren die Gerichte aber nicht bereit, auf ausdrückliche oder implizierte Verweisung völlig zu verzichten. Das illustrieren folgende Fälle:

Der Entscheidung *Taylor v. Smith*[57] lag folgender Sachverhalt zugrunde: Der Kläger, ein Holzhändler aus Liverpool, verkaufte dem Beklagten, einem Geschäftsmann aus Manchester, im Oktober 1890 ein Los Fichtenholz für etwa £ 100. Der Kaufvertrag wurde mündlich geschlossen, obwohl damals Kaufverträge dieser Größenordnung der Schriftform des *Statute* unterlagen. Nach Vertragsschluß übersandte der Verkäufer dem Käufer eine Rechnung, aus der alle wesentlichen Bestandteile des Kaufs (Vertragsparteien, Menge und Art des verkauften Holzes, Kaufpreis und Lieferbedingungen) hervorgingen. Das Holz übergab er einem Frachtführer, der es nach Manchester in sein Lagerhaus brachte und den Käufer schriftlich benachrichtigte. Die Benachrichtigung nannte den Verkäufer als Absender und bezeichnete die Ladung, enthielt aber nicht den Kaufpreis und verwies auch nicht auf ein anderes Schriftstück. Nach Besichtigung des Holzes versah der Käufer die Benachrichtigung mit dem von ihm unterschriebenen Vermerk: „Refused. Not according to representation" und gab sie dem Frachtführer zurück. Über diesen gelangte sie zum Verkäufer, der den Kaufpreis einklagte, nachdem der Käufer eine Zahlung verweigert hatte. Die Einrede des Käufers, der Verkäufer habe den nach dem *Statute* erforderlichen Urkundenbeweis nicht angetreten, führte zur Abweisung der Klage. Dem Begehren des Verkäufers, die vom Käufer unterschriebene Zurückweisung der Lieferung mit der für sie erteilten Rechnung zu verbinden, folgte das Gericht nicht mangels „referential words ... to connect it with the invoice"[58].

---

[54] [1920) 1 Ch. 411.

[55] [1897] 1 Q. B. 688; bestätigt in Last v. Hucklesby [1914] W. N. 157.

[56] Vgl. die gegenteilige Entscheidung RGZ 110, 166, 168.

[57] [1893] 2 Q. B. 65.

[58] [1983] 2 Q. B. 65, 74.

Mit ähnlicher Begründung wurde in *Chapronière v. Lambert*[59] abgelehnt, eine (unterschriebene) Quittung für eine Pachtzahlung mit dem (nicht unterschriebenen) Pachtvertrag selbst in Verbindung zu bringen. Diese Entscheidung ist allerdings nur schwer mit *Long v. Millar*[60] und ähnlichen Entscheidungen in Einklang zu bringen.

Schließlich wurde es in *Timmins v. Moreland Street Property Ltd.*[61] abgelehnt, einen vom Beklagten ausgestellten Scheck und eine vom Kläger dafür gegebene Quittung zu verbinden. Die nötige Verweisung fehlte insbesondere deshalb, weil der Scheck nicht auf den Namen des Klägers, sondern den seines Rechtsanwalts ausgestellt war.

Die Gerichte mußten sich nicht nur mit der Frage der hinreichenden Verweisung (*sufficient reference*) auseinandersetzen. Vielfach mußten sie die entschiedenen Fälle auch aus folgendem Blickwinkel beleuchten: Wenn man den Hinweis in dem ersten Schriftstück auf ein zweites für genügend hielt, so war damit noch nicht geklärt, daß mit diesem Hinweis gerade die vom Kläger beigefügte Urkunde gemeint war. Dies konnte oft nur durch Zeugen bewiesen werden. Es fragte sich, inwieweit das mit dem Verlangen des *Statute*, der Vertrag sei durch Urkunden zu beweisen, in Einklang gebracht werden kann.

Die Lösung war, die Identifizierung des zweiten Schriftstücks nicht als Beweis des Vertrages, sondern bloß als nähere Erklärung des ersten Schriftstücks anzusehen[62]. Für eine solche Erläuterung einer Urkunde ist jedes Beweismittel zulässig, solange nicht der Inhalt selbst verändert oder erweitert wird[63]. Der Standpunkt der Gerichte wurde am deutlichsten durch Kekewich, J., in *Oliver v. Hunting*[64] zum Ausdruck gebracht:

„... substantially it (parol evidence) never stops short of this, that whereever parol evidence is required to connect two written documents together, then that parol evidence is admissible. You are entitled to rely upon a written document, which requires explanation. Perhaps the real principle upon which that is based is, that you are always entitled in regarding the construction and meaning of a written document to inquire into the circumstances under which it was written, not in order to find an interpretation by the writer of the language, but to ascertain from the surrounding facts and circumstances with reference to what, and with what intent, it must have been written. I think myself that must be the principle on which parol evidence of this kind must be admitted.

59 [1917] 2 Ch. 356.

60 Vgl. oben F. N. 51.

61 [1958] Ch. 110.

62 Williams, Statute, S. 129.

63 Williams, Statute, S. 59.

64 (1890) 44 Ch. D. 205, 209.

Turning to the cases before me, I find a letter of the 12th September, 1888, written by the defendant to Mrs. Oliver; and in that he says: 'I beg to acknowledge receipt of cheque, value £ 375, on account of the purchase-money for the Fletton Manor House estate, for which I thank you'. I have two things here perfectly clear, that there is a property called Fletton Manor House estate, which constitutes the subject of a purchase, and, therefore, the subject of a sale. I have also that £ 375 is part of the purchase-money for that house; but, beyond that, I have no terms of a contract. I am entitled to consider the circumstances under which the letter was written, in order to give any meaning that I properly can do it — not to add terms to it, but to find out what the meaning necessarily must be, having regard to the facts and circumstances — and having got the evidence which I have in this case, the conclusion is inevitable that it refers to a previous memorandum of terms of agreement under which Mrs. Oliver becomes the purchaser of this particular property for the price of £ 2375, on account of which the cheque for £ 375 was sent. Having got that evidence in, having got the connection between the two documents, I have then enough to enable me to read the two documents together, and, reading them together, I have a distinct memorandum of contract."

Diese Bemerkungen zeigen auch, daß die Erklärungsbedürftigkeit der auf weiteres verweisenden Worte nicht nur die Rechtfertigung gibt, diese durch Zeugenaussagen auszufüllen. Sie wird darüber hinaus zum Maßstab, wann noch eine ausreichende Verweisung gegeben ist[65]. Erst wenn die Suche nach Erklärung von Worten des ersten Schriftstücks notwendigerweise auf das zweite stößt, müssen beide für genügend verbunden gehalten werden. Anders war es z. B. in *Taylor v. Smith*[66]. Hier war schon aus der Nachricht des Spediteurs auf demselben Papier zu entnehmen, um was es sich bei den zurückgewiesenen Waren handelte. Eines Rückgriffs auf die Rechnung bedurfte es nicht[67].

Besondere Behandlung erfahren Fälle, in denen beide vom Kläger vorgelegten Schriftstücke unterschrieben wurden. Diese wurden auch dann zu einer Urkunde verklammert, wenn sie nicht aufeinander, sondern nur übereinstimmend auf ein drittes Schriftstück[68] oder sogar einen mündlichen Vertrag[69] verwiesen. Diese Rechtsprechung kann aber nicht als unzweifelhaftes Recht gelten, da in zwei anderen Fällen[70] ein entsprechender klägerischer Vortrag zurückgewiesen wurde[71].

---

65 Williams, Statute, S. 137.

66 Vgl. oben F. N. 57.

67 Williams, Statute, S. 139

68 Allen v. Bennet (1810) 3 Taunt. 169; Verlander v. Codd (1823) Turn. & R. 352.

69 Studds v Watson (1884) 28 Ch. D. 305.

70 Smith v. Dixon (1893) 3 Jur. 770; Potter v. Peters (1895) 64 L. J. Ch. 357.

71 A. A. Williams, Statute, S. 142.

4. Zweck des Statute of Frauds und des § 766 BGB

a) Motive des Statute of Frauds

Erlassen wurde das *Statute* nach seiner Präambel „for prevention of many fraudulent practices which are commonly endeavored to be upheld by perjury and subordination of perjury". Sinn der Formvorschriften sollte es sein, auf Meineide gegründeten Prozeßbetrug zu verhindern.

Hiervor sollten nicht nur diejenigen geschützt werden, die wegen einer Bürgschaft in Anspruch genommen wurden. Vielmehr unterwarf das *Statute*, wie bereits oben[1] erwähnt, eine Reihe von Rechtsgeschäften der Schriftform, ursprünglich in insgesamt 25 *sections*. In erster Linie wurde das *law of property* geregelt, von dem sich das Vertragsrecht ohnehin noch nicht ganz losgelöst hatte[2]. Dem ursprünglichen Entwurf zufolge sollten alle Verträge erfaßt werden. Aus ungeklärten Gründen wurde diese Absicht fallengelassen und nur einzeln aufgeführte Rechtsgeschäfte, deren Auswahl mit heutigen Augen besehen etwas willkürlich erscheint[3], in das *Statute* aufgenommen. Als Beispiele seien genannt Grundstücksgeschäfte[4], Testamente[5], Eheverträge[6] oder Kaufverträge über Waren im Werte von £ 10,— und mehr[7].

Die Intentionen des Parlaments von 1677 müssen auf dem Hintergrund der Verhältnisse des 17. Jahrhunderts gesehen werden. Im Common Law hatte man gerade akzeptiert, daß *promises* für sich rechtliche Verbindlichkeit erlangen können. Gerichte und Prozeßrecht aber waren auf dieses noch in den Kinderschuhen steckende Vertragsrecht noch nicht richtig vorbereitet[8]. *Actions on contracts* wurden unter Mitwirkung einer *jury* entschieden, nach Ansicht von Williams[9] „a most unsatisfactory tribunal". Die *jury* konnte das ihr vorgetragene Beweismaterial nicht nur nach eigenem Gutdünken beurteilen, sondern sogar ganz beiseite schieben und die Entscheidung auf ihr eigenes Wissen bzw. Unwissen stützen[10]. Die Möglichkeiten der Richter, einen Spruch der Geschworenen, der „against the weight of evidence"[11] stand, aufzuheben, waren damals noch kaum entwickelt[12].

---

1 A IV 1.

2 Cheshire-Fifoot, S. 175.

3 Cheshire-Fifoot, S. 176.

4 Geregelt in ss. 1-3.

5 Geregelt in ss. 5, 6, 19-23.

6 Geregelt in s. 4.

7 Geregelt in s. 17.

8 Atiyah, S. 113; Cheshire-Fifoot, S. 175.

9 Statute, S. XXXI.

10 Williams, Statute, S. XXXI; Holdsworth, Bd. IV, S. 388; Thayer, S. 429 f.

Zusätzlich erschwert wurde die Wahrheitsfindung durch Regeln, die den an der Streitsache interessierten Personen die Aussage vor Gericht verwehrten [13]. Die Parteien mußten dann schweigend der „ignorant or wanton misconstruction"[14] von Tatsachen zusehen, die nur sie selbst hätten klären können. All dies eröffnete in den unruhigen Zeiten von Bürgerkrieg, Diktatur von Cromwell und Restauration skrupellosen Klägern die Möglichkeit, mit falschen Beweismitteln unbegründete Ansprüche durchzusetzen[15].

Gegenüber diesen Mißständen brachte das *Statute* eine erhebliche Verbesserung[16]. Zwar konnten die Parteien dem Gericht immer noch nicht mündlich vortragen, was sie in ihrem Vertrag ausgemacht hatten. Nun konnte der Parteiwille aber zumindest durch das vom *Statute* geforderte Vertragsdokument Zugang zur Beweiserhebung finden. Offensichtlich war jetzt auch der Entscheidungsspielraum der *jury* erheblich eingeschränkt, indem sie ihr *verdict* nur noch auf ein Schriftstück als einzig zulässiges Beweismittel stützen konnte. Schließlich gab das *Statute* dem damaligen Beweisrecht ganz allgemein etwas mehr Sicherheit[17].

Die Bemühungen des *Statute of Frauds*, Probleme mündlicher Beweisführung zu vermeiden, sind keine insulare Besonderheit des englischen Rechts, sondern haben ihre Parallelen auf dem Kontinent. Es erscheint sogar wahrscheinlich, daß das *Statute of Frauds* stark von der französischen *Ordonnance de Moulines* vom Februar 1566 bzw. ihrer Nachahmung, dem *„Edit Perpétuel"* des Erzherzogs von Flandern vom 12. Juli 1611 beeinflußt wurde[18].

b) Aufnahme des Statute in der Gerichtspraxis

Obwohl das *Statute* teilweise als großes Werk gefeiert wurde[19] und in fast allen englisch-sprachigen Ländern Eingang gefunden hat[20], war es fast von Anfang an auch Objekt scharfer Kritik[21]. Diese Kritik stützte sich auf folgende Argumente:

---

[11] Williams, Statute, S. XXXI.

[12] Thayer, S. 429 f.

[13] Williams, Statute, S. XXXI; Cheshire-Fifoot, S. 175; Rabel, L. Q. R. 63 (1947), 174.

[14] Cheshire-Fifoot, S. 175.

[15] Cheshire-Fifoot, S. 175.

[16] Williams, Statute, S. XXXI.

[17] Williams, Statute, S. XXXII.

[18] Vgl. Rabel, L. Q. R. 63 (1947), 174.

[19] Chaplin v. Rogers (1800) 1 East 192, 194; Chater v. Beckett (1797) 7 R. R. 201, 204; Thayer, S. 430.

[20] Cheshire-Fifoot, S. 176; Williams, Statute, S. 47.

aa) Viele Bestimmungen wurden so schlecht und obskur abgefaßt[22], daß kein anderes Gesetzgebungswerk ein solches Labyrinth von Rechtsprechung nach sich zog wie das *Statute*[23].

bb) Die Verträge, die das *Statute* der Schriftform unterwarf, erschienen willkürlich ausgewählt[24].

cc) Oft ermöglichte es das *Statute* einem skrupellosen Schuldner, sich durch Einwendung des Formmangels seiner Verbindlichkeit in betrügerischer Weise zu entziehen[25]. Nach Ansicht von Lord Campbell[26] hat das Gesetz mehr Betrug ermöglicht als verhindert, und Vilmot[27] deutete an, daß größerer Schaden nur durch eine stark vom Wortlaut abweichende Interpretation[28] seitens der Gerichte vermieden werden konnte.

dd) Besondere Möglichkeiten zum Betrug gutgläubiger Vertragspartner gibt die von den Kritikern behauptete Divergenz zwischen den nach dem *Statute* erforderlichen Formen und der Verkehrssitte[29].

ee) Die Schriftform speziell für die Bürgschaft erfordert „haarspalterische Unterscheidungen"[30] zwischen *guarantee* und *indemnity*, zwischen formgebundener und formloser Interzession[31].

---

[21] Die unterschiedlichen Bewertungen des Statute werden akzentuiert durch zwei 1937 vom Law Revision Committee, 6th Interim Report, S. 6, gegenübergestellte Bemerkungen über das Statute: Lord Nottingham, ein Mitverfasser des Statute, beanspruchte, daß „every line of it was worth a subsidy". Ein unbekannter Rechtsgelehrter zwei Jahrhunderte später bemerkte dazu, daß vielmehr „every line has cost one".

[22] Wyndham v. Chetwynd (1757) 1 Wm. Bl. 95, 99, durch Lord Mansfield; Stephen, L. Q. R. 1 (1885), 1, 6; Wright, L. Q. R. 55 (1939), 189, 205; Schmitthoff, The Sale of Goods, S. 7. David, S. 270.

[23] Cheshire-Fifoot, S. 176 f.; Smith, Lectures on the Law of Contract, S. 39, zit. nach 6th Interim Report des Law Revision Committee, S. 8. Als besonderes Beispiel werden die oben unter A IV 3. dargestellten Schwierigkeiten bei der Auslegung des Begriffs „memorandum in writing" genannt.

[24] Law Revision Committee, 6th Interim Report, S. 7.

[25] Cheshire-Fifoot, S. 176; Stephen, L. Q. R. 1 (1885), 1, 3; Mc Garvie-Pannam-Hocker, S. 312.

[26] Zit. nach Law Revision Committee, 6th Interim Report, S. 6 f., ohne weitere Angabe.

[27] Simon v. Metivier (1766) 1 Wm. 81. 599, 601; ähnlicher Ansicht: Lord Mansfield in Layne v. Rill (1773) Lofft 330, 331.

[28] Vgl. z. B. oben unter A IV 3 b die Auslegung von „signature". Vgl. auch Maitland-Brunyate, S. 60; Treitel, Outline, S. 57.

[29] Law Revision Committee, 6th Interim Report, S. 7.

[30] Yeoman Credit Ltd. v. Latter [1961] 1 W. L. R. 828, 892 durch Harman, L. J.; vgl. auch Anson-Guest, S. 68.

ff) Schließlich sind im Laufe der Zeit die ursprünglichen Gründe für den Erlaß des *Statute* weggefallen. Der *Evidence Act* von 1851 ließ die Aussage der Prozeßparteien zu[32]. *Juries* sind in Zivilsachen nur noch selten zu finden[33] und die Möglichkeiten, ein Fehlurteil aufzuheben, sind erheblich besser geworden[34]. Prozeßrecht und -technik sind jetzt soweit entwickelt, daß es den Gerichten zugetraut werden kann, die Tatsachen auch ohne die „trappings of formalities"[35] ausforschen und erkennen zu können. Auch in England war die Entwicklung zu einem höher entwickelten rationalisierten Recht von einer Betonung der Substanz und nicht der Form gekennzeichnet[36].

c) Bedeutung der Schriftform in der Gegenwart

Die oben dargestellten Gründe führten dazu, daß der Gesetzgeber fast alle Teile des *Statute* aufgehoben hat, wenn auch manches in andere Gesetze wieder aufgenommen wurde. Übrig bleibt heute nur noch der hier einschlägige Teil der *section* 4, der Bürgschaften regelt[37]. Zwar hatte das Law Revision Committee, gestützt auf die oben angeführte Kritik, schon 1937 empfohlen[38], das gesamte *Statute of Frauds* aufzuheben. Dieser Vorschlag hat sich aber nicht durchgesetzt. Auch im Law Revision Committee wollte eine Minderheit[39] die Schriftform speziell der Bürgschaft erhalten wissen, wenn auch in einem neugefaßten Gesetz[40]. Dieser Ansicht schloß sich im Prinzip das 1952 erneut mit der Frage befaßte Law Reform Committee an[41]. Es schlug die Aufhebung des *Statute* vor, nahm aber davon die Regelung der Bürgschaft aus, für die es bei der alten Rechtslage bleiben sollte[42]. Die Gesetzgebung folgte diesem Entwurf, der auch heute noch die Rechtslage bestimmt.

---

31 Vgl. unten B III 1.

32 Cheshire-Fifoot, S. 177.

33 David-Grasmann, S. 370.

34 Williams, Statute, S. XXXI.

35 Atiyah, S. 112.

36 Atiyh, S. 112; vgl. auch Zweigert-Kötz, S. 69 f.

37 Abgedruckt oben unter A IV 1.

38 Law Revision Committee, 6th Interim Report, S. 32.

39 6th Interim Report, S. 33 f.

40 Hiernach sollte die mündliche Bürgschaft nicht lediglich uneinklagbar, sondern nichtig sein. Außerdem sollte eine Bürgschaft nur dann wirksam sein, wenn sie auf einem einzigen Schriftstück vollständig aufgezeichnet und unterschrieben würde.

41 Bericht des Law Reform Committee, April 1953, Cmd. 8809.

42 Die von der Mindermeinung von 1937 vorgeschlagene Neufassung wurde abgelehnt, da „the balance of convenience lies in leaving the law as it is at present" (S. 2 des Berichts).

Die Gründe, die Bürgschaft von der Aufhebung des *Statute* auszunehmen, waren folgende[43]:

Das Erfordernis der Schriftlichkeit gäbe dem Bürgen die Gelegenheit zum Überdenken seines Planes. Eine Aufhebung dieses Erfordernisses berge die Gefahr in sich, daß unerfahrene Personen Verpflichtungen übernehmen, deren Ausmaß sie nicht übersehen und die sie in Wirklichkeit gar nicht eingehen wollten. Dieser Gedankengang zeigt deutlich Parallelen zum wichtigsten Zweck des § 766 BGB, der Ernstlichkeitsfunktion[44] und der Warnfunktion (Schutz vor Übereilung)[45]. Auch das Ziel der Rechtsklarheit erscheint in der deutschen Literatur[46] ebenso wie im Minderheitsvorschlag von 1937[47]:

„The contract often gives rise to many questions, e. g. whether it is to apply to the whole of the debt or to a portion only, and if the former, whether it is to be limited in amount or to a certain period. We think these questions ought to be definitely settled and recorded before the contract becomes binding on the surety."

Demgegenüber tritt die Beweisfunktion des *memorandum in writing*, mit der das *Statute* ursprünglich unlautere Klagen bekämpfen sollte, als gesetzgeberisches Motiv in den Hintergrund. Wenn das Law Reform Committee von 1953 und mit ihm der Gesetzgeber es für die Bürgschaft bei der alten beweistechnischen Regelung beließen, so lag das nicht daran, daß sie mit ursprünglichen Zielen des Gesetzgebers von 1677 einverstanden waren. Sachlich stützten sie ihre Begründung vielmehr auf dieselben Argumente wie die Mindermeinung von 1937, die eine materiell-rechtliche Neufassung anstrebte.

Dennoch wird man der Beweisfunktion in England auch heute noch Bedeutung beimessen, nicht zuletzt deswegen, weil eine Urkunde selbst dann, wenn den Parteien unlautere Absichten fernliegen, den Beweis über Abschluß und Inhalt des Bürgschaftsvertrages erleichtert[48].

Diese, wenn auch untergeordnete Rolle der Urkunde wird auch in Deutschland anerkannt[49]. Jedenfalls können die ursprünglichen Ziele des *Statute of Frauds* heute nicht mehr als Unterschiedsmerkmal zur Teleologie des § 766 BGB herangezogen werden. Es läßt sich im Gegenteil sagen, daß sich der Sinn der beiden Formvorschriften trotz unterschiedlicher Gestaltung und Geschichte stark angeglichen hat. Die Ähnlichkeit gesetzgeberi-

---

[43] Vgl. Law Revision Committee, 6th Interim Report, S. 33. Dieser Argumentation schloß sich das Law Reform Committee von 1953 an.

[44] Larenz, SBT, § 64 II.

[45] Esser-Weyers, § 40 II 1.

[46] Larenz, SAT, § 5.

[47] 6th Interim Report, S. 33.

[48] Vgl. Zweigert-Kötz, S. 55.

[49] Larenz, SAT § 5;1 Zweigert-Kötz, S. 61.

scher Gründe rechtfertigt es, ihre heutige Validität für beide Rechtsordnungen gleichzeitig zu untersuchen. Hierbei kann gerade die reichhaltige englische Diskussion für das deutsche Recht fruchtbar gemacht werden.

Das Hauptproblem einer jeden Formvorschrift ist, daß sie ihre Wirksamkeit selbst dann entfaltet, wenn ihre gesetzgeberischen Ziele auch auf andere Weise verwirklicht sind[50]. Hat etwa ein Bürge nach reiflicher Überlegung mit unzweifelhaftem Erklärungswillen ein klares, unzweideutiges Bürgschaftsversprechen abgegeben, und ergeben sich auch keine Beweisschwierigkeiten, so ist es bei Betrachtung der oben dargestellten Absichten des Gesetzgebers nicht einzusehen, warum das Versprechen nicht auch formlos gültig sein sollte. So ist dann auch das gewichtigste Argument des Law Revision Committee[51] gegen die Formvorschrift, daß sie es ermöglicht, ein ernsthaft gegebenes Versprechen zu brechen, bloß weil es nicht in die richtige Form gesetzt worden war[52]. Unbilligkeiten ergeben sich insbesondere dann, wenn der Gläubiger im Vertrauen auf die Bürgschaft Aufwendungen macht, etwa einen Kredit auszahlt.

Demgegenüber muß aber die besondere Situation des Bürgen gesehen werden. Im gesetzestypischen Fall verpflichtet er sich aus gesellschaftlicher oder verwandtschaftlicher Rücksichtnahme, ohne selber Nutzen aus dem Vertrag zu ziehen. Die Tatsache, daß der Bürge zumeist glaubt, aus seiner Verpflichtung nie in Anspruch genommen zu werden[53], macht die Bürgschaft selbst im Vergleich zu anderen uneigennützigen Rechtsgeschäften zu einem besonders gefährlichen Geschäft[54]. Dieser besondere Charakter der Bürgschaft gibt dem Gesetzgeber die Rechtfertigung, aus der Starrheit der Formvorschrift resultierende Härten für den Gläubiger in Kauf zu nehmen.

Das Law Revision Committee von 1937 hatte in diesem Zusammenhang ausgeführt, daß gesetzliches Formerfordernis und Praxis auseinanderklaffen[55]. Die Richtigkeit dieses Arguments, jedenfalls für die Bürgschaft, ist fraglich. Zum einen wird der Rechtsverkehr schon der Klarheit wegen auch ohne gesetzliche Vorschrift auf einen schriftlichen Bürgschaftsvertrag zurückgreifen wollen. Zum anderen ist der Laie heute eher über die weitgehende Formfreiheit als über die wenigen noch verbliebenen Formvorschriften verwundert[56].

[50] Zweigert-Kötz, S. 65 f.

[51] 6th Interim Report, S. 7.

[52] Möglicherweise waren daraus resultierende Unbilligkeiten nicht nur in England, sondern auch in Deutschland unterschwelliger Grund für die Gerichte, die Formvorschrift einengend zu interpretieren.

[53] Max-Planck-Institut, Bürgschaft, S. 73.

[54] Larenz, SBT, § 64 II.

[55] 6th Interim Report, S. 7.

[56] Atiyah, S. 112; Anson-Guest, S. 66.

Es mag allerdings zweifelhaft sein, ob das Formerfordernis den Bürgen tatsächlich schützt. Schriftliche Formularverträge bewirken oft eher das Gegenteil[57]. Außerdem ist der Kugelschreiber heute schnell bei der Hand. Trotzdem wird eine Unterschrift auch heute noch mit relativ größerer Vorsicht und Überlegung gegeben als ein mündliches Versprechen. Dieser Übereilungsschutz, selbst wenn nur minimal, sollte dem Bürgen auch in Zukunft erhalten bleiben.

Ein guter Gedanke ist die Parallele, die das Minderheitsgutachten von 1937[58] zum *Moneylenders Act*, 1927[59], s. 6, gezogen hat. Diese Vorschrift schreibt die Schriftlichkeit des Darlehensvertrages mit einem Geldverleiher vor. Im Gegensatz zum „klassischen Privatrecht", in dem die Schriftform an Wichtigkeit verliert, macht der Gesetzgeber von ihr verstärkten Gebrauch zum Schutz des sozial Schwächeren. Ein deutsches Beispiel dafür ist § 1 a AbzG. Da nicht einzusehen ist, warum der Bürge grundsätzlich weniger Schutz genießen soll als ein Darlehensnehmer oder Abzahlungskäufer, erscheint die Schriftform für die Bürgschaft trotz ihrer langen Geschichte durchaus zeitgemäß.

V. Probleme des Mitbürgenausgleichs

1. Formen der Mitbürgschaft

Ebenso wie nach § 769 BGB haften auch in England mehrere Bürgen, die sich für dieselbe Hauptschuld verpflichtet haben (*joint co-suretyship*), nach den Regeln der Gesamtschuld. Es handelt sich hier sogar um einen besonders wichtigen Fall der Gesamtschuld, was sich daran zeigt, daß die Grundsätze des Ausgleichs unter den Gesamtschuldnern zunächst für die Fälle der Mitbürgschaft entwickelt wurden[1]. Entsprechend den drei Grundformen einer Verpflichtung mehrerer Schuldner kann die Verpflichtung mehrerer Bürgen *several, joint* oder *joint and several* sein.

Severally haften Bürgen, die sich unabhängig voneinander für den Hauptschuldner verpflichtet haben[2]. Dies ist in der Regel dann der Fall, wenn sich der Gläubiger die Bürgschaften zu verschiedenen Zeiten und auf separaten Urkunden erteilen läßt. Denkbar ist aber auch, daß mehrere Personen zur gleichen Zeit auf demselben Schriftstück für dieselbe Hauptschuld eine im

[57] Vgl. Grunfeld, M. L. R. 17 (1954), 451, 453.

[58] 6th Interim Report, S. 33.

[59] 17 & 18 Geo. 5 c. 21.

[1] Vgl. unten A V 2.

[2] Jenks-Winfield, § 357.

Verhältnis zu den Mitbürgen selbständige Bürgschaftsverpflichtung abgeben[3].

Im Gegensatz dazu verpflichten sich *joint co-sureties* als Gemeinschaft. Hier entsteht nur eine einzige Verpflichtung, die von einer Mehrzahl von Personen getragen wird[4]. Verbürgen sich mehrere Personen zusammen, so wird vermutet, daß sie sich jointly verpflichten[5]. Eine solche Mitbürgschaft folgt, hergeleitet aus ihrer oben beschriebenen Konstruktion, im Common Law einigen, für deutsche Juristen ungewöhnlichen Regeln. So scheidet etwa ein *joint co-surety* mit dem Tod aus der Haftungsgemeinschaft aus. Seine Verpflichtung geht nicht auf den Nachlaß, sondern die anderen Mitbürgen über[6]. Beim letzten überlebenden Mitbürgen hört die Verpflichtung zwangsläufig auf, gemeinschaftliche Schuld zu sein und muß nach seinem Tod als Einzelschuld von seinem Nachlaß getragen werden[7].

Des weiteren hat der Gläubiger im Falle der *joint co-suretyship* alle Mitbürgen zusammen zu verklagen, soweit sie nicht durch den Abschluß eines Konkursverfahrens von ihrer Haftung entbunden sind oder im Ausland wohnen[8]. Wird diese Regel nicht eingehalten, so befreit schon der Erlaß des Urteils gegen einen Mitbürgen die anderen, auch wenn es sich als nicht vollstreckbar erweisen sollte[9]. Dies wurde damit begründet, daß es nur einen einzelnen Anspruch des Gläubigers gebe, über den auch nur ein Urteil ergehen könne.

Die Regeln der *joint co-suretyship*, die die vertrauteste und traditionsreichste Form der Mitbürgschaft darstellt, können somit dazu führen, daß Mitbürgen aus dem Haftungsverband ausscheiden. Um dies zu vermeiden, lassen sich Gläubiger in der Praxis von Mitbürgen *joint and several guarantees* unterzeichnen[10]. Dies ermöglicht es, bei Schwierigkeiten in der Realisierung der gemeinsam eingegangenen *joint guarantees* auf die zusätzlich

---

[3] Prochownick, S. 263.

[4] Treitel, S. 443.

[5] White v. Tyndall (1888) 13 App. Cas. 263.

[6] White v. Tyndall (1888) 13 App. Cas. 263.

[7] Williams, Joint Obligations, S. 63; Calder v. Rutherford (1822) 3 Broad. & Bing. 302.

[8] Williams, Joint Obligations, S. 25.

[9] Williams, Joint Obligations, S. 94 ff.; Kendall v. Hamilton (1879) 4 App. Cas. 504; diese Regel des *common law* ist nur dann noch für Verpflichtungen gültig, die bis zum 1. Januar 1979 fällig geworden sind. Im übrigen ist sie durch s. 3 des Civil Liability (Contribution) Act 1978, c. 47, der insoweit nicht nur für Schadensersatz, sondern auch für sonstige Verpflichtungen („*any debt*") gilt, abgeschafft. Auch nach rechtskräftigem Abschluß des Rechtsstreits gegen einen *joint co-surety* kann ein weiterer *co-surety* nunmehr verklagt werden.

[10] Brink-Habel, Rdn. 206.

severally eingegangene Bürgschaftsverpflichtung jedes einzelnen Mitbürgen zurückzugreifen[11].

Allen drei Formen der Mitbürgschaft ist gemeinsam, daß grundsätzlich jeder Mitbürge zur Bewirkung der ganzen Leistung verpflichtet ist und die Leistung eines Mitbürgen auch die anderen befreit.[12]. Letzteres gilt auch für einen gültigen Erlaß gegenüber einem Mitbürgen, der mit anderen *jointly* oder *jointly and severally* haftet[13]. Von einem Erlaß ist allerdings ein *covenant not to sue* zu unterscheiden, der die Existenz der gemeinschaftlichen Verpflichtung nicht beendet, sondern dem Gläubiger nur die Möglichkeit nimmt, speziell den Erklärungsempfänger (*covenantee*) in Anspruch zu nehmen[14]. Damit bleibt auch die Möglichkeit eines Regresses der anderen Mitbürgen gegen den Begünstigten des Klageverzichts offen[15]. Ein *covenant not to sue* wird dann angenommen, wenn sich der Wille des Gläubigers erkennen läßt, sich seine Rechte gegen die anderen Mitbürgen vorzubehalten und diese nicht aus ihrer Verpflichtung zu entlassen. Das gilt auch dann, wenn im Wortlaut des Vertrages ausdrücklich von einem Erlaß gesprochen wird[16].

Damit kann ein als Erlaß formulierter Vertrag wie in §§ 769, 423 BGB für nur einen oder für alle Mitbürgen wirken. Während aber in Deutschland eine Rechtsvermutung für die erstere Möglichkeit besteht[17], geht das englische Recht im Gegensatz dazu bei einem Erlaß von der zweitgenannten Möglichkeit aus, wenn sich nicht Anhaltspunkte für eine abweichende Absicht der Vertragspartner (und damit einen *covenant not to sue*) ergeben oder die Mitbürgen nur *severally* haften.

Umgekehrt vermutet das englische Recht bei einem Vergleich des Gläubigers mit einem Mitbürgen, daß die hierdurch vorgenommene Verringerung der Schuld nicht den anderen Mitbürgen zugute kommt[18].

---

[11] Williams, Joint Obligations, S. 25, 27.

[12] Jenks-Winfield, §§ 359 f.

[13] Williams, Joint Obligations, S. 106; dies stellt — aus der Sicht des Gläubigers — den einzigen Nachteil der *joint and several guarantee* dar im Vergleich zu *guarantees*, die mehrere Bürgen *severally* eingehen. Auch dieser Nachteil wird aber durch die Formularpraxis, insbesondere der Banken, abbedungen, indem eine Klausel den Gläubiger ausdrücklich ermächtigt, einen Bürgen aus der Verpflichtung zu entlassen, ohne seine Ansprüche gegen die anderen Bürgen zu verlieren (vgl. Holden, S. 250).

[14] Williams, Joint Obligations, S. 106 f.

[15] Williams, Joint Obligations, S. 108 f.

[16] Williams, Joint Obligations, S. 133; Solly v. Forbes (1820) 2 Brod. & B. 38.

[17] RG JW 1933, 2829.

[18] Williams, Joint Obligations, S. 28.

2. Grundlagen des Rechts auf Ausgleich

Relativ früh ergangenen Urteilen[1] läßt sich entnehmen, daß anfangs die Gerichte des *common law* Ausgleichsansprüche eines in Anspruch genommenen Mitbürgen ablehnten, anscheinend deshalb, weil sie eine zu große Anzahl von Rechtsstreitigkeiten fürchteten[2]. In der Rechtsprechung des *Court of Chancery* wurde *contribution* unter Mitbürgen dagegen seit frühesten Zeiten anerkannt[3]. Spätestens zu Beginn des 19. Jahrhunderts verwehrte auch das *common law* Mitbürgen nicht mehr einen Ausgleich untereinander[4]. So ist es heute unbestritten, daß ein Mitbürge, der mehr als seinen Anteil im Innenverhältnis bezahlt hat, von den anderen Mitbürgen Ausgleich (*contribution*) verlangen kann[5]. Dabei geht das englische Recht ähnlich wie § 426 I 1 BGB davon aus, daß Mitschuldner im Verhältnis zueinander zu gleichen Anteilen verpflichtet sind[6], sofern sie nicht vertraglich etwas anderes vereinbaren[7] oder in unterschiedlicher Höhe haften[8].

Die *doctrine of contribution* beruht auf einem anerkannten Gerechtigkeitsgrundsatz („*fixed principle of justice*"[9]) und ist unabhängig von vertraglichen Beziehungen zwischen den Mitbürgen[10]. Goff-Jones[11] sehen ungerechtfertigte Bereicherung als ihre Basis an und ordnen sie in das *law of restitution* ein. Sie läßt sich zurückführen auf ein Grundprinzip der *equity*, daß

„if, as between several persons or properties all equally liable at law to the same demand, it would be equitable that the burden should fall in a certain way, the court will ... see that, if that burden is placed inequitably by the exercise of the legal right, its incidence should afterwards be readjusted"[12].

---

[1] Vgl. Wormleighton v. Hunter (1614) Godb. 243; Offley and Johnson's Case (1584) 2 Leon. 166.

[2] Goff-Jones, S. 175.

[3] wie Eldon, L. C., in Underhill v. Horwood (1804) 10 Ves. 209, 226, ausführte.

[4] Goff-Jones, S. 175.

[5] Deering v. Earl of Winchelsea (1787) 2 B. & P. 270; de Colyar, S. 340; Gilissen, S. 114.

[6] Goff-Jones, S. 176.

[7] Pendlebury v. Walker (1841) 4 Y. & C. Ex. 424; Re Ennis [1893] 3 Ch. 238; Arcedeckne v. Howard (1975) 45 L. J. Ch. 622.

[8] Vgl. unten A V 6.

[9] Deering v. Winchelsea (1787) 2 Bos. & P. 270, 272.

[10] Deering v. Winchelsea (787) 2 Bos. & P. 270, 272; Duncan, Fox & Co. v. N. & S. Wales Bank (1880) 6 App. Cas. 1, 13, 19; Ramskill v. Forrester (1821) 3 Bli 575, 590 (H. L.); Shepheard v. Bray [1906] 2 Ch. 235, 253; American Surety Co. of New York v. Wrighton (1910) 103 L. T. 663; Rowlatt, S. 153; Williams, Joint Obligations, S. 163.

[11] S. 173.

[12] Whitham v. Bullock [1939] 2 K. B. 81, 85; vgl. auch Duncan, Fox & Co. v. N. & S. Wales Bank (1880) 6 App. Cas. 1, 19; Williams, Joint Obligations, S. 163.

Als erster suchte Lord Eyre in der Entscheidung *Deering v. Winchelsea*[13] die Grundlagen des Ausgleichs unter Mitbürgen darzustellen. Gleich, in welchem Verhältnis die Mitbürgen untereinander stünden, hätten sie ein gemeinsames Interesse und eine gemeinsame Verpflichtung. Derjenige, den der Gläubiger in Anspruch nehme, müsse zahlen. Untereinander seien sie aber in *aequali jure* und müßten sich alle beteiligen. Zur Veranschaulichung stellte Lord Eyre den Vergleich mit einem Havarie-Fall an, in dem ein Teil der Ladung über Bord geworfen wurde, um das Schiff zu retten. Dort wie bei der Mitbürgschaft gelte der Grundsatz: „qui sentit commodum sentire debet et onus"[14].

Rowlatt[15] erklärt das Prinzip mit der Überlegung, daß in *equity* der Gläubiger seine Rechte gegen mehrere Bürgen so ausüben sollte, daß deren Verpflichtung von ihnen gleichmäßig getragen wird. Wird das Vorgehen des Gläubigers dieser Maxime nicht gerecht, so muß das Gericht sich daraus ergebende Ungerechtigkeiten mit Hilfe der *contribution* wieder korrigieren.

Das so begründete Prinzip ist immer dann anwendbar, wenn Bürgen für dieselbe Verbindlichkeit oder denselben Teil einer Verbindlichkeit haften. So macht es keinen Unterschied, ob sich die Bürgen *jointly, jointly and severally*[16] oder nur *severally*[17] verpflichtet haben. Sie können auf derselben oder auf verschiedenen Urkunden, zur selben Zeit oder zu völlig unterschiedlichen Zeitpunkten unterschrieben haben[18]. Es ist nicht einmal nötig, daß sie voneinander wußten, als sie ihre Bürgschaftserklärung abgaben[19]. Das entspricht § 769 BGB, der auch unabhängig voneinander handelnde Mitbürgen den Regeln des gesamtschuldnerischen Ausgleichs unterstellt.

Kein Pendant im deutschen Recht hat die Subsidiarität des Rechts auf *contribution* gegenüber dem Regreßanspruch des Bürgen gegen den Hauptschuldner[20]. Diese Subsidiarität erklärt es, daß der Bürge in England ein Urteil gegen die anderen Mitbürgen nur dann erstreiten kann, wenn er

---

[13] (1787) 2 Bos & P. 270, 272.

[14] Deering v. Winchelsea (1787) 2 Bos. & P. 270, 274.

[15] S. 153.

[16] Underhill v. Horwood (1804) 10 Ves. 209, 226.

[17] Vgl. Ward v. National Bank of New Zealand (1883) 8 App. Cas. 755, 765; Goff-Jones, S. 176; Chitty, Rdn. 4450.

[18] Ellismere Brewery Co. v. Cooper [1896] 1 Q. B. 75; Mayhew v. Cricket (1818) 2 Swan. 185, 192; Pendlebury v. Walker (1841) 4 Y & C. Ex. 424; Swain v. Wall (1641) 1 Rep. Ch. 149; Dallas v. Walls (1873) 29 L. T. 599; Ware v. Horewood (1807) 14 Ves. 28; Lian, S. 125.

[19] Craythorne v. Swinburne (1807) 14 Ves. 160, 165[Whiting v. Burke (1871) 6 Ch. App. 342.

[20] Vgl. Goff-Jones, S. 178.

entweder den Hauptschuldner mitverklagt oder beweist, daß dieser zahlungsunfähig ist[21].

3. Freistellungsanspruch

In Deutschland ist es für den Gesamtschuldnerausgleich gem. § 426 I BGB, der nach § 769 BGB auch für Mitbürgen Anwendung findet, anerkannt, daß jeder Gesamtschuldner schon vor einer eigenen Leistung von den Mitschuldnern anteilige Mitwirkung dahin verlangen kann, daß an den Gläubiger geleistet würde[1]. Auch das englische Recht räumt dem Bürgen, dem Inanspruchnahme über seinen internen Haftungsanteil hinaus droht, einen Freistellungsanspruch gegen die Mitbürgen ein. Allerdings sind die Voraussetzungen dieses Anspruchs noch nicht klar abgesteckt[2], da nur wenige Urteile bisher einen solchen Fall behandelt haben. In *Morgan v. Seymour*[3] hatten sich Kläger und Beklagter auf einem Schuldschein für die Schuld eines Dritten verbürgt. Der Kläger, der vom Gläubiger auf Zahlung der gesamten Bürgschaftsschuld verklagt worden war, begehrte mit seiner Klage, daß der Beklagte sich zur Hälfte an der Zahlung beteiligte. In demselben Rechtsstreit verklagte er den Gläubiger auf Herausgabe der Bürgschaftsurkunde. In beiden Punkten hatte die Klage Erfolg.

In *Deering v. Winchelsea*[4] hatten sich der Kläger und die beiden Beklagten gegenüber der Krone für die Pflichterfüllung eines Zolleinnehmers verbürgt. Nachdem dieser mit der Weiterleitung eingenommener Abgaben erheblich in Rückstand gekommen war, erstritt die Krone ein Urteil gegen den Kläger in Höhe der rückständigen Summe. Auf dessen Klage wurden die beiden Beklagten verurteilt, mit je einem Drittel des Betrages zur Zahlung der Forderung der Krone beizutragen.

In *Wolmershausen v. Gullick*[5] war die Klägerin Nachlaßverwalterin eines Erblassers, der mit vier anderen Bürge für eine Schuld gegenüber einer Bank war. Nachdem die Bank Zahlung der gesamten Schuld aus dem Nachlaß verlangt hatte, begehrte die Klägerin von einem anderen Bürgen anteilige Freistellung. Der entscheidende Richter sah die durch die Klägerin vorgenommene Anerkennung der Bankforderung im Nachlaßverfahren als einer

---

[21] Cowell v. Edwards (1800) 2 Bos. & P. 268; Hay v. Carter [1935] Ch. 397, 405 f. (C. A.); Dow, N. 900.

[1] Jauernig-Stürner, § 426 Anm. 3 a.

[2] De Colyar, S. 344.

[3] (1637) 1 Chan. Rep. 120.

[4] (1787) 2 Bos. & P. 270.

[5] [1893] 2 Ch. 514.

Verurteilung der Klägerin gleichwertig an. Deshalb hielt er auf Grund der vorerwähnten beiden Fälle grundsätzlich einen Freistellungsanspruch für gegeben. Dennoch führte er aus:[6]

„I think that, if the plaintiff had made the creditor a defendant to the present action, I ought to have held the allowance of the principal creditor's claim in the administration action was equivalent to a judgement against the plaintiff for the whole amount of the guarantee, and that on the precedents of Morgan v. Seymour and Deering v. The Earl of Winchelsea, the plaintiff would have been entitled to a declaration of her right to contribution and to an order upon the solvent co-surety to pay his proportion to the principal creditor. The principal creditor, not being a party, I think that I cannot order payment to him or directly prevent him from enforcing his judgement against the plaintiff alone. Nor can I at present order the co-surety to pay his half to the plaintiff, for the plaintiff cannot give him a discharge as against the principal creditor ... But I think that I can declare the plaintiff's right, and make a prospective order under which, whenever she has paid any sum beyond her share, she can get it back ..."

Ob für den Erfolg einer Klage auf anteilsmäßige Befreiung die Prozeßbeteiligung des Gläubigers wirklich notwendig ist, bleibt trotz dieser Entscheidung fraglich. Zum einen ist etwa in dem bereits erwähnten Fall *Deering v. Winchelsea*[7] nicht berichtet worden, daß dort die Krone an dem Verfahren beteiligt war. Zum anderen hatte Swinfen Eady, J., in *Ascherson v. Tredegar Dry Dock and Wharf Co. Ltd.*[8] in dem hier vergleichbaren Fall des Freistellungsanspruches des Bürgen gegen Hauptschuldner keine Bedenken, den Hauptschuldner zu einer Zahlung an den im Prozeß nicht vertretenen Gläubiger zu verurteilen[9].

Des weiteren kann nicht mit Sicherheit gesagt werden, daß ein Bürge nur dann einen Befreiungsanspruch durchsetzen kann, wenn er selbst verklagt ist oder gar ein Urteil gegen ihn vorliegt. Stimmen in der Literatur halten es für möglich, daß es genüge, wenn der Gläubiger den Bürgen zu mehr als seinen Anteil in Anspruch zu nehmen drohe[10].

4. Ausgleich nach Teilzahlungen

Besser geklärt als der Freistellungsanspruch ist in England die Frage, wann und in welchem Umfang ein Bürge von den Mitbürgen die Rückerstattung bereits erbrachter Zahlungen verlangen kann. Hier stehen die englischen

[6] [1893] 2 Ch. 514, 528 f.

[7] Vgl. oben F. N. 4.

[8] [1909] 2 Ch. 401.

[9] Vgl. unten A VI 3.

[10] Rowlatt, S. 159; Goff-Jones, S. 180; Winfield, L. Q. R. 64, 46, 48.

Gerichte auf dem Standpunkt, daß ein solcher Anspruch nur insoweit besteht, als ein Mitbürge mehr als den Anteil an der Schuld bezahlt, der im Innenverhältnis auf ihn fällt[1]. Dies entspricht, soweit es die Gesamtschuld im allgemeinen betrifft, der h. M. in Deutschland[2]. Anders entschied allerdings der Bundesgerichtshof[3] speziell für den Fall der Mitbürgschaft, indem er einen Ausgleichsanspruch unter Mitbürgen auch für Zahlungen zuließ, die die Quote aus dem Innenverhältnis nicht übersteigen[4]. Das ergäbe sich aus den Besonderheiten der Bürgschaft. Mitbürgen gingen nicht, wie im Regelfall des Gesamtschuldverhältnisses, von vornherein eine eigene Verpflichtung ein, sondern nur die Verpflichtung, für die Erfüllung einer fremden Schuld einzustehen. Wenn der Gläubiger von einem von ihnen einen Teil der Forderungen eintreibe, so sei noch nicht gesagt, daß die Mitbürgen für die fremde Schuld weiter in Anspruch genommen werden würden. Vielmehr könne der Hauptschuldner seine Zahlungen wieder aufnehmen, so daß der Gläubiger von einem weiteren Vorgehen gegen die Mitbürgen absehen könne. Erst bei Abwicklung des ganzen Schuldverhältnisses stehe fest, ob die von einem Mitbürgen geleistete Zahlung über seine Quote hinausgehe. Es erscheine nicht zumutbar, den Bürgen so lange auf die Erhebung von Ausgleichsansprüchen warten zu lassen.

Diese Entscheidung hat berechtigte Kritik in der Literatur[5] erfahren und ist in Übereinstimmung mit der englischen Rechtsprechung auch für das deutsche Recht abzulehnen. Der Bundesgerichtshof unterscheidet zu Unrecht zwischen Mitbürgen und anderen Gesamtschuldnern. Die Möglichkeit einer zukünftigen Zahlung durch den Hauptschuldner kann kein tragender Gesichtspunkt sein. Im gesetzlichen Modellfall hat der Bürge nach § 771 BGB die Einrede der Vorausklage. Zu einer Zahlung durch einen Bürgen an den Gläubiger wird es deshalb nur dann kommen, wenn die Zwangsvollstreckung gegen den Hauptschuldner erfolglos versucht worden war und Leistungen von ihm nicht mehr zu erwarten sind. Schon dann steht praktisch fest, wieviel die Bürgen insgesamt zu zahlen haben[6]. Selbstschuldnerische

[1] Davies v. Humphreys (1840) 6 M. & W. 153, 168 f.; Ex parte Gifford (1802) 6 Ves. 805; Ex parte Snowdon (1881) 17 Ch. D. 44, 47 (C. A.); Lever v. Pearce (1888) W. N. 105; Gardner v. Brooke (1897) 2 J. R. 6 (C. A.).

[2] KG, OLGRspr 33, 254; OLG Hamburg, Hanseatische Gerichtszeitung 1928, B, 169; OLG München MDR 1972, 239; Weber in BGB-RGRK § 426 Rdn. 21; Soergel-Siebert-Schmidt § 426 Rdn. 6; Erman-Westermann § 426 Rdn. 10; Palandt-Heinrichs § 426 Anm. 2 c; a. A.: OLG Jena, Recht 1903 Nr. 2539; OLG Hamburg, Recht 1910, Nr. 3477; OLG Celle JW 1934, 1864.

[3] BGHZ 23, 361.

[4] Anders dann, wenn der klagende Mitbürge selbst zahlungsunfähig ist: BGH WM 1982, 610 f.

[5] Blomeyer, JZ 1957, 443 f.; wohl zustimmend: Larenz, SBT, § 64 III, F. N. 1 auf S. 480; OLG München, MDR 1972, 239.

[6] Vgl. Blomeyer, JZ 1957, 443, 444.

Bürgen, und nur um solche handelt es sich auch im englischen Recht, müssen den gesamten Schuldbetrag schon dann zahlen, wenn der Hauptschuldner dies bei Fälligkeit versäumt. Diese Verpflichtung ist nicht ungewiß, sondern steht in diesem Augenblick auch ihrer Höhe nach fest. Jeder Mitbürge ist wie jeder andere Gesamtschuldner verpflichtet und kann von jedem anderen Mitbürgen die Zahlung dessen vollen Anteils an den Gläubiger verlangen. Die Mitbürgen dürfen nicht abwarten, ob der Hauptschuldner nicht doch noch zahlt. Ihre Pflichten bestehen unabhängig davon, ob und in welcher Höhe der Gläubiger einen von ihnen tatsächlich belangt, wobei lediglich dann etwas anderes gelten muß, wenn der Gläubiger die Schuld stundet[7]. Zahlt somit ein Mitbürge einen Betrag an den Gläubiger, der über seinen Anteil an der Schuld nicht hinausgeht, so erfüllt er nichts als seine ihm nach § 426 I 1 BGB obliegende Pflicht gegenüber seinen Mitbürgen[8]. Diese sind nicht zur Beteiligung an der Zahlung seines Anteils verpflichtet, sondern zur Zahlung ihres eigenen. Es bleibt möglich, daß die anderen Mitbürgen in Zukunft — freiwillig oder gezwungenermaßen — einen größeren Betrag zahlen und im Endergebnis nicht zum Schuldner, sondern zum Gläubiger des Bürgen, der zuerst etwas gezahlt hatte, werden. Im Hinblick darauf erscheint es unbillig, dem Bürgen, der seinen Anteil oder weniger bezahlt, einen Ausgleichsanspruch zu geben. Es wäre auch unpraktisch, wenn die sukzessive Zahlung noch so kleiner Teile einer Schuld durch den einen oder den anderen Mitbürgen jedesmal erneut Ausgleichsforderungen hin und her auslöste. Das kann zu einer Vielzahl von Prozessen führen[9], die sicherlich nicht erwünscht sein kann.

Die Umständlichkeit und Systemwidrigkeit dieser Rechtsprechung wird deutlich in einer Entscheidung des Oberlandesgerichts Hamburg[10]. Hier hatten zwei Gesamtschuldner gleich hohe Teilbeträge innerhalb ihrer Quote bezahlt. Das Oberlandesgericht nahm Ausgleichsansprüche beider an, die durch Aufrechnung getilgt worden seien.

Es erscheint wenig logisch, Ausgleichsansprüche nach § 426 I 1 BGB, die sich begrifflich nur auf einen Saldo zugunsten des einen oder des anderen Gesamtschuldners beziehen können, zwischen beiden aufzurechnen. Dazu muß es aber führen, wenn alle Teilzahlungen innerhalb ihrer Quote, die die verschiedenen Mitbürgen leisten, sofort einen Ausgleichsanspruch gegen die jeweils anderen Mitbürgen auslösen. Der vom Gläubiger zunächst in Anspruch genommene Bürge kann und sollte seine Rechte gegenüber seinen Mitbürgen anders wahren. Statt sie an der Zahlung seines Anteils nachträglich zu beteiligen, kann er sie verklagen, ihren Anteil an den Gläubiger zu

---

[7] Blomeyer, JZ 1957, 443, 444.

[8] OLG München, MDR 1972, 239.

[9] Vgl. Davies v. Humphreys (1840) 6 M. & W. 153, 169.

[10] Hanseatische Gerichtszeitung 1910, B 87.

zahlen und sich dadurch vor einer Heranziehung über seinen Anteil hinaus schützen[11].

Richtig ist es dagegen im Fall einer Ratenschuld und vergleichbarer Verbindlichkeiten, dem zahlenden Bürgen anteilsmäßig eine Ausgleichsforderung schon vor Begleichung seines gesamten Schuldanteils zuzubilligen. Hier hat jeder Mitbürge nur zur Tilgung der gerade fällig werdenden Rate anteilsmäßig beizutragen. Deshalb muß dem Bürgen Ersatz zustehen für das, was er über seinen Anteil an der jeweiligen Rate hinaus an den Gläubiger zahlt. Es kann von ihm nicht verlangt werden, daß er auch im Innenverhältnis für die Anteile der anderen in Vorschuß geht[12].

Ob auch das englische Recht zumindest im Ergebnis dieselbe Position einnimmt, ist nicht ganz unbestritten. De Colyar[13] schreibt, daß der Bürge, der die Rate einer Ratenschuld bezahlt hat, hinsichtlich dieser Zahlung Ausgleich von seinen Mitbürgen verlangen kann. Er stützt sich dabei auf die Entscheidungen *In re Macdonald, Ex parte Grant*[14] und *Lawson v. Wright*[15].

Letzteres Urteil ist leider nur unvollkommen veröffentlicht: Ein George Watson kaufte bestimmte Wegezollrechte für einen Kaufpreis von £ 320, die in Raten von £ 20 bezahlt werden sollten. Thomas Wright und George Wright, der Beklagte, verbürgten sich gemeinsam für diese Kaufpreisverpflichtung. Dann heißt es im *report*[16]: "George Watson was a defaulter for £ 100 whereupon ..." Thomas Wright wurde aus seiner Bürgschaft in Anspruch genommen und zahlte die £ 100. Nach seinem Tode verklagten seine Testamentsvollstrecker den Beklagten mit Erfolg auf *contribution*. Dem *report* läßt sich nicht entnehmen, ob die £ 100 den gesamten Restkaufpreis darstellten oder ob sie lediglich die bis dahin fälligen Raten ausmachten und weitere Raten später noch fällig werden sollten.

Auf den Fall wurde später von Cotton, L. J., in *Ex parte Snowdon*[17] Bezug genommen. In der Entscheidungssammlung der *Chancery Division* werden Cotton, L. J., folgende Worte zugeschrieben:

„In Lawson v. Wright, the co-sureties had guaranteed a liability of £ 320, and the only sum due by the debtor at the time of payment was £ 100."[18]

Danach wurde in *Lawson v. Wright* der Klage schon deshalb stattgegeben, weil die £ 100 alles waren, was *zur Zeit der Zahlung* fällig war. Dieser Bericht

[11] Blomeyer, JZ 1957, 443, 444.

[12] Vgl. Blomeyer, JZ 1957, 443.

[13] S. 344.

[14] [1888] W. N. 130.

[15] (1786) 1 Cox Eq. Cas. 275.

[16] (1786) 1 Cox Eq. Cas. 275.

[17] (1881) 17 Ch. D. 44.

[18] 17 Ch. D. 44, 48.

über *Lawson v. Wright* erklärt, warum der Fall als Beleg dafür zitiert wird[19], daß der Bürge schon bei Zahlung einer Rate Ausgleich verlangen kann.

Es darf hier jedoch nicht übersehen werden, daß es sich nur um mittelbare Berichterstattung handelt, die zudem nicht einheitlich ist. Nach dem Bericht des *Law Journal*[20] über *Ex parte Snowdon* hat sich Cotton, L. J., etwas anders ausgedrückt:

„In the case of Lawson v. Wright the co-surety guaranteed a liability of £ 320 when the only sum due by the debtor was £ 100 and the surety claimed contribution."

Hier fehlt es an dem klarstellenden Zusatz „at the time of the payment".

Ebenso fehlt dieser Zusatz in der Urteilswiedergabe des *Weekly Reporter*[21].

Die Eignung von *Lawson v. Wright* als Beleg für de Colyars Ansicht wird noch stärker in Zweifel gezogen durch die Ermittlungen, die Warrington, J., für die Urteilsfindung in *Stirling v. Burdett*[22] anstellte. Dieser sah, wie er in der Urteilsbegründung berichtete[23], die Gerichtsakten von *Lawson v. Wright* ein und fand dort, daß über die in der Berichterstattung erwähnten £ 100 hinaus keine weitere Kaufpreisverpflichtung seitens Watson bestand.

Der zweiten von de Colyar zitierten Entscheidung *In re Macdonald, Ex parte Grant*[24] liegt folgender Sachverhalt zugrunde: James Macdonald und Peter Grant verbürgten sich für eine Hauptschuld von £ 400. Sie unterzeichneten dazu folgenden Text[25]:

„At six, twelve and eighteen months after date by equal instalments we Peter Grant, William and Duncan Gordon, James Macdonald and William Gordon conjointly and severally promise to pay to ... the sum of £ 400 sterling for value received."

Als die erste Rate von £ 133/6 s/8 d fällig und vom Hauptschuldner nicht bezahlt wurde, sah sich Grant gezwungen, sie zu zahlen. Er erstritt sodann ein Urteil über £ 66/13 s/4 d gegen Macdonald und präsentierte auf Grund dieses Urteils eine *bankruptcy petition* gegen den in Konkurs gefallenen Macdonald. In Ausübung einer s. 7 (3) des *Bankruptcy Act* von 1883[26] eingeräumten Befugnis lehnte der *registrar* die Ausstellung einer *receiving order* ab. Der *Court of Appeal* gab dem von Grant dagegen eingelegten Rechtsmittel statt. Zur Begründung erklärte Lord Esher, M. R.[27]:

19 Außer bei de Colyar, S. 344, auch bei Dow, S. 487, F. N. (m).

20 50 L. J. (Chancery) 542.

21 29 W. R. 654.

22 [1911] 2 Ch. 418.

23 [1911] 2 Ch. 418, 427.

24 [1888] W. N. 130.

25 Zit. nach Stirling v. Burdett [1911] 2 Ch. 418, 429 durch Warrington, J.

26 46 & 47 Vict. c. 52.

27 Zit. nach Stirling v. Burdett [1911] 2 Ch. 418, 429.

„... the meaning of the promissory note was, that, as between themselves, the two sureties would pay each instalment of the debt, if the principal debtor did not. If one of the sureties paid an instalment, he was immediately entitled to contribution from the other."

Eine etwas andere Tendenz hat die zuvor zitierte Entscheidung *Stirling v. Burdett*[28]. Hier hatten sich die Kläger und die Beklagten für eine nach 10 Jahren fällige Hypothekenschuld, die halbjährlich dafür zu zahlenden Zinsen und die Prämien für eine Versicherung verbürgt. Alle Bürgen beschränkten ihre Verpflichtung auf unterschiedliche Höchstbeträge zwischen £ 1 000 und £ 5 000. Vor Fälligkeit der Hauptschuld hatten die Kläger für Zinsen und Prämien einen Betrag bezahlt, der ihren Anteil an den inzwischen fällig gewordenen Zinsen und Prämien überstieg, nicht aber ihren Anteil an der Gesamtverbindlichkeit. Ihre Klage auf *contribution* wurde von Warrington, J.[29], mit einer Begründung abgewiesen, die sich ausführlich mit den einschlägigen Entscheidungen auseinandersetzte. *Lawson v. Wright* akzeptierte Warrington, J., auf Grund seiner bereits[30] aufgezeigten Erkenntnisse nicht als seinem Urteil entgegenstehende Präjudiz[31]. Gegenüber der ebenfalls schon skizzierten Entscheidung *In re Macdonald, Ex parte Grant* suchte er zu distinguieren, indem er zu dieser Entscheidung bemerkte[32]:

„The report is, of course, most imperfect, but I should gather that Lord Esher regarded the instalments in that case as separate debts, and based his judgement on that view."

Demgegenüber war seiner Ansicht nach die Verpflichtung in dem von ihm zu entscheidenden Fall unteilbar[33].

Wohl hieraus wird von Teilen des Schrifttums[34] zu Unrecht der Schluß gezogen, daß die Zahlung einer Rate nur dann zum Ausgleich berechtigt, wenn sie ausnahmsweise als *„separte debt"* angesehen werden kann. Zwar kann tatsächlich für die hier erörterte Fallgruppe ein Ausgleichsanspruch kaum auf *Lawson v. Wright* gestützt werden. Aus *In re Macdonald, Ex parte Grant* geht jedoch klar hervor, daß zumindest Bürgen, die sich gemeinschaftlich für eine Ratenschuld verbürgt haben, schon nach Zahlung einer Rate Ausgleich verlangen können. Dem steht auch Stirling v. Burdett nicht entgegen. Als *ratio decidendi* müssen folgende Sätze schon am Anfang der Urteilsbegründung angesehen werden[35]:

---

[28] [1911] 2 Ch. 418.

[29] [1911] 2 Ch. 418, 423.

[30] Vgl. oben F. N. 23.

[31] [1911] 2 Ch. 418, 427 f.

[32] [1911] 2 Ch. 418, 429.

[33] [1911] 2 Ch. 418, 430.

[34] Goff-Jones, S. 179; Dow, N. 895.

[35] [1911] 2 Ch. 418, 423.

„The fact that the ultimate liability of each surety is limited to a certain amount must be borne in mind. In the first place the liability to contribute as between the several sureties is in proportion to the amount for which they are respectively liable and ... not in equal shares. But, more than this, it is possible that if the co-sureties are now ordered to contribute to the payments of the plaintiffs they may ultimately be required to pay a larger sum than the amount of the limit because the payment to the co-sureties would be no answer to the claim of the society. This would not, of course, be the case if each were liable to the creditor for the whole debt. This circumstance renders the case, in my opinion, more favourable to the defendants than that of co-sureties each liable for the whole debt.„

Als entscheidender Umstand wurde es danach angesehen, daß die Bürgen ihre Verpflichtung auf Höchstbeträge begrenzt hatten, die, jeder für sich, die Gesamtverbindlichkeit nicht deckten. Bei einer Verurteilung der Beklagten sah das Gericht die Gefahr, daß diese letztlich nicht nur mehr als ihren Anteil im Innenverhältnis, sondern sogar über ihre Höchsthaftung im Außenverhältnis hinaus zahlen müßten. Gegenüber diesem Risiko mußte das Interesse der Kläger an einer schnellen Rückerstattung der von ihnen verauslagten Beträge zurückstehen. Diese Wertung entspricht der auch in Deutschland bekannten Regel, daß ein Bürge auch im Wege des Rückgriffs nicht auf mehr als den Höchstbetrag haften soll[36]. Geht man auf die dogmatische Begründung der *contribution* zurück, so läßt sich das Ergebnis des Urteils noch leichter begründen: Da die Beklagten weiterhin noch auf die volle, von ihnen festgesetzte Bürgschaftssumme haften, hat die Zahlung der Kläger sie nicht befreit[37]. Der Grundsatz, daß, wer den Vorteil hat, auch die Last tragen müsse[38], greift nicht durch, und damit auch kein Ausgleichsrecht[39]. Befreit dagegen eine Ratenzahlung die anderen Mitbürgen, so ist nicht einzusehen, warum dem Zahlenden ein Recht auf *contribution* verweigert werden sollte. In einem solchen Fall kann jede Rate als umlagefähige *„separate debt"* i. S. der Entscheidung *Stirling v. Burdett* gewertet werden. Das kommt auch in dem zuletzt wiedergegebenen Urteilspassus durch den Satz zum Ausdruck: „This would not, of course, be the case if each were liable to the creditor for the whole debt."

Eine weitere Ausnahme von der Regel, daß der Bürge als Voraussetzung eines Rechts auf *contribution* mehr als seinen Anteil bezahlt haben muß,

---

36 Vgl. RGZ 81, 414, 421.

37 Letztlich handelt es sich hier um ein Problem der Höchstbetragsbürgschaft, nicht der Bürgschaft für Ratenschulden. Es wird unten (A V 6) noch näher behandelt werden.

38 Vgl. oben A V 2.

39 Anders wäre es, wenn kein Zahlungsanspruch, sondern ein Befreiungsanspruch geltend gemacht worden wäre. Da ein solcher auf Zahlung an den Gläubiger gerichtet gewesen wäre, hätten sich Zahlungen der Beklagten als Tilgung ihrer Bürgschaftsschuld auswirken können.

wird gemacht, wenn der Gläubiger bei Teilzahlung eines Bürgen die Bürgschaftsverpflichtung mit Wirkung für alle Bürgen als befriedigt ansieht[40]. Dies muß auch für das deutsche Recht gelten, da mit einem solchen Erlaß die gemeinsame Bürgschaftsschuld und damit auch der von dem einzelnen Bürgen zu zahlende Anteil entfällt. Eine solche Neueinschätzung muß auch dann vorgenommen werden, wenn sich nach der Teilzahlung eines Bürgen die Schuld durch ein anderes Ereignis, etwa Zahlungen des Hauptschuldners, verringert. Voraussetzung ist aber, daß der Hauptschuldner diese Zahlung tatsächlich leistet. Allein die Möglichkeit einer zukünftigen Zahlung reicht nicht aus.

5. Ausgleich bei Zahlungsunfähigkeit eines Mitbürgen

Nach einer Entscheidung von Lopez, J., in *Lowe & Sons v. Dixon & Sons*[1] müssen Mitbürgen nicht nur ihren eigenen Anteil zahlen, sondern — pro rata — auch denjenigen derer, die ihn selbst nicht aufbringen können. Nach dieser Entscheidung entspricht das englische Recht § 426 I 2 BGB.

Dem könnte allerdings *Batard v. Hawes*[2] entgegenstehen[3]. Hier wurde entschieden, daß der Betrag, der auf einen ausgleichspflichtigen Mitschuldner entfalle, sich nach der Zahl der Schuldner bei Vertragsabschluß, nicht nach der zum Zahlungszeitpunkt richte. In dem Rechtsstreit hatte der Kläger eine Schuld bezahlt, die er mit 11 anderen gesamtschuldnerisch eingegangen war. Vor dieser Zahlung waren 2 Mitschuldner gestorben. Das Gericht entschied, daß der Kläger nicht 1/10, sondern nur 1/12 der Schuld von jedem überlebenden Mitschuldner verlangen könne. Denn das Recht auf *contribution* beruhe nicht auf dem Prinzip gleichmäßiger Ratenverteilung, sondern auf einer konkludenten Vereinbarung bei Vertragsabschluß, daß jeder seinen Anteil zahlen würde.

Geht man — ungeachtet des Ergebnisses im konkreten Fall — von der Begründung der Entscheidung aus, so müßte sie auch Auswirkungen auf das hier erörterte Problem (Einfluß der Zahlungsunfähigkeit eines Mitbürgen auf die Höhe des Ausgleichsanspruchs) haben. Ist nämlich die Prämisse des Gerichts, daß der Anteil der einzelnen Mitschuldner schon bei Vertragsschluß endgültig festgelegt wird, richtig, kann auch die spätere Insolvenz eines von ihnen die Anteile nicht mehr verändern. Dieser Konsequenz von *Batard v. Hawes* entspricht nach im heutigen Schrifttum geäußerten Ansich-

[40] Ex parte Snowdon (1881) 17 Ch. D. 44, 47 (C. A.); Dow, N. 895.

[1] (1885) 16 Q. B. D. 455.

[2] (1853) 2 E. & B. 287.

[3] Vgl. Williams, Joint Obligations, S. 164.

ten[4] nicht mehr geltendem Recht. Es handele sich um die Entscheidung eines *common law*-Gerichts, die einer ständigen *equity*-Rechtsprechung[5], *contribution* beruhe nicht auf Vertrag, widerspreche. So wird denn auch angeführt[6], die Entscheidung habe sich 1873 durch s. 52 (11) des *Judicature Act*[7] erledigt, nach dem ein Konflikt zwischen *law* und *equity* zugunsten der *equity* zu lösen sei.

Demgegenüber gibt Keener[8] zu bedenken, daß trotzdem auch ein Gericht der *equity* nicht das Recht habe, einem Beklagten eine größere Verpflichtung aufzuerlegen, als zwischen ihm und dem Kläger vereinbart wurde. Auch müsse bedacht werden, daß *Batard v. Hawes* noch einmal ausdrücklich in einem Urteil aus dem Jahre 1937[9] gebilligt wurde.

Dennoch ist die zitierte Argumentation in *Batard v. Hawes* „opposed to the weight of authority"[10]. Daß sich *contribution* nicht auf Vertrag, sondern auf einen allgemeinen Billigkeitsgedanken stützt, wird heute nicht mehr in Zweifel gezogen[11]. Im übrigen verliert die konkrete Urteilsbegründung in *Batard v. Hawes* etwas an Gewicht angesichts des Umstandes, daß das Gericht auch ohne sie zu seinem Urteilsspruch hätte kommen können. Denn es war, wie in dem Urteil erwähnt wird[12], ein Anspruch gegen den Nachlaß der beiden verstorbenen Mitschuldner begründet. So bestand nicht nur nach *common law*, sondern auch nach *equity* kein Anlaß, die überlebenden Mitschuldner mit dem Anteil der verstorbenen zu belasten. Anders ist es im Ausgangsfall der Zahlungsunfähigkeit eines oder mehrerer Mitbürgen. Hier muß die Schuld nach der zutreffenden Ansicht der heutigen Rechtsliteratur[13] unter die zahlungsfähigen Mitbürgen verteilt werden.

6. Verteilungsmaßstab bei unterschiedlichen Haftbeträgen

Wie bereits oben erwähnt, geht das englische ebenso wie das deutsche Recht von einer Aufteilung der Bürgenverpflichtungen nach Kopfteilen aus.

[4] Goff-Jones, S. 175; Williams, Joint Obligations, S. 164 f.

[5] Vgl. oben A V 2.

[6] Vgl. Goff-Jones, S. 175.

[7] 36 & 37 Vict. c. 66, jetzt s. 44 des Supreme Court of Judicature (Consolidation) Act, 1925, 15 & 16 Geo. 5 c. 49.

[8] S. 495; vgl. auch Williams, Joint Obligations, S. 164.

[9] Re a Debtor [1937] Ch. 156.

[10] Williams, Joint Obligations, S. 164.

[11] Vgl. oben A V 2.

[12] (1853) 2 E. & B. 287.

[13] Goff-Jones, S. 175; Dow, N. 897; Williams, Joint Obligations, S. 164 f.; de Colyar, S. 341; Keener, S. 405; zögernd: Hartley, N. 119.

Dies ist in beiden Rechtsordnungen völlig unproblematisch, soweit sich die Mitbürgen in gleicher Höhe für die gleiche Forderung oder denselben Teil einer Forderung verpflichtet haben. Gleichermaßen unproblematisch ist der Fall, daß sich die Bürgen für bestimmt bezeichnete unterschiedliche Teile einer Forderung verbürgt haben. Die Bürgschaften sichern damit verschiedene Hauptverbindlichkeiten ab[1]. Für Mitbürgenausgleich ist hier kein Raum[2].

Unterschiede zwischen den beiden Rechtsordnungen ergeben sich möglicherweise für den Fall, daß sich Mitbürgen für dieselbe Forderung in unterschiedlicher Höhe verbürgen. In England tragen hier die Mitbürgen im Innenverhältnis den Ausfall nach dem Verhältnis der Höchstbeträge ihrer Bürgschaften[3]. Im deutschen Recht ist die Lösung dieses Problems streitig.

Hier wird zunächst einmal zwischen zwei Gruppen unterschieden: Unter die erste Gruppe, die Kanka[4] Mitbürgschaft auf einen bestimmten Teil nennt, fallen Bürgschaften für bestimmte Teile einer Schuld, die sich teilweise überschneiden. Dies trifft etwa für den Fall zu, daß sich A für die ersten 800, B für die ersten 600 und C für weitere auf die ersten 600 folgenden 300 einer Schuld von 1 000 verbürgt. Hier ist für jeden Teil der Schuld zu untersuchen, inwieweit die Bürgen Gesamtschuldner sind[5]. Für jeden Schuldteil ist dann der Anteil des einzelnen Bürgen nach § 426 BGB zu bestimmen, in der Regel somit nach Kopfteilen. Im Beispielfall ergibt sich dann folgendes: Für die ersten 600 haften A und B als Gesamtschuldner, haben also je 300 zu tragen. Die auf die ersten 600 folgenden 200 tragen A und C zur Hälfte. Für weitere 100 haftet C allein. Im Innenverhältnis hat A insgesamt 400, B 300 und C 200 zu tragen.

Im obigen Beispielfall blieben die letzten 100 der Hauptschuld ungesichert. Um ein solches Ergebnis zu vermeiden, lassen sich Gläubiger häufig mehrere Bürgschaften geben, die zwar auf eine bestimmte Summe, nicht aber auf einen bestimmten Teil der Hauptschuld beschränkt sind. Vom Standpunkt des Gläubigers addieren sich hier die Bürgschaftsbeträge, da er bis zu deren Summe seine Forderung von allen Bürgen eintreiben kann.

Kanka spricht hier von „Mitbürgschaft auf einen beliebigen Teil"[6], Beeser[7] von Wahlbürgschaft. Hierunter fallen insbesondere die in der Bankpraxis

[1] Beeser, BB 1958, 970, 971.

[2] Vgl. Pendlebury v. Walker (1841) 4 Y. & C. Ex 424.

[3] Ellesmere Brewery Co. v. Cooper (1896) 1 Q. B. 75; Pendlebury v. Walker (1841) 4 Y. & C. Ex 424, 441; Re Ennis [1893] 3 Ch. 238, 242 (C. A.); Williams, Joint Obligations, S. 166; N. N., Aus. L. J. 9, 42, 43; de Colyar, S. 351 f.; Lian, S. 125.

[4] Iherings Jahrbücher 87 (1937/38), 123, 124.

[5] Vgl. Weber, S. 35.

[6] Iherings Jahrbücher 87 (1937/38) 123, 125.

[7] BB 1958, 970, 971.

üblichen Höchstbetragsbürgschaften, in denen sich die Bürgen unter Beschränkung auf einen Höchstbetrag für alle Forderungen der Bank aus der Geschäftsbeziehung mit dem Hauptschuldner verbürgen[8]. Aber auch dann, wenn sich der Bürge nur für eine Forderung verbürgt, läßt sich aus der Angabe eines Höchstbetrages allein noch nicht schließen, daß der Bürge nur für den Teil der Forderung, der von Null bis zum Höchstbetrag reicht, oder einen anderen bestimmten Teil haften will[9]. Auch hier bleibt es dem Gläubiger überlassen, für welchen Teil der Schuld er den Bürgen in Anspruch nehmen will. Wie sich bei mehreren solcher Wahlbürgschaften ein Ausgleich unter den Mitbürgen gestaltet, ist im deutschen Recht streitig. Unkompliziert ist die Frage lediglich dann, wenn die Hauptschuld der Summe der Bürgschaftsbeträge gleichsteht oder diese übertrifft[10]. Dann sind alle Bürgen dem Gläubiger bis zum Höchstbetrag verpflichtet. Sie sind Teilschuldner, für die sich die Notwendigkeit eines Ausgleichs nicht ergibt. Denn die Festsetzung eines Höchstbetrages bedeutet nicht nur, daß der Bürge dem Gläubiger höchstens die angegebene Summe zahlen will, sondern sie besagt auch, daß er aus der Bürgschaft in keinem Fall auf mehr haften will, auch nicht im Wege des Rückgriffs[11].

Die Frage, in welchem Verhältnis die Wahlbürgen im Innenverhältnis haften, stellt sich somit nur dann, wenn die Hauptschuld die Summe der Bürgschaftsbeträge nicht bzw. nicht mehr[12] erreicht. Obwohl es sich hier um eine Frage von nicht zu unterschätzender praktischer und dogmatischer Bedeutung handelt, wird sie in Standardwerken der heutigen Rechtsliteratur nur wenig berührt. Es soll deshalb an dieser Stelle versucht werden, das bisher dazu in Deutschland Erarbeitete zu erfassen und unter Einbeziehung der englischen Lösung zu würdigen.

Staub-Gadow[13] trägt in seiner Kommentierung des § 349 HGB eine Lösung vor, die der des englischen Rechts entspricht:

„Haben sich Mitbürgen jeder für einen Höchstbetrag und alle für den Ausfall verbürgt, so tragen sie den Ausfall im Verhältnis ihrer Bürgschaftshöchstbeträge."

Noch in derselben Anmerkung weist er diese Ansicht aber erstaunlicherweise zurück:

---

[8] Vgl. auch unten A IV 1, F. N. 3.

[9] RGZ 81, 414, 419.

[10] Vgl. Beispiel von Weber, S. 35.

[11] RGZ 81, 414, 421.

[12] Der Ausgleichsanspruch eines Mitbürgen berechnet sich nach dem Stande der Hauptschuld unter Abzug der vom Hauptschuldner, nicht der von einem Mitbürgen geleisteten Zahlungen, vgl. Staub-Gadow, § 349 Anm. 49.

[13] Anm. 49.

„Man kann also nicht einfach so rechnen, daß man jedem Mitbürgen einen Ausgleichsanspruch im Verhältnis seiner Haftsumme in der Gesamthaftsumme aller Bürgen und der von allen Bürgen verbürgten Schuld gewährt."

Dieser Satz gehört zu Gedanken, die Könige[14] schon in der 9. Auflage des Staubschen Kommentars niedergelegt hatte und die Gadow wörtlich übernommen hat. Hier hatte Könige im einzelnen ausgeführt, daß die Bürgen hinsichtlich des geringsten Betrages Samtschuldner seien, da hinsichtlich dieses Betrages sich alle Bürgen verbürgt hätten. Eine Zahlung, die der mit der geringsten Haftsumme beteiligte Bürge an den Gläubiger leistet, befreie zugleich alle anderen Bürgen für diese geringste Haftsumme; insoweit sei er zu einem Ausgleichsanspruch berechtigt. Eine Zahlung des Bürgen, der mit der nächsthöheren Summe beteiligt sei, befreie alle Bürgen, die für eine noch höhere Summe die Haftung übernommen hätten[15]. Könige hatte seinen Berechnungsvorschlag mit folgendem Beispiel erläutert:

„Beträgt die Kreditsumme 100 000 Mark und haben gebürgt: A für 100 000 Mark, B für 50 000 Mark, C für 21 000 Mark, so sind für den Betrag von 21 000 Mark drei Bürgen vorhanden. Der Kopfteil des C beträgt also 7 000 Mark (21 000 : 3). Zieht man diesen Kopfteil des C von der nächsthöheren Summe von 50 000 Mark ab, für die B und A gebürgt haben, so treffen den B 43 000 Mark, sein Kopfteil beträgt 21 500 Mark (43 000 : 2). Der Kopfteil des A beträgt 100 000 Mark — 28 500 (21 500 Mark + 7 000 Mark) = 71 500 Mark."[16].

Eine ähnliche Ansicht vertritt auch Werner[17] im Kommentar von Düringer / Hachenburg. Er geht davon aus, daß zwischen den einzelnen Bürgen ein Gesamtschuldverhältnis insoweit entstehe, als die einzelnen Bürgschaften dieselben Teile der Forderungen deckten. Er bildet das Beispiel einer Hauptschuld von 30 000 RM, für die je ein Bürge die Bürgschaft für 10 000, 20 000 und 30 000 RM übernommen hat. Hier seien alle drei Bürgen bis 10 000 RM Gesamtschuldner, der zweite und dritte außerdem noch zusammen bis zu 20 000 RM. Innerhalb dieser verschiedenen Gesamtschuldbeträge träte eine Ausgleichung zu gleichen Anteilen ein[18].

Bemerkenswert an den beiden vorerwähnten Beispielen ist, daß zumindest ein Bürge für die gesamte Hauptschuld haftet. Für den Fall, daß sich keiner der Bürgen für die gesamte Schuldsumme verbürgt hat, verweist Staub-Gadow[19] auf einen Aufsatz von Adler[20], bemerkt allerdings gleichzeitig, dieser mißbillige seine Berechnungsmethode.

---

[14] § 349 Anm. 49.

[15] Vgl. auch Scholz, Recht der Kreditsicherung, 4. Aufl., S. 245.

[16] Staub-Könige, § 349 Anm. 49; Staub-Godow, § 349, Anm. 49.

[17] § 349, Anm. 42, ebenso Staudinger-Horn, § 774, Rdn. 31.

[18] Düringer-Hachenburg-Werner, § 349, Anm. 43.

[19] § 349, Anm. 49.

[20] LZ 1912, Sp. 497.

Adler[21] ist der Ansicht, daß mehrere Mitbürgen innerhalb des Betrages, um den die Gesamtheit der Bürgschaftssummen die Hauptschuld übersteigt, solidarisch hafteten. In bezug auf den etwa verbleibenden Rest sei jeder Bürge selbständig verpflichtet. Jede Teilzahlung eines auf solchen Rest haftenden Bürgen sei zuerst auf diesen Rest, dann erst auf die Solidarschuld zu verrechnen. Als Beispiel bringt Adler eine Hauptschuld von 7, für die sich A bis zur Höhe von 4 und B bis zur Höhe von 6 verbürgt haben. Hier hafteten A und B solidarisch auf 3, A überdies selbständig auf 1, B selbständig auf weitere 3. 3, 1 und 3 ergäben zusammen den Betrag der Hauptschuld.

Adler räumt allerdings selbst ein[22], daß sein Vorschlag für eine Anzahl von mehr als zwei Bürgen ungeeignet ist. Für diesen Fall sucht er arithmetisch nachzuweisen[23], daß der solidarischer Haftung unterliegende Betrag in der Regel der Quotient ist, der sich ergibt, wenn man die Differenz zwischen der Summe der Bürgschaftsbeträge und der Hauptschuld durch die Zahl der Bürgen abzüglich 1 teilt.

In seiner Abhandlung über die Mitbürgschaft kommt Kanka[24] zu dem Ergebnis, daß die Mitbürgen einander im Verhältnis der Beträge haften, auf die jeder einzelne seine Haftung begrenzt habe.

Beeser[25] schließlich stellt Wahlbürgen Mitbürgen als Gegensatz gegenüber. Jene hätten im Gegensatz zu diesen keine Ausgleichsansprüche, da durch den Abschluß von Wahlbürgschaften keinerlei Rechtsbeziehungen der Verpflichteten untereinander entstünden.

Von der Rechtsprechung ist dieses Problem noch nicht geklärt worden. In der häufig zitierten Entscheidung des Reichsgerichts im 81. Band[26] konnte die Frage offen gelassen werden.

Von den im Schrifftum geäußerten Ansichten ist zunächst die von Beeser abzulehnen. Es ist nicht ersichtlich, daß ein Bürge, der nicht für die gesamte Hauptschuld bürgen will, sondern seine Haftung auf einen Höchstbetrag begrenzt, damit auf Ausgleichsrechte gegenüber anderen Bürgen verzichtet. Die Verweigerung eines Ausgleichs hätte das völlig unannehmbare Ergebnis, daß der Bürge, dessen Bürgschaft zufällig als erste in Anspruch genom-

[21] LZ 1912, Sp. 497; ihm folgend: Soergel-Siebert-Mühl, § 769, Rdn. 3; Wolf, SBT, § 18 B IV a 4. Die Darstellung der Ansicht von Adler wird dadurch erschwert, daß er in seinem Aufsatz einen eigenen Gesetzesvorschlag zur Doppelversicherung und Überversicherung präsentiert sowie begründet und dessen Grundsätze in einem Postscriptum (Sp. 505) auf die Ausgleichsansprüche der Mitbürgen de lege lata für anwendbar hält.

[22] LZ 1912, Sp. 497, 503.

[23] LZ 1912, Sp. 497, 504.

[24] Iherings Jahrbücher 87 (1937/38) 123, 167.

[25] BB 1958, 970, 972.

[26] S. 414.

men wird, bis zu dem von ihm gesetzten Höchstbetrag zahlen muß, und ein anderer Bürge, der dadurch zum Teil von seiner Verpflichtung befreit wird, letztlich nur einen Bruchteil seines Höchstbetrages zu zahlen braucht.

Dennoch stellt sich die Frage, ob die Lösung hier in einem gesamtschuldnerischen Verhältnis zwischen den Mitbürgen gefunden werden kann. Es ist hier vom Gesamtschuldbegriff des § 421 BGB auszugehen, der von § 769 BGB nur insoweit erweitert wird, als die Mitbürgen die Schuld nicht gemeinschaftlich übernehmen müssen.

Nach § 421 1 BGB muß jeder Mitbürge zur Bewirkung der ganzen Leistung verpflichtet sein. Bei der Höchstbetragsbürgschaft verbindet zwar die Bürgen, daß sie für die gesamte Hauptschuld ungeteilt haften. Da sie aber andererseits nur bis zu einer bestimmten Summe haften, sind sie letztlich nicht zur Erbringung der gesamten Leistung verpflichtet, sofern nicht der Höchstbetrag diese erreichen oder übertreffen sollte. In der Regel wird der Gläubiger von allen zusammen mehr fordern können als jeder Mitbürge einzeln zu leisten verpflichtet ist. Die Voraussetzungen des § 421 1 BGB sind damit nicht gegeben. Da die Bürgschaften für beliebige Teile der Hauptschuld gegeben wurden, läßt sich auch kein konkreter Forderungsteil absondern, für den alle gemeinschaftlich haften. Der Mangel an einem gesamtschuldnerischen Verhältnis läßt sich noch eindrucksvoller an Hand der Norm des § 422 I 1 BGB demonstrieren, die notwendige Folge des Grundsatzes ist, daß jeder Gesamtschuldner die Leistung erbringen muß, der Gläubiger sie aber nur einmal erhalten darf. Sind etwa für eine Hauptschuld von 12 drei Bürgschaften in Höhe von 6, 5 und 4 erteilt, so hat die Zahlung keines dieser Beträge durch einen Bürgen schuldbefreiende Wirkung für die anderen, die in Höhe ihrer Haftungssumme jeweils zahlungspflichtig bleiben. Wohl in Anbetracht dieser Komplikationen haben Staub-Königе und Düringer-Hachenburg-Werner nur Beispiele gebildet, bei denen mindestens ein Bürge für die gesamte Schuld haftet. Aber selbst bei diesen simplifizierenden Beispielen liegt keine Gesamtschuld i. S. der §§ 421 ff. BGB vor. So sind etwa bei Königes Beispiel[27] keineswegs A, B und C Gesamtschuldner in Höhe von 21 000 RM. Zu Unrecht schreibt Königе, eine Zahlung des Bürgen mit der geringsten Haftsumme befreie alle anderen Bürgen für diese Haftsumme. Zwar befreit eine Zahlung von B den A, da dieser ohnehin für die gesamte Hauptschuld haftet. Eine Zahlung des B befreit aber nicht C von seiner Leistungspflicht und umgekehrt. Ähnliches läßt sich auch vom Beispiel von Düringer-Hachenburg-Werner[28] sagen.

Es ergibt sich somit, daß sich im Fall der Mitbürgschaft auf einen beliebigen Teil der Ausgleich nicht nach §§ 421 ff. BGB vornehmen läßt. Das erkennt

[27] Vgl. oben F. N. 16.

[28] Vgl. oben F. N. 18.

auch Adler[29]. Um so unverständlicher ist es, wenn er dennoch mit komplizierten Formeln einen gemeinsamen Teilbetrag zu errechnen sucht, für den sich die in § 426 I 1 BGB vorgesehene Aufteilung nach gleichen Anteilen vornehmen läßt. Sein Vorschlag ist zwar gut durchdacht, entfernt sich aber in seiner Komplexität zu sehr vom geltenden Recht.

Im Ergebnis füllt die Lösung von Kanka[30] die vom Gesetz gelassene Regelungslücke am besten aus. Mitbürgen auf einen beliebigen Forderungsteil sollten in der Regel einander im Verhältnis der Beträge haften, auf die jeder einzelne seine Haftung begrenzt hat[31]. Diese Lösung ist einfach und übersichtlich und wurde nicht zuletzt deshalb von einer so pragmatischen Rechtsordnung wie der englischen gewählt. Wer eine doppelt so umfassende Haftung übernommen hat wie ein anderer Mitbürge, will auch ein doppelt so großes Risiko tragen[32]. Die unterschiedliche Bereitschaft der Bürgen, die Gefahr einer Zahlungsunfähigkeit des Hauptschuldners zu tragen, findet in der Wahl des Höchstbetrages einen vollkommenen Ausdruck. Dieser sollte deshalb nicht nur im Verhältnis zum Gläubiger zum Tragen kommen, sondern auch im Innenverhältnis Maßstab der Haftung sein.

Die Lösung läßt sich auch dogmatisch am besten in das geltende deutsche Gesetzesrecht einfügen. Die aufgefundene Lücke zwingt zur Suche nach einer Norm, die sich auf den hier problematischen Sachverhalt erstrecken ließe. Als gesetzliches Paradigma erscheint § 58 II 1 VVG am geeignetsten, da die Interessen und Risiken von Höchstbetragsbürgen, so wie sie oben dargestellt wurden, denen von Versicherern im Falle partieller Doppelversicherung ähneln. Die somit gebotene analoge Anwendung des § 59 II 1 VVG führt zu der hier vertretenen Berechnungmethode.

Diese steht auch nicht etwa in Widerspruch zu § 774 II BGB. Hier wird lediglich in Abweichung von § 774 I 1 BGB bestimmt, daß Bürgschaftsansprüche gegen Mitbürgen nur in der Höhe übergehen, in der der zahlende Bürge gegen seine Mitbürgen einen Ausgleichsanspruch hat[33]. Der Standort der Bestimmung läßt unschwer erkennen, daß der Maßstab des Ausgleichsanspruches selbst damit nicht geregelt werden soll.

Die Parallele zum Versicherungsrecht wird auch in England gesehen. Soweit mehrere Versicherer dasselbe Interesse an demselben Versichungsobjekt gegen dieselben Gefahren versichern, gleichgültig, ob vollständig oder zu bestimmten Prozentsätzen, können sie nach Entschädigung des

---

[29] LZ 1912, Sp. 497, 499.

[30] Vgl. oben F. N. 24.

[31] So auch MünchKomm-Pecher, 774, Rdn. 21; Schlechtriem, Festschrift für Ernst von Caemmerer 1978, 1012, 1047.

[32] Kanka, Iherings Jahrbücher 87 (1937/38), 123, 157.

[33] Mormann in BGB-RGRK, § 774, Rdn. 7.

Versicherungsnehmers nach den für die Bürgschaft dargestellten Grundsätzen der *contribution* Ausgleich von den anderen Versicherungsgesellschaften verlangen[34].

Es muß schließlich noch eine besondere Konstellation untersucht werden, die in der Praxis sicher nicht selten ist. Die obigen Erwägungen, aus denen sich die Unanwendbarkeit der §§ 421 ff. BGB ergibt, greifen in dem Fall nicht durch, daß die Hauptschuld nicht oder nicht mehr den Höchstbetrag des niedrigst haftenden Bürgen übersteigt. Hier muß jeder Bürge die ganze Leistung erbringen und befreit mit seiner Leistung auch die anderen. Dennoch können die §§ 421 ff. BGB nicht zur Anwendung kommen. Vielmehr haften auch hier die Mitbürgen auf einen beliebigen Teil untereinander im Verhältnis der Höchstbeträge. Es wäre willkürlich, den jetzt erörterten Fall aus der zuvor erörterten Gruppe zu isolieren, was etwa zur Konsequenz hätte, daß bei einer Hauptschuld in Höhe des niedrigsten Höchstbetrages der Ausgleich nach Kopfteilen vorgenommen werden müßte, während sich die Haftung untereinander nach dem Verhältnis der Höchstbeträge ausrichten würde, wenn die Hauptschuld den niedrigsten Haftungsbetrag um einen Pfennig übersteigt.

Es läßt sich somit abschließend sagen, daß in Deutschland Bürgen für beliebige Forderungen oder Forderungsteile, die ihre Haftung auf unterschiedliche Höchstbeträge begrenzt haben, nach richtiger Ansicht im Innenverhältnis ebenso haften wie in England.

VI. Rechte des Bürgen gegen den Hauptschuldner

1. Grundlagen des Bürgenregresses im Vertrags- und Restitutionsrecht

Hat ein Bürge an den Gläubiger gezahlt, so ergibt sich in beiden Rechtsordnungen gleichermaßen die Frage, wie der primär haftende Hauptschuldner nunmehr vom Bürgen in Anspruch genommen werden kann. In Deutschland ist dem Bürgen ein unmittelbarer Regreßanspruch dann gegeben, wenn er Rechtsfolge eines Schuldverhältnisses mit dem Hauptschuldner ist, das, wie Geschäftsbesorgungsvertrag, Auftrag oder Geschäftsführung ohne Auftrag, zumeist im Bürgerlichen Gesetzbuch geregelt ist. Die Grundlagen und Voraussetzungen des Rückgriffs im englischen Recht dagegen bedürfen näherer Untersuchung.

Im Ergebnis ergibt sich aus der einschlägigen Literatur und vielen Gerichtsentscheidungen in England, daß der Bürge grundsätzlich das, was er auf Grund seiner Bürgschaft gezahlt hat, vom Hauptschuldner als *„indem-*

[34] Vgl. Mc Gillivray, Bd. II, N. 1862 f.; Ivamy, S. 416, 422.

nity" zurückverlangen kann. Gestützt wird dies auf ein Versprechen (*promise*) des Hauptschuldners, für den dem Bürgen etwa entstehenden Verlust aufzukommen. Ein solches Versprechen muß nicht ausdrücklich, sondern kann auch konkludent abgegeben sein[1]. Insbesondere aus dem Ersuchen des Hauptschuldners, sich für ihn zu verbürgen, wird ein solches Entschädigungsversprechen impliziert[2]. Der Anspruch eines Bürgen folgt in diesem Fall aus einem allgemeinen Grundsatz, der in *Sheffield Corporation v. Barclay*[3] folgendermaßen formuliert wurde:

„When an act is done by one person at the request of another ... the person doing it is entitled to an indemnity from him who requested that it should be done."

Hiernach erscheint der Rückgriffsanspruch des Bürgen als aus einem Auftragsverhältnis mit dem Hauptschuldner hergeleitet, was Parallelen zum Anspruch des Bürgen aus § 670 BGB aufdrängt[4]. Eine solche, rein rechtsgeschäftliche Auffassung wird Konstruktion und Entwicklung dieses Rechts jedoch nicht ganz gerecht. So wird beim Bürgenregreß das implizierte Versprechen (*implied promise*) nicht dem ausdrücklichen Versprechen (*express promise*) gleichgesetzt. Vielmehr soll eine Vertragsklage des Bürgen nur auf einem ausdrücklichen Versprechen beruhen können, während davon scharf unterschieden, das implizierte Versprechen eine *action for money paid to the use of the principal debtor* begründe[5].

Der Ausdruck „*implied promise*" bezieht sich heute in der Regel auf eine Entschädigungsverpflichtung, die der Hauptschuldner gegenüber dem Bürgen durch eine konkludente Erklärung eingeht, etwa durch die Bitte um Übernahme der Bürgschaft[6]. Im herkömmlichen Sprachgebrauch kann der Begriff aber den Bereich des Rechtsgeschäfts überschreiten. So etwa sprach Lord Wrenbury in *Eastern Shipping Co. v. Quah Beng Kee*[7] davon, daß das Recht gelegentlich ein Entschädigungsversprechen unterstelle. Das sei dann der Fall, wenn nach den Gesamtumständen Recht oder Billigkeit eine Entschädigung des Klägers durch den Beklagten erforderten. Wenn der Beklagte aber eine diesbezügliche Erklärung weder ausdrücklich noch konkludent abgegeben habe, so müsse seine Entschädigungsverpflichtung auf die Annahme gestützt werden, er habe versprochen, das zu tun, was er nach den Umständen tun sollte.

---

[1] Holden, S. 209.

[2] Dow, N. 873.

[3] [1905] A. C. 392, 397.

[4] Die in beiden Rechtsordnungen zusätzlich gegebene Möglichkeit des Bürgen, aus abgeleitetem Recht des Gläubigers gegen den Hauptschuldner vorzugehen, soll unten (A VII 2) dargestellt werden.

[5] Toussaint v. Martinnant (1787) 2 T. R. 100, 104; Rowlatt, S. 134; Holden, S. 209; Dow, N. 887.

[6] Vgl. Chitty, Rdn. 4455; Dow, N. 873.

[7] [1924] A. C. 177, 182.

Eine Erklärung für diese umständliche und schwer verständliche Konstruktion läßt sich nur durch einen Rückgriff auf Geschichte und Doktrin des *quasi-contract* finden.

Als im 17. Jahrhundert das *assumpsit* die alten *actions of debt* und *account* ablöste, übernahm es damit nicht nur vertragliche, sondern auch einige Restitutionsansprüche. Letztere konnten ihre Entwicklung jedoch nicht auf ein völlig eigenes Rechtsinstitut aufbauen[8]. Deshalb bemühten sich die Gerichte, die Rückgabe einer ungerechtfertigten Bereicherung auf einen entsprechenden *implied contract* zwischen Kläger und Beklagten zu stützen[9]. Hierbei entwickelte sich die Auslegung des rechtsgeschäftlichen Willens des Beklagten immer mehr in die Unterstellung, daß der Beklagte die Rechtsfolge, die der Richter für billig und gerecht hielt, auch gewollt habe[10]. Restitutionsansprüche wurden „quasi ex contractu" angesehen[11]. Damit waren die Grundlagen eines Rechts des Quasi-Vertrages gelegt.

An dem Konzept des fingierten Vertrages änderte sich auch nicht viel durch den *Common Law Procedure Act* von 1852, der in s. 3 das englische Recht vom aktionsrechtlichen Formenzwang befreite und in s. 49 ausdrücklich bestimmte, daß fiktive und überflüssige Behauptungen einschließlich der von *promises*, die nicht bewiesen werden müssen, nicht mehr aufgestellt werden sollten. Zur Klassifizierung der Ansprüche trat an die Stelle der abgeschafften *forms of action* eine Dichotomie von Vertrag und Delikt. Quasi-vertragliche Ansprüche wurden auf den Status eines „*appendix of the law of contract*"[12] verwiesen. So werden auch in diesem Jahrhundert dem *implied contract* als Grundlage eines quasi-vertraglichen Anspruchs zumindest noch Lippendienste geleistet[13]. Auf der anderen Seite wird der *implied contract* in vielen *dicta* als unglücklicher Ausdruck[14], Phantasterei[15] oder als nicht mehr zu beachtende Fiktion[16] zurückgewiesen.

---

[8] Goff-Jones, S. 6 ff.

[9] Vgl. Stoljar, Quasi-Contract, S. 3: contract implied in fact; vgl. auch Kaehler, S. 274, der implied contract mit unterstelltem Vertrag übersetzt; Dow, N. 873, spricht von einem constructive request des Hauptschuldners, auf den ein Bürge seinen Regreßanspruch stützen könne.

[10] „A contract has to be implied in fact where in fact there never was or could be a contract at all." Stoljar, Quasi-Contrct, S. 3 f.

[11] Goff-Jones, S. 8; Birks, S. 4.

[12] Goff-Jones, S. 9.

[13] Vgl. Sinclair v. Brougham [1914] A. C. 398 (H. L.) und Cowern v. Nield [1912] 2 K. B. 419, wo Restitutionsansprüche auf Grund von Überlegungen aus dem Vertragsrecht scheiterten.

[14] Re Rhodes (1890) 44 Ch. D. 94, 105 durch Cotton, L. J.

[15] United Australia Ltd. v. Barclays Bank Ltd. [1941] A. C. 1, 28 f. durch Lord Atkin, der vorschlug, der Richter solle furchtlos hindurchgehen, wenn „ghosts of the past stand in the path of justice clanking their medieval chains".

Die führenden Juristen Englands geben immer mehr die *implied contract theory* auf und erkennen stattdessen ungerechtfertigte Bereicherung als selbständige Anspruchsgrundlage neben Vertrag und Delikt an[17]. Dies kommt auch bei der Bezeichnung des Rechtsgebiets zum Ausdruck. Es zeichnet sich nämlich ab, daß der anachronistische, aber vertraute Ausdruck „*quasi-contract*" der modernen Benennung „Restitutionsrecht" Platz machen muß, spätestens seit Goff und Jones ihr Lehrbuch über das *Law of Restitution* im Jahre 1966 veröffentlichten. Unabhängig von der Benennung ist heute jedenfalls nicht mehr zu erwarten, daß die Fiktion des Quasi-Vertrages anerkannte Restitutionsansprüche vereiteln kann[18].

Damit ist aber noch nicht die Frage gelöst, in welchem Maß der Bürgenregreß unabhängig von rechtsgeschäftlichen Beziehungen zwischen Bürgen und Hauptschuldner ist. Praktischer Testfall für seine dogmatische Einordnung ist die Bürgschaft, die ohne Ersuchen des Hauptschuldners gegeben wurde[19]. Es soll deshalb der Regelung des Bürgenregresses in diesem Fall nachgegangen werden.

Es treten dazu im Schrifttum und in der Rechtsprechung unterschiedliche Meinungen zu Tage. Sowohl in der neueren Bürgschaftsliteratur[20] als auch in einigen *dicta*[21] wird vertreten, der Bürge habe auch dann einen direkten Rückerstattungsanspruch gegen den Hauptschuldner, wenn er von diesem nicht um die Bürgschaftsleistung gebeten worden war. Ein anderer Teil des Schrifttums[22] versagt dem Bürgen in diesem Fall einen Anspruch. Diese Lehrmeinung verweist auf den Grundsatz, daß niemand sich gegen den Willen einer anderen Person zu deren Gläubiger machen kann, indem er freiwillig deren Schulden bezahlt[23]. Der Fremde, der sich in einen Vertrag einmischt, wird als „*undutiful intervener*" angesehen, dem auf Grund seines „*officious acting*" kein Bereicherungsanspruch zusteht[24]. Dieses Prinzip will

---

[16] Brook's Wharf and Bull Wharf Ltd. v. Godman Bros. [1937] 1 K. B. 534, 545; Fibrosa Spolka Akeyjna v. Fairbairn Lawson Combe Barbour [1943] A. C. 32, 63 durch Lord Wright; Kiriri Cotton Co. v. Dewani [1960] A. C. 192, 204 durch Lord Denning.

[17] Maudsley, Vanderbilt Law Review, 19, 1123, 1126; vgl. auch Goff-Jones, S. 11.

[18] Vgl. Craven-Ellis v. Canons Ltd. [1936] 2 K. B. 403, 412; vgl. auch Kaehler, S. 274.

[19] Dies wird in der Regel nur dann der Fall sein, wenn der Bürge nicht mit dem Schuldner, sondern mit dem Gläubiger verbunden ist, so etwa bei der Export-Bürgschaft und Bürgschaften von Händlern für Verpflichtungen, die deren Kunden gegenüber Teilzahlungsbanken eingehen.

[20] Dow, N. 873; Chitty, Rdn. 4455; Hartley N. 110.

[21] Re Debtor [1937] Ch. 156, 166; Anson v. Anson [1953] 1 Q. B. 636, 643.

[22] De Colyar, S. 304; Rowlatt, S. 144; Goff-Jones, S. 214; vgl. auch Stearns-Elder, S. 508.

[23] Vgl. Hodgson v. Shaw (1834) 3 My. & K. 183, 190; Exall v. Partridge (1799) 8 T. R. 308, 310; Pearce v. Blagrave (1855) 3 C. L. R. 338, 340.

[24] Friedmann, S. 204.

dem kontinentalen Juristen nur schwer einleuchten[25], wenn auch sein Ausgangspunkt nachzuvollziehen ist, nämlich das Bedürfnis, die Freiheit des einzelnen davor zu schützen, daß andere ihm gegen seinen Willen Verpflichtungen auferlegen[26]. Dies auch auf den Fall der Zahlung von Verbindlichkeiten durch Dritte zu erstrecken, ist deshalb schwer verständlich, weil hier der Schuldner seiner Obligation als solcher bereits — durch seinen Vertrag mit dem Gläubiger — zugestimmt hatte. Damit hat er das Risiko übernommen, für den Erwerb der Schuldbefreiung eine Gegenleistung im Wert des Gegenstandes zu erbringen, den er schuldet. Die Rechtordnung muß davon ausgehen, daß er seinen Verpflichtungen nachkommen will, und einen gegenteiligen Willen des Schuldners als unbeachtlich ansehen[27].

Es geht hier nur noch um das Recht des Schuldners, die Person des Gläubigers und seines etwaigen Rechtsnachfolgers auszuwählen. Lord Kenyon, C. J., erschien gerade dieses Recht von großer Wichtigkeit, als er in *Exall v. Partridge*[28] das Beispiel einer bestimmten Geldschuld gegenüber einem Freund bildete. Es gehe nicht an, daß ein Feind die Schuld bezahle und sich so ohne bzw. gegen den Willen des Schuldners zu dessen Gläubiger mache.

Die hier zum Ausdruck gekommene Haltung hat inzwischen weitgehend ihre innere Rechtfertigung insofern verloren, als seit dem *Judicature Act* von 1873 durch Forderungsabtretung ohnehin jeder zum Schuldner eines mißliebigen Gläubigers werden kann[29]. Der Gläubiger darf die Forderung abtreten, ohne auf die Interessen oder gar die Wünsche des Schuldners Rücksicht nehmen zu müssen. Er wird dies häufig dann tun, wenn ein Dritter ihm hierfür anbietet, die geschuldete Leistung selbst zu erbringen.

Obwohl seine Prämisse, ein Recht des Schuldners auf Bestimmung seines Gläubigers, somit entfallen ist[30], wird in England an dem Grundsatz festgehalten, daß kein Kläger eine Bereicherung zurückverlangen kann, die er dem Beklagten „*officiously*" hat zukommen lassen. Allerdings besteht heute die

---

[25] v. Caemmerer, Festschrift für Rabel, Bd. I, 333, 361 (Ges. Schriften I, 209, 237).

[26] Vgl. Kaehler, S. 36: „Unmöglich bleibt (und dies ist der unverzichtbare Kern des alten Grundsatzes), die Verpflichtung eines anderen als solche ohne dessen Willen entstehen zu lassen."

[27] Vgl. Kaehler, S. 261.

[28] (1799) 8 T. R. 308, 310.

[29] Wie wenig die Ansicht von Lord Kenyon mit der heutigen Rechtsprechung zur Abtretung zu vereinbaren ist, wird illustriert durch Fitzroy v. Cave [1905] 2 K. B. 364 (C. A.). Hier war der Kläger mit dem Verhalten des Beklagten als Geschäftsführer einer Kapitalgesellschaft unzufrieden. Er ließ sich Forderungen gegen den Beklagten abtreten mit dem einzigen Ziel, dessen Konkurs herbeizuführen. Die Abtretung wurde als wirksam angesehen.

[30] Vgl. Kaehler, S. 36.

Tendenz, Ausnahmefälle, in denen das Verhalten des Klägers nicht als *„officious"* angesehen wird, zu erweitern[31].

So sieht Dow[32] den unbeauftragten Bürgen nicht als freiwilligen Interventen an, sondern als jemanden, der zu seiner Zahlung gezwungen wird. Damit gründet er dessen Regreßanspruch auf einen Grundsatz, dessen klassische Formulierung sich in der ersten Auflage von *Leake on Conracts*, S. 41, findet[33]:

„Where the plaintiff has been compelled by law to pay, or being compellable by law, has paid money which the defendant was ultimately to pay, so that the latter obtains the benefit of the payment by the discharge of his liability; under such circumstances the defendant is held indebted to the plaintiff in the amount."

Damit läßt sich in der Tat ein Restitutionsanspruch auch des unbeauftragten Bürgen rechtfertigen. Er zahlt auf Grund einer rechtlichen Verpflichtung, und zwar einer, der gegenüber die des Hauptschuldners letztlich die primäre ist. Die Zahlung des Bürgen befreit auch den Hauptschuldner und stellt für diesen dadurch einen Vorteil dar.

Die letztgenannte Aussage bedarf allerdings einer Erläuterung angesichts eines Grundsatzes im englischen Recht, daß niemand die Schuld eines anderen ohne dessen (vorherige oder nachträgliche) Zustimmung begleichen kann[34]. Während nach § 267 BGB nur Schuldner und Gläubiger gemeinsam die Intervention des Dritten abwehren können, verhindert nach englischem Recht schon der Widerspruch des Schuldners allein, daß seine Schuld durch die Leistung eines Dritten getilgt wird[35]. Da dies aber nicht für Zahlungen auf Grund einer rechtlichen Verpflichtung gilt[36], kann die Tilgungswirkung der Zahlung des Bürgen für die Hauptschuld als gesichert angesehen werden[37].

---

[31] Vgl. v. Caemmerer, Festschrift für Rabel, Bd. I, 333, 361 (Ges. Schriften I, 209, 237).

[32] N. 873.

[33] Zit. von Cockburn, C. J., in Moule v. Garrett (1872) L. R. 7 Ex. 101, 104, ohne nähere bibliographische Angaben.

[34] Belshaw v. Bush (1851) 11 C. B. 191; Birks-Beatson, L. Q. R. 92 (1796) 188, 190; Kaehler, S. 36 f.; Birks, S. 288.

[35] In diesem Fall kann der Dritte seine Leistung vom Gläubiger wegen „total failure of consideration" zurückverlangen, da das Ziel der Zahlung, die Tilgung der Schuld, nicht erreicht werden konnte; vgl. Goff-Jones, S. 15; Birks, S. 311; Birks-Beatson, L. Q. R. 92 (1976) 188, 205; Cornish, M. L. R. 38 (1975) 563; Barclays Bank v. Simms [1980] Q. B. 677; a. A. Friedmann, L. Q. R. 99 (1983) 534, 539, mit der Begründung, die Zahlung bezwecke in der Regel nicht mehr, als daß der Gläubiger die Forderung „als erfüllt behandele".

[36] Birks-Beatson, L. Q. R. 92 (1976) 188, 190.

[37] Die sich einem deutschen Juristen angesichts § 774 BGB aufdrängende Möglichkeit, daß der Bürge nur die Bürgschaftsforderung, nicht aber die Hauptforderung

Demgemäß erkennen Goff-Jones[38] an, daß der Bürge durch seine Zahlung den Hauptschuldner in jedem Fall von seiner Verpflichtung befreit, und zwar auf Grund einer Rechtspflicht. Diese Verpflichtung könne aber nicht restitutionsbegründend sein, wenn sich der Bürge ihr freiwillig ausgesetzt habe[39]. Wer ohne Not — und ohne Zustimmung des Hauptschuldners — einen Bürgschaftvertrag abschließe, sei nicht anders zu behandeln als der, der in der gleichen Ausgangslage unmittelbar die Schuld eines anderen begleiche. Auch ein solcher Bürge habe sich aufgedrängt, wenn auch nicht bei der Erfüllung, sondern bei der Eingehung seiner Verbindlichkeit.

Diese Verweigerung eines Regreßanspruches unterliegt einigen Bedenken.

Zum einen bleibt hier der enge Zusammenhang zwischen *indemnity* und *contribution* unberücksichtigt. Beide Institute stehen auf demselben „*equitable footing*"[40]. Sowohl in einem Teil der Literatur[41] als auch im Gesetzesrecht[42] wird *indemnity* für nichts anderes gehalten als der Grenzfall einer *contribution*, der auf die gesamte Summe geht. Goff-Jones[43] selber schreiben, daß das Regreßrecht dessen, der unter rechtlichem Zwang zahlt, dem Recht auf *contribution* verwandt sei. Nun ist es, wie oben[44] dargestellt, inzwischen gesicherte Erkenntnis des englischen Rechts, daß gesamtschuldnerische Ausgleichsansprüche auch für denjenigen entstehen, der seine Verpflichtung ohne Wissen oder gar Billigung der anderen Gesamtschuldner eingegangen ist. Bei dieser Sachlage ist es widersinnig, dem, der nicht gleichberechtigt, sondern nur subsidiär haften will, jeglichen Anspruch zu versagen.

Überdies muß gesehen werden, daß zwischen der Regel, daß der Eindringling keine fremde Schuld tilgen kann[45] und der, daß er keinen Regreßanspruch gegen den Schuldner hat[46], unter dem Gesichtspunkt sowohl der

erfüllen will, um sich letztere für seinen Regreß zu erhalten, wird in der englischen Rechtsprechung und Literatur nicht erörtert. Wie unten (A VII 2 b cc) noch zu zeigen sein wird, legt die Gestaltung des Bürgenregresses aus abgeleitetem Recht (des Gläubigers) in England eine scharfe rechtstechnische Trennung zwischen Tilgung der Bürgschaftsschuld und Tilgung der Hauptschuld nicht nahe.

38 S. 214.

39 Goff-Jones, S. 214.

40 Hewitson, S. 154.

41 Etwa Williams, Joint Torts, S. 80; vgl. auch Stoljar, S. 149.

42 S. 6 (2) Law Reform (Married Woman and Tortfeasors) Act 1935 (25 & 26 Geo. 5, c. 30): „... or to direct that the contribution to be recovered from any person shall amount to a complete indemnity".

43 S. 207.

44 A V 2.

45 Vgl. oben S. 70.

46 Vgl. oben S. 68.

Systematik als auch der Billigkeit ein Zusammenhang besteht. Die Zustimmung des Schuldners führt zum Erlöschen der Schuld, andererseits aber auch zu einer Ersatzverpflichtung gegenüber dem Zahlenden. Mißbilligt der Schuldner hingegen die Zahlung, so verhindert er seine Befreiung. Damit entfällt aber auch die *consideration*, für die der Dritte gezahlt hat, so daß dieser seine Leistungen vom Gläubiger zurückverlangen kann[47]. Dieses ausgewogene Wechselspiel wird für den Fall des unbeauftragten Bürgen zerstört, wenn man ihm den Rückgriff auf den Hauptschuldner verwehrt. Gegen den Gläubiger hat er nämlich keinen Anspruch auf Rückerstattung etwa gezahlter Beträge. Da er seine eigene Bürgen-Verpflichtung — mit Erfolg — erfüllt, liegt keine *total failure of consideration* vor. Seine Stellung wäre damit — ohne innere Rechtfertigung — wesentlich schlechter als die desjenigen, der ohne vorher eingegangene Verpflichtung sich unmittelbar durch seine Zahlung dem Schuldner aufdrängt. Dementsprechend hat der Hauptschuldner eine Bereicherung erfahren, die er ohne erkennbaren Grund behalten dürfte. Da der Bürge auf Grund seiner Verpflichtung geleistet hat, konnte er den Hauptschuldner befreien, ohne daß es auf dessen Willen ankam[48].

Im Urteil *Owen v. Tate*[49] hat sich der *Court of Appeal* der Ansicht von Goff-Jones angeschlossen. Ihm war folgender Sachverhalt zur Entscheidung vorgelegt worden: Eine Kreditverbindlichkeit des Beklagten gegenüber einer Bank wurde von einem Pfand gesichert, das eine Miss Lightfoot gewährt hatte. Als Miss Lightfoot dieserhalb ängstlich wurde, vereinbarte der Kläger mit der Bank, daß er für die Freigabe des Pfandes selbst Sicherheit in Form einer Bürgschaft geben würde. Trotz des darauf erfolgten Protestes des Beklagten wurde die Übereinkunft ausgeführt. Als die Bank die Schuld fällig stellte, nahm sie, von dem Beklagten nunmehr dazu ermuntert, den Kläger aus seiner Bürgschaft in Anspruch. Wie schon zuvor seine Klage auf Rückerstattung wurde auch seine Berufung gegen das Urteil der ersten Instanz abgewiesen. Die Begründung des Urteils beruht auf dem Argument, der Kläger habe seine Verpflichtung freiwillig hinter dem Rücken des Beklagten auf sich genommen. Die tragenden Gedanken faßte Scarman, L. J., folgendermaßen zusammen:[50]

„If without an antecedent request a person assumes an obligation or makes a payment for the benefit of another, the law will, as a general rule, refuse him a right of indemnity. But if he can show that in the particular circumstances of the case there was some necessity for the obligation to be assumed, then the law will grant him a right of reimbursement if in all the circumstances it is just and reasonable to do so. In

---

[47] Birks-Beatson, L. Q. R. 92 (1976) 188, 205; vgl. auch oben F. N. 35.

[48] Vgl. oben S. 70.

[49] [1975] 2 All E. R. 129.

[50] [1975] 2 All E. R. 129, 135.

the present case the evidence is that the plaintiff acted not only behind the backs of the defendants initially, but in the interests of another, and despite their protest. When the moment came for him to honour the obligation thus assumed the defendants are not to be criticised, in my judgement, for having accepted the benefit of a transaction which they neither wanted nor sought."

Wenn auch das Urteil viele Fragen offen läßt[51] und anscheinend der entschiedene Sachverhalt komplexer ist, als er in der Entscheidungssammlung dargestellt wurde[52], ist es als derzeit maßgebender Präzedenzfall anzusehen. Für die dogmatische Einordnung des Bürgenregresses sind daraus folgende Schlußfolgerungen zu ziehen: Grundsätzlich ist es für ein unmittelbares Ersatzrecht des Bürgen gegen den Hauptschuldner Voraussetzung, daß er die Bürgschaft auf die Bitte des Hauptschuldners hin eingegangen ist. Es ist normalerweise ein auf Vertrag beruhender Anspruch[53], der sowohl ausdrücklich[54] als auch konkludent, insbesondere durch Aufforderung des Hauptschuldners zur Bürgschaft, geschaffen werden kann. Die zum Teil auch heute noch gemachte Unterscheidung[55] zwischen einem vertraglichen *express contract* und einem quasi-vertraglichen *implied contract* erscheint nicht mehr zeitgemäß.

Gleichzeitig wird in *Owen v. Tate* aber auch klargestellt, daß das Rückgriffsrecht des Bürgen auch ein Restitutionsrecht, ein Anspruch auf Ausgleich einer ungerechtfertigten Bereicherung, ist und unabhängig von einer vertraglichen Basis existieren kann[56]. Wenn in dem Zusammenhang von Fällen die Rede ist, in denen die Eingehung der Verbindlichkeit notwendig war, so wird an die in dem Urteil erwähnten Entscheidungen *Brook's Wharf & Bull Wharf, Ltd. v. Goodman Bros.*[57], *Exall v. Partridge*[58] und *England v. Marsden*[59] gedacht sein. Im ersten Fall hatten die Kläger von den Beklagten

---

51 Vgl. Cornish, M. L. R. 38 (1975) 563; Samuel, L. Q. R. 91 (1975) 308; Birks-Beatson, L. Q. R. (1976) 188, 208 ff.

52 Vgl. die Bemerkung von Omrod, L. J. (1975) 2 All E. R. 129, 137: „I find it quite impossible to sort out the rights and wrongs in this case, and certainly quite impossible to say whether or not the defendants in fact received a benefit by the plaintiff undertaking an obligation of guarantor which had previously been undertaken by Miss Lightfoot. It seems to me it is possible that the defendant's position was worsened, to use a general word, by the intrusion of the plaintiff rather than helped, and consequently I think it right to take a cautious view towards volunteers in the sense that perhaps the old proverb about 'Greeks bearing gifts' may be applicable."

53 Vgl. Goff-Jones, S. 221.

54 Vgl. Mungall-Condon, ABA Sect. Ins. N. & C. L. 1971, 177.

55 Vgl. oben F. N. 5.

56 [1975] 2 All E. R. 129, 133.

57 [1937] 1 K. B. 534.

58 (1799) 8 T. R. 308.

59 (1866) L. R. 1 C. P. 529.

importierte Felle eingelagert. Auf Grund einer gesetzlichen Bestimmung mußten die Kläger als Lagerhalter den Einfuhrzoll bezahlen und klagten ihre Auslagen dafür mit Erfolg gegen die Beklagten ein. In den letzterwähnten beiden Fällen war Eigentum der Kläger auf dem Grundstück des Beklagten gepfändet worden. Um eine Freigabe ihres Eigentums zu erreichen, bezahlten sie die Schulden der Beklagten und erstritten dann ein Urteil gegen diese. Hier hätten die Kläger auch eine Bürgschaft eingehen und erfüllen können, ohne sich des Vorwurfs auszusetzen, sie hätten dem Schuldner die durch Befreiung von seiner Verpflichtung erlangte Bereicherung aufgedrängt. Die wirtschaftliche Zwangslage begründet hier einen Restitutionsanspruch. Der Bürge wird wohl auch dann Erstattung seiner Aufwendungen verlangen können, wenn seine Bürgschaftsleistung den Regeln der *agency of necessity* entsprach. Hiernach wird ein Restitutionsanspruch dem gewährt, der in einer Notlage im Interesse eines anderen, dessen Weisung er nicht rechtzeitig einholen kann, die nach vernünftiger Einschätzung der Lage erforderlichen Handlungen umsichtig vornimmt[60]. Als Beispiel könnte dienen eine Bürgschaft, um eine unaufschiebbare Reparatur am Haus oder Schiff des abwesenden Eigentümers zu ermöglichen. Über eine solche notwendige Geschäftsführung hinaus läßt sich dagegen kein Ersatzanspruch begründen. Es genügt nicht, wie bei §§ 677, 683 Satz 1, 670 BGB, das Interesse und der mutmaßliche Wille des Hauptschuldners.

2. Umfang des zu leistenden Ersatzes

Im Gegensatz zum Recht auf *contribution*[61] kann der Bürge, sobald er einen beliebigen Teil der Schuld bezahlt hat, seine Leistung vom Hauptschuldner zurückverlangen[62]. Die Ausübung dieses Rechts kann er aber nicht dadurch beschleunigen, daß er die Schuld vor der Fälligkeit zahlt[63]. Hinsichtlich des Umfangs dessen, was der Bürge ersetzt verlangen kann, muß unterschieden werden, ob es sich lediglich um ein Restitutionsrecht handelt, das hier *right to reimbursement* genannt werden soll, oder um einen vertraglichen Anspruch auf *indemnity*[64].

---

[60] Zur agency of necessity im einzelnen vgl. Goff-Jones, S. 231 ff.

[61] Vgl. oben A V 4.

[62] Davies v. Humphreys (1840) 6 M. & W. 153; Dow, N. 881.

[63] Coppin v. Gray (1842) 1 Y. & C. Ch. Cas. 205, 210.

[64] Die in der Literatur und Rechtsprechung gebrauchte Terminologie ist noch uneinheitlich. In der Regel wird im Schrifttum von indemnity gesprochen. Scarman, L. J., verwendet in Owen v. Tate [1975] 2 All E. R. 131, 133, den Begriff der indemnity auch für das Restitutionsrecht. Hier wird der Unterteilung von Goff-Jones, S. 221, gefolgt.

Das *right to reimbursement* ist unter einem bereicherungsrechtlichen Gesichtspunkt auf das beschränkt, was der Hauptschuldner durch Befreiung von seiner Verbindlichkeit erlangt hat.

Um den Umfang des vertraglichen Anspruches dogmatisch erfassen zu können, muß auf die Bedeutung eingegangen werden, die *indemnity* im englischen Recht hat. Unter *indemnity* versteht man allgemein Ersatz eines Schadens. In diesem weiten Sinne fallen etwa auch Schadensversicherung sowie die Bürgschaft selbst unter die *contracts of indemnity*[65]. Der Begriff ist zumindest theoretisch von *damages* scharf zu unterscheiden, da *indemnity* als Erfüllung einer primären Verpflichtung geschuldet wird, während ein Anspruch auf *damages* Konsequenz der Nichterfüllung der eigentlichen Verpflichtung ist[66]. In einem engeren Sinne wird mit *indemnity* die Freistellung von einem Verlust bezeichnet, der auf Grund einer Verpflichtung entsteht, die im Interesse und Auftrag des Ersatzpflichtigen gegenüber Dritten eingegangen wird. Dies paßt gerade für die Bürgschaft, so daß hier *indemnity* den Anspruch auf Freistellung des Bürgen von seiner Inanspruchnahme bzw. Ersatz von schon erbrachten Leistungen bedeutet. So bestehen konstruktiv zwei Unterschiede zwischen dem Anspruch auf *indemnity* und dem aus § 670 BGB:

Die Freistellung des Bürgen von Verlust ist Inhalt des *indemnity*-Vertrages, nicht wie bei §§ 662, 670 gesetzliche Folge eines Auftrages. Zum anderen werden hier Aufwendungen ersetzt und dort Schaden. Die Betonung liegt beim ersten auf der Freiwilligkeit und beim zweiten auf der Unfreiwilligkeit von Verlusten. In der Praxis des Bürgschaftsrechts wird sich dieser Unterschied allerdings nur selten bemerkbar machen.

Zu ersetzen ist zunächst einmal das zur Befriedigung des Gläubigers Gezahlte. Dabei ist dem Recht auf *reimbursement* und dem auf *indemnity* gemeinsam, daß eine Befreiung des Hauptschuldners, soweit sie nicht auf Vermögensopfern des Bürgen beruht, keinen Anspruch auslöst. Dies gilt insbesondere für einen Teilerlaß der Forderung im Rahmen eines Vergleichs zwischen Bürgen und Gläubiger[67]. Der Anspruch auf *indemnity* als Entschädigungsanspruch erstreckt sich andererseits auch auf über den Verpflichtungsbetrag hinausgehende Vermögensverluste des Bürgen[68]. Im allgemeinen handelt es sich hierbei um Prozeßkosten, Zinsen sowie ohne rechtliche Verpflichtung an den Gläubiger bezahlte Beträge, wie im folgenden näher dargelegt wird.

---

[65] Dow, N. 775; Ivamy, S. 393.

[66] Vgl. Birmingham and District Land Co. v. v. London & N. W. Ry. Co. (1886) 34 Ch. D. 261, 274 f., 276; Mc Gregor, S. 358.

[67] Dow, N. 883.

[68] Badeley v. Consolidated Bank (1886) 34 Ch. D. 536, 556.

Der Bürge kann vom Hauptschuldner die Prozeßkosten ersetzt verlangen, die ihm bei der Abwehr der Ansprüche des Gläubigers entstanden sind. Bei unsicheren Rechtsverhältnissen wird allerdings wie in § 666 BGB dem Bürgen die Pflicht auferlegt, den Hauptschuldner von Zahlungsaufforderungen des Gläubigers in Kenntnis zu setzen. Reagiert der Hauptschuldner hierauf nicht, so kann der Bürge selbständig eine Klageforderung bestreiten oder sich mit dem Gläubiger vergleichen. Der Maßstab ist die Angemessenheit („*reasonableness*") unter Berücksichtigung der Interessen des Hauptschuldners[69]. Aber auch dann, wenn der Hauptschuldner keine Nachricht erhält, eröffnet ihm das gegen den Ersatzanspruch des Bürgen nur die Einwendung, das Verhalten des Bürgen sei unvernünftg gewesen oder er hätte selbst einen günstigeren Kompromiß erreicht[70]. Nicht sachgerecht aufgewandt sind Vollstreckungskosten, da der Bürge spätestens nach Erlaß eines Urteils zu zahlen hat[71]. Ebenfalls nicht zu erstatten sind Kosten eines Prozesses, in dem der Bürge darzulegen suchte, im Verhältnis zwischen ihm und dem Gläubiger sei die Schuld erloschen. Da dies nur im Interesse des Bürgen geschieht, muß er die Kosten selbst tragen[72].

Des weiteren kann der Bürge auf alle von ihm gezahlten Beträge Zinsen verlangen[73]. Auch dies folgt nach Ansicht von Erle, C. J., in *Petre v. Duncombe*[74] aus dem Prinzip der *indemnity*, daß dem Bürgen der aus der Säumnis des Hauptschuldners entstandene Schaden ersetzt werden muß. Der zu gewährende Zinssatz richtet sich nach dem, was das Gericht üblicherweise in diesen Fällen gewährt, nicht nach der Verzinsung der Hauptschuld[75]. Als angemessen werden im Jahre 1896 Zinsen in Höhe von 4 % festgesetzt[76]. Damit besteht eine angesichts der unterschiedlichen dogmatischen Ausgangspunkte erstaunliche Übereinstimmung mit §§ 670, 256 Satz 1, 246 BGB.

Grundsätzlich kann ein Bürge nur insoweit Ersatz seiner Leistungen verlangen, als sie in Übereinstimmung mit seiner Bürgenhaftung gemacht wurden[77]. So hat er keinen Rückgriffsanspruch, wenn er zahlt, obwohl er weiß, daß die Forderung des Gläubigers gegen den Hauptschuldner nichtig ist[78].

---

69 Hornby v. Cardwell (1881) 8 Q. B. D. 329; Rowlatt, S. 195; De Colyar, S. 310.

70 Smith v. Compton (1832) 3 B. & Ad. 407.

71 Pierce v. Williams (1854) 23 L. J. Ex. 322.

72 Re International Contract Co., Hughes' Claim (1872) L. R. 13 Eq. 623, 624 f.

73 Rowlatt, S. 139.

74 (1851) 20 L. J. Q. B. 242.

75 Re Watson [1896] 1 Ch. 925, 937.

76 Re Watson [1896] 1 Ch. 925, 937.

77 Dow, N. 883.

78 Bryant v. Christie (1816) 1 Stark. 329; Chambers v. Manchester and Milford Rail Co. (1864) 5 B. & S. 588, 612.

Dagegen kann der Hauptschuldner nicht einwenden, die Bürgschaft sei wegen Nicht-Einhaltung des *Statute of Frauds*[79] nicht einklagbar gewesen[80].

Besondere Schwierigkeiten macht es, wenn der Bürge zahlt, obwohl der Hauptschuld eine dauernde Einrede entgegensteht. In einem irischen Fall[81] wurde entschieden, daß der Bürge, der eine verjährte Hauptschuld begleicht, keinen Ersatz verlangen kann. Dieser Ansicht hat sich das englische Schrifttum[82] angeschlossen. Schlecht zu vereinbaren damit scheint das Urteil *Re Chetwynd's Estate*[83]. Hier unterzeichneten der Bürge, Mr. Stephenson, und der Hauptschuldner, Sir Chetwynd, gemeinsam einen Schuldschein gegenüber einem Geldverleiher. Da das Dokument nicht den Anforderungen der s. 6 des *Moneylenders Act* von 1927 entsprach, war die Forderung des Geldverleihers nicht durchsetzbar. Dies war beiden Unterzeichnenden nicht bewußt. Nachdem Chetwynd in Verzug gekommen war, zahlte Stephenson die Schuld. Nach Ansicht des *Court of Appeal* hatte er deshalb einen Rückgriffsanspruch. Aus dem Umstand, daß Stephenson und Chetwynd zusammen den Schuldschein unterschrieben hatten, folgerte Greene, M. R.[84], daß Chetwynd Stephenson konkludent aufgefordert hätte, zu zahlen, wenn er selber nicht zahlte, und sich Chetwynd des weiteren konkludent verpflichtet hatte, das zu ersetzen, was Stephenson zahlen würde. Die Bitte sei gewesen: „Zahle, wenn ich nicht zahle" und nicht: „Zahle das, was ich zu zahlen rechtlich verpflichtet bin."

Ein Einklang dieser Gedanken mit den oben erwähnten Grundsätzen und Fällen läßt sich herstellen, wenn man bedenkt, daß es in der Argumentation von Greene, M. R., eine Rolle spielte, daß beide Verpflichteten nicht den geringsten Zweifel an ihrer Haftung hatten[85]. Entscheidendes Kriterium wird damit nicht, ob die Hauptschuld nichtig oder nur einredebehaftet ist, sondern ob die Parteien den Mangel ihrer Verpflichtung kannten oder nicht. Dem Bürgen, der in dem guten Glauben zahlt, den Hauptschuldner von seiner Verpflichtung zu befreien, kann die Existenz formaler Einreden und Einwendungen nicht entgegengehalten werden. Er handelt noch im Rahmen seines ursprünglichen Auftrags, Bürge für den Hauptschuldner zu werden.

---

[79] Vgl. oben A IV 2.

[80] Alexander v. Vane (1836) 1 M. & W. 511.

[81] Re Morris, Coneys v. Morris [1922] 1 I. R. 81 (C. A.), zit. nach Williams, Joint Torts, S. 109.

[82] Dow, N. 883; Chitty, Rdn. 4455; Williams, Joint Torts, S. 109; Hartley, N. 111.

[83] [1938] 1 Ch. 13 (C. A.).

[84] [1938] 1 Ch. 16.

[85] [1938] 1 Ch. 17.

3. Befreiungsanspruch

Ebenso wie der Anspruch auf *contribution*[86] kann auch der Anspruch auf *indemnity* in Form eines Befreiungsanspruchs geltend gemacht werden[87]. Der Anspruch richtet sich in aller Regel auf Zahlung an den Gläubiger. Hat sich jedoch der Hauptschuldner gegenüber dem Bürgen ausdrücklich verpflichtet, dem Gläubiger den schuldigen Betrag an einem bestimmten Tag zu zahlen, und kommt er dieser Verpflichtung nicht nach, schuldet er den Betrag dem Bürgen als Schadensersatz[88]. Dieser muß das Geld an den Gläubiger weiterleiten.

Enger als bei § 775 BGB ist Voraussetzung des Befreiungsanspruchs die Fälligkeit der Verbindlichkeit, wobei es allerdings nicht notwendig ist, daß der Gläubiger vom Bürgen Zahlung verlangt hat. Weder der Gläubiger noch die etwaigen Mitbürgen müssen an dem gegen den Hauptschuldner geführten Rechtsstreit beteiligt werden[89]. Auch schon vor Fälligkeit des *indemnity*-Anspruchs kann der Bürge ihn durch eine *quia timet action*[90] sichern, wenn die konkrete Gefahr einer Beeinträchtigung droht. Schickt sich etwa der Verwalter des Hauptschuldner-Nachlasses an, diesen zu verteilen, ohne Rückstellungen für die Hauptschuld vorzunehmen, so kann der Bürge zur Sicherung seines Entschädigungsanspruchs ein Verbot der Verteilung und gerichtliche Zwangsverwaltung erwirken[91].

VII. Rechte des Bürgen gegen den Gläubiger

1. Auskunftsrecht

Während der ganzen Dauer des Vertragsverhältnisses hat der Bürge in England und in Deutschland die Möglichkeit, vom Gläubiger Auskunft über den Stand seiner Verbindlichkeit zu verlangen[1].

---

86 Vgl. oben A V 3.

87 Hartley, N. 112; Chitty, Rdn. 4855.

88 De Colyar, S. 306.

89 Ascherson v. Tredegar Dry Dock and Wharf Co., Ltd. [1909] 2 Ch. 401.

90 Diese ursprünglich beim Gerichtshof der *chancery* entwickelte Klageform dient dem Schutz des Klägers gegen Handlungen, die eine spätere Wahrnehmung seiner Rechte behindern oder vereiteln könnten. In der Regel soll vom Gericht erwirkt werden ein Gebot (*mandamus*), Verbot (*injunction*), die Einsetzung eines Verwalters (*receiver*) oder die Richtigstellung bzw. Annullierung scheinbar wirksamer, in Wirklichkeit aber nichtiger Schuldurkunden; vgl. Hanbury, Equity, N. 970; Mozley-Whiteley, S. 267.

91 Dow, N. 876; Re Anderso-Berry, Harris v. Griffith [1928] Ch. 290, C. A.

1 Holden, S. 206; Brink-Habel, Rdn. 181; Knütel, Festschrift für Flume, Bd. I, S. 550, 586.

2. Eigenständiger Rückgriff durch Eintritt in Gläubigerrechte

a) Grundkonzept

Wie die meisten Rechtsordnungen[2] kennt auch das englische Recht den Grundsatz, daß der Bürge, soweit der den Gläubiger befriedigt, dessen Rechte für seinen Regreß einsetzen können soll. Allerdings kann sich der Bürge nicht wie in Deutschland auf einen gesetzlich angeordneten Forderungsübergang stützen. Vielmehr hat er lediglich einen Anspruch auf Übertragung der Gläubigerrechte, was die Einordnung dieses Regreßinstruments als „Recht gegen den Gläubiger" im Rahmen dieser Arbeit erklärt. Auch stehen anders als bei § 774 BGB nicht die Forderungen gegen den Hauptschuldner, sondern die dafür gegebenen Sicherheiten im Vordergrund. Dies gibt im besonderen Maße Anlaß, das Verhältnis zwischen dem Bürgenregreß aus abgeleitetem Recht und dem bereits erörterten unmittelbaren Ersatzanspruch des Bürgen gegen den Hauptschuldner (indemnity bzw. § 670 BGB) zu untersuchen.

In England ist der Bürgenregreß auf dem Wege über Gläubigerrechte in s. 5 des *Mercantile Law Amendment Act* von 1856[3] geregelt:

„Every person who, being surety for the debt or duty of another, or being liable with another for any debt or duty, shall pay such debt or perform such duty, shall be entitled to have assigned to him, or to a trustee for him, every judgement, specialty, or other security which shall be held by the creditor in respect of such debt or duty, whether such judgement, specialty or other security shall or shall not be deemed at law to have been satisfied by the payment of the debt or performance of the duty, and such person shall be entitled to stand in the place of the creditor, and to use all the remedies, and, if need be, and upon a proper indemnity, to use the name of the creditor, in any action or other proceeding, at law or in equity, in order to obtain from the principal debtor, or any co-surety, co-contractor, or co-debtor, as the case may be, indemnification for the advances made and loss sustained by the person who shall have so paid such debt or performed such duty, and such payment or performance so made by such surety shall not be pleadable in bar of any such action or other proceeding by him: Provided always, that no co-surety, co-contractor, or co-debtor shall be entitled to recover from any other co-surety, co-contractor, or co-debtor, by the means aforesaid, more than the just proportion to which as between those parties themselves, such last-mentioned person shall be justly liable."

Nach dieser Bestimmung soll jeder Bürge die Abtretung jeden Urteils, jeder gesiegelten Urkunde oder anderer Sicherungsrechte verlangen können, die der Gläubiger in bezug auf seine Forderung innehält. Der Bürge soll an die Stelle des Gläubigers treten und dessen Rechte ausüben können. Außerdem soll er, sofern er sich zur Schadlosstellung des Gläubigers bereit

[2] Vgl. Schwarz, S. 612.

[3] 19 & 20 Vict. c. 97.

erklärt, in dessen Namen klagen können, um vom Hauptschuldner, Mitbürgen oder Mitschuldner Ersatz seiner Leistungen zu bekommen. In einem von ihm geführten Rechtsstreit soll dem Bürgen seine eigene Leistung nicht als Einwand entgegengehalten werden. Allerdings dürfen Mitbürgen nur in Höhe ihres Anteils im Innenverhältnis in Anspruch genommen werden.

Die gesetzliche Regelung brachte in die damalige Rechtslage wenig Neuerung und war im wesentlichen nur Ausdruck des Prinzips der *subrogation*, einem Rechtsinstitut der *equity*[4]. Seine Entwicklung durch die Gerichtshöfe der *chancery* und *admirality* wurde vermutlich stark vom römisch-kontinentalen Recht beeinflußt[5].

Subrogation tritt nicht ein

„by force of the contract; but that equity, upon which it is considered against conscience, that the holder of the securities should use them to the prejudice of the surety; and, therefore, there is nothing hard in the act of the court, placing the surety exactly in the situation of the creditor"[6].

Das Rechtsinstitut der *subrogation*, das heute dem *law of restitution* zuzuordnen ist, dient nicht nur dem Bürgenregreß, sondern ist auch im Versicherungs-, Wechsel- und Trust-Recht anwendbar[7]. Goff-Jones[8] arbeiteten folgende Grundsätze heraus:

Subrogation dient dazu, ungerechtfertigte Bereicherung zu verhindern.

Das Recht wird nur demjenigen gewährt, der aufgrund einer Verpflichtung einem anderen einen Rechtsvorteil erbracht hat.

In Forderungen des Vorteilsempfängers gegen Dritte tritt der Leistende nur dann ein, wenn dessen Verpflichtung gegenüber der des Dritten subsidiär ist.

Der Leistende hat auf die sich in der Hand des Leistungsempfängers befindenden Rechte nur insoweit Anspruch, als er sie zum Ersatz seines Schadens und seiner Ausgaben bei der Erbringung der Leistung benötigt[9].

Trotz der unübersehbaren Unterschiede in der rechtstechnischen Abwicklung des Regresses weist *subrogation* im Anwendungsbereich und im Grundgedanken deutliche Parallelen zu der in §§ 774 BGB, 67 VVG, 1542

4 Goff-Jones, S. 375 ff.; Garvey, Marquette Law Review 1960, 194.

5 Story-Lyon, S. 110; Buckland, S. 47 ff. Zur rechtstechnischen Verwirklichung des Rechtsüberganges im römischen Recht vgl. Schulz, S. 502. Die unterschiedliche Weiterentwicklung des römischen Rechts in Deutschland und England wird deutlich bei Buckland, S. 54, der Savignys „Ausführungen zur fingierten Zession" als falsche Auslegung der römischen Texte beschreibt.

6 Aldrich v. Cooper (1803) 8 Ves. 382, 389.

7 Goff-Jones, S. 376.

8 S. 376.

9 Vgl. auch Lucas, Ltd. v. Export Credits Guarantee Department [1974] 1 W. L. R. 909.

RVO angeordneten cessio legis auf, die sich durch unmittelbare oder entsprechende Anwendung der §§ 412, 401 BGB auch auf Sicherheiten und Nebenrechte erstreckt.

b) Realisierung des Rückgriffsrechts

Wie bereits oben erwähnt, unterscheidet sich die *subrogation*, was die Art des Rechtsübergangs betrifft, erheblich von der *cessio legis*. Es ist dabei zwischen verschiedenen Rechtspositionen des Gläubigers zu unterscheiden. Der Wortlaut des *Mercantile Law Amendment Act* erfordert es, zunächst die dort ausdrücklich aufgeführten Sicherungs- und Vorzugsrechte zu behandeln. Auf die für deutsche Juristen erstaunliche, für das englische Recht aber nur schwer zu beantwortende Frage, ob der Bürge auch die Übertragung der schuldrechtlichen Forderung des Gläubigers beanspruchen kann, soll erst später eingegangen werden.

aa) Eintritt in Sicherungsrechte

Als erstes hat der Bürge einen Anspruch darauf, daß ihm alle Sicherungsrechte (*securities*) des Gläubigers für die verbürgte Schuld übertragen werden.

α) Begriff der Sicherungsrechte

Dieser Begriff ist sehr weit auszulegen. Es ist darunter alles zu verstehen, was die Zahlung der Schuld sicherer macht oder auch nur die Beitreibung einer Forderung erleichtert. Dabei darf es sich nicht um nur reine Beweiserleichterungen handeln[10]. Im Gesetzestext ausdrücklich aufgeführt als *security* sind gesiegelte Urkunden, die die Forderung des Gläubigers verbriefen (*specialities*), und auf Grund der Ansprüche erwirkte Urteile (*judgements*). Ebenso fallen unter *securities* für die Forderung gegebene Wechsel und andere abstrakte Schuldverpflichtungen, bei Gericht hinterlegtes Geld sowie alle dinglichen Sicherheiten[11].

Nicht notwendig ist, daß der Bürge von den *securities* wußte; es wird nicht einmal vorausgesetzt, daß sie zur Zeit der Bürgschaftsleistung schon bestanden[12]. Hier wirkt es sich aus, daß *subrogation* nicht auf Vertrag beruht.

---

[10] Stroud, Bd. IV, S. 2470 unter security.

[11] Goode, Hire-Purchase Law and Practice, S. 487.

[12] Rowlatt, S. 145.

Klargestellt hat der *Mercantile Law Amendment Act*, daß es keinen Unterschied macht, ob die Sicherheit durch die Zahlung des Bürgen „*at law*" als erloschen gilt oder nicht. Im Gegensatz dazu standen vor Erlaß dieses Gesetzes *securities*, die durch Zahlung des Bürgen erloschen waren, für seinen Regreß nicht mehr zur Verfügung. Dieses Erlöschen einer Sicherheit durch Zahlung des Bürgen wurde insbesondere dann angenommen, wenn er auf eine Schuldurkunde hin zahlte, auf der er sich mit dem Hauptschuldner gemeinschaftlich verpflichtet hatte[13].

β) Ausübung der Sicherungsrechte

Inhaltlich richtet sich der Anspruch des Bürgen gegen den Gläubiger auf „*assignment*" der Sicherheiten. Dies als Abtretung im Sinne des deutschen Rechts zu verstehen, ist nicht ganz unproblematisch.

Fest steht, daß der Gläubiger, soweit das körperlich möglich ist, die Sicherheiten dem Bürgen auszuhändigen hat. Kommt er dieser Verpflichtung nicht nach, so ist der Bürge nicht auf Schadensersatz beschränkt, sondern kann auch auf ihre Übertragung klagen[14]. Da dieser Anspruch sofort fällig ist, kann der Bürge außerdem bei seiner eigenen Inanspruchnahme gegenüber dem Gläubiger ein Zurückbehaltungsrecht ausüben[15].

Außerdem hat die *subrogation* den Effekt, daß der Gläubiger von den Sicherungsrechten nicht mehr zum Nachteil des Bürgen Gebrauch machen kann. Insbesondere sichert sich der Bürge einen Vorrang seiner Regreßforderung, wenn dieselbe *security* Ansprüche des Gläubigers aus späteren Kreditgeschäften sichert[16].

Im eigenen Namen realisieren kann der Bürge die ihm übertragenen Rechte nicht[17]. Dies erklärt sich aus der geschichtlichen Entwicklung der Zession in England. Eine Abtretung mit der Wirkung, daß der Zessionar einen eigenen Forderungsanspruch gegen den Schuldner erhält, wurde früher nur von der *equity* anerkannt. Forderungen, über die die *chancery* ausschließiche Gerichtsbarkeit hatte, wie etwa Vermächtnisansprüche, konnten deshalb wirksam abgetreten und vom neuen Gläubiger eingeklagt werden. Die Gerichte des *common law* dagegen, die über alle auf Vertrag beruhenden Rechte zu entscheiden hatten, verweigerten einer Abtretung ihre Anerkennung und dem Zessionar die Klagebefugnis. Hier mußte der Zedent als Kläger auftre-

[13] Rowlatt, 3. Aufl., S. 207.

[14] Goddard v. Whyte (1860) 2 Giff. 449; Carroll, S. 11; Goode, Hire-Purchase Law and Practice, S. 487; wohl a. A. Prochownick, § 667.

[15] Holden, S. 207.

[16] Dow, N. 864.

[17] Goode, Hire-Purchase Law and Practice, S. 493.

ten oder einer Klage des Zessionars zumindest beitreten. Weigerte er sich, dem Zessionar in dieser Weise zu seinem Recht zu verhelfen, so konnte er vom *Court of Chancery* hierzu verurteilt werden. Dies bedeutete für den Zessionar, den Rechtsweg zweimal beschreiten zu müssen: zunächst bei einem Gericht der *equity* gegen den Zedenten und dann bei einem Gericht des *common law* gegen den Schuldner[18]. Bei dieser Rechtslage konnte die Übergabe eines verbrieften Sicherungsrechts, das in aller Regel vor einem Gericht des *common law* einzuklagen war, dem Bürgen grundsätzlich keine Möglichkeit verschaffen, im eigenen Namen zu prozessieren. Deshalb gab ihm der *Mercantile Law Amendment Act* von 1856 ausdrücklich die Befugnis, bei der Klage aus einer *security* den Namen des Gläubigers zu verwenden. An die Stelle des materiellen Rechtsübergangs trat die gesetzliche Ermächtigung, das Recht des Gläubigers in dessen Namen, aber für eigene Rechnung zu realisieren[19]. Allerdings braucht der Gläubiger die Benutzung seines Namens nur dann zu gestatten, wenn der Bürge ihm für etwaigen Schaden daraus (z. B. Prozeßkosten) Sicherheit leistet.

Erst s. 25 (6) des *Judicature Act* von 1873, abgelöst von s. 136 des *Law of Property Act* von 1925, schuf eine für alle Gerichtszweige verbindliche Form der Abtretung. Um ihre Wirksamkeit aus diesen Bestimmungen herleiten zu können, muß eine Abtretung unbedingt sein sowie schriftlich vorgenommen und dem Schuldner mitgeteilt werden. Mit einer solchen Abtretung gehen alle mit dem Recht verbundenen Befugnisse, einschließlich der zur Klageerhebung im eigenen Namen, auf den Zessionar über. Dennoch wäre es voreilig anzunehmen, daß die Befugnis des Bürgen, den Namen des Gläubigers zu gebrauchen, obsolet geworden sei. Der *Judicature Act* hat nicht zur Unwirksamkeit von Abtretungen geführt, die seine Voraussetzungen nicht erfüllen. Er führte nur zusätzlich zur bestehenden Rechtslage eine Form der Abtretung ein, die dem Zessionar eine erleichterte Klagemöglichkeit eröffnet[20].

Die von der *equity* anerkannte formlose Art der Abtretung bleibt wie früher bestehen, wobei die Zusammenlegung der Gerichte des *common law* und der *equity* dem Zessionar insoweit eine prozeßökonomische Erleichterung verschafft hat, als er den zu einer Kooperation bei der Einziehung nicht bereiten Zedenten in einem Rechtsstreit mit dem Schuldner mitverklagen kann. Da der *Mercantile Law Amendment Act* auf Grund der damaligen Rechtslage nur einen Anspruch auf ein solches *equitable assignment* gewähren konnte und diese Form der Abtretung weiterbesteht, kann nicht davon ausgegangen werden, daß der Gläubiger mit dem Erlaß des *Judicature Act* zu weitergehenden Übertragungsgeschäften verpflichtet ist. Deshalb

[18] Cheshire-Fifoot, S. 498.

[19] Vgl. Curti, S. 131.

[20] Cheshire-Fifoot, S. 500.

bleibt der Bürge auch weiterhin grundsätzlich darauf angewiesen, die subrogierten Rechte im Namen des Gläubigers geltend zu machen[21].

Eine Ausnahme machen der Natur der Sache entsprechend die vom Gläubiger schon erstrittenen Urteile, die der *Mercantile Law Amendment Act* auch zu den vom Gläubiger zu übertragenden *securities* zählt: will der Bürge hieraus vollstrecken, so ist dazu lediglich eine gerichtliche Zustimmung (etwa entsprechend unserer Titelumschreibung) erforderlich[22].

γ) Schranken im Innenverhältnis zu anderen Sicherungsgebern

Eine Beschränkung bei der Ausübung der Rechte des Gläubigers besteht für den Bürgen zunächst einmal darin, daß die *subrogation* nur insoweit geltend gemacht werden darf, als es zum Ersatz seines Schadens erforderlich ist. Sofern es sich bei der abzutretenden Sicherheit nicht um ein Recht gegen den Hauptschuldner, sondern Dritte, z. B. Mitbürgen, handelt, ist des weiteren die Beschränkung der *subrogation* im letzten Satz von s. 5 des *Mercantile Law Amendment Act* zu beachten. Der Zahlende soll durch den Eintritt in die Rechte des Gläubigers nicht mehr als seinen Anspruch im Innenverhältnis erlangen können. Dies Ergebnis ähnelt §§ 426 II 1 BGB.

Im deutschen Recht entsteht ein besonderes Problem, wenn neben der Bürgschaft noch das Pfandrecht eines Dritten bestellt ist. Im Schrifttum[23] wird verschiedentlich die Auffassung vertreten, daß der Bürge bei Zahlung der Schuld kraft §§ 774 I 1, 412, 401 BGB Inhaber des Pfandrechts werden, während umgekehrt der Verpfänder aus §§ 1143 oder 1225, 412, 401 BGB keine Rechte aus der Bürgschaft herleiten können soll. Nach anderer und richtiger Ansicht[24] besteht zwischen Bürgen und Verpfändern ein Ausgleichsverhältnis entsprechend § 426 BGB. Dies läßt sich am besten dadurch begründen, daß aus der Haftungsgemeinschaft zwischen den verschiedenen Sicherungsgebern auch eine Ausgleichsgemeinschaft folgen muß. Einer solchen Lösung neigt man wohl auch im englischen Recht zu, da man den Verpfänder für einen Dritten in der Position eines Bürgen sieht[25]. Hieraus

---

[21] Vgl. Goode, Hire-Purchase Law and Pactice, S. 493; a. A. Prochownick, § 667.

[22] Dow, N. 866.

[23] Larenz SBT, § 64 III; Erman-Ronke, § 1225, Anm. 3; Palandt-Bassenge, § 1225, Anm. 2 b cc; Staudinger-Horn, § 774, Rdn. 34.

[24] Weber, S. 29; Westermann, §§ 103 II 5, 129 IV 2; Wolff-Raiser, § 140 V; Finger, BB 1974, 1421; Medicus, Bürgerliches Recht, Rdn. 941, wohl auch Baur, § 38 IX 3 a.

[25] Dow, N. 873; Fisher-Lightwood, S. 445; Lee v. Rook (1730) Mos. 318; Evelyn v. Evelyn (1721) 2 P. Wms. 659; Peirs v. Peirs (1750) 1 Ves. Sen. 521. Die vorgenannten Entscheidungen betreffen den Regreß des Verpfänders gegen den Schuldner und

läßt sich schließen, daß die Grundsätze der *contribution* auch auf das Verhältnis zwischen Verpfänder und Bürgen Anwendung finden[26].

bb) Eintritt in Vorzugsrechte

Der *Mercantile Law Amendment Act* sieht vor, daß der Bürge an die Stelle des Gläubigers treten soll. Damit übernimmt der Bürge auch die Rangstelle des Gläubigers im Konkurs und bei der Nachlaßverwaltung[27]. Das gilt auch für die bevorzugte Stellung der Krone, in die der Bürge, der deren Forderung zahlt, eintreten kann[28]. Für den Erwerb der Vorzugsstellung ist eine Abtretung durch den Gläubiger nicht erforderlich. Dies wurde entschieden in Lightbown v. M'Myn[29]. Es handelte sich um einen Fall der Nachlaßverwaltung. Die Erblasserin hatte zusammen mit ihrer Mutter eine Bürgschaft für ein Bankdarlehen an Verwandte unterschrieben. Mangels Rückzahlung dieses Darlehens erwirkte die Bank ein Urteil gegen beide Mitbürgen. Die Mutter allein zahlte die Urteilssumme, ließ sich das Urteil aber nicht abtreten. Dennoch wurde vorrangige Befriedigung ihres Ausgleichsanspruchs aus dem Nachlaß der Mitbürgin angeordnet. Ihr komme auch ohne Abtretung des Urteils die Vorzugsstellung des Gläubigers einer ausgeurteilten Forderung (*judgement creditors*) zu, da nach s. 5 des *Mercantile Law Amendment Act* der Bürge an die Stelle des Gläubigers rücken dürfe. Aus der Entscheidung, die allgemein für den Bürgenregreß Geltung beanspruchen kann[30], folgert Snell[31], daß „the Act operates as an implied assignment of the securities". In der Tat stellt das Urteil speziell für Vorzugsrechte eine gewisse Annäherung an die *cessio legis* des Kontinents dar.

---

sprechen diesbezüglich aus, daß der Verpfänder „in the position of a surety" steht. Unmittelbar mit dem Innenverhältnis zwischen Bürgen und Verpfänder ist die — veröffentlichte — Rechtsprechung bisher nicht befaßt worden.

26 Ders. A. für das amerikanische Recht Schlechtriem, Festschrift für Ernst v. Caemmerer 1978, 1012, 1022 f.

27 Snell, S. 501.

28 Manisty v. Churchill (1888) 39 Ch. D. 174, 176.

29 (1886) 33 Ch. D. 575.

30 *Subrogation* dient nach dem Wortlaut von s. 5 des *Mercantile Law Amendment Act* (vgl. oben A VII 2 a) gleichermaßen dem Regreß gegen Hauptschuldner und Mitbürgen.

31 S. 501.

cc) Eintritt in die schuldrechtliche Forderung, insbesondere durch den vom Hauptschuldner nicht beauftragten Bürgen

Das deutsche Bürgerliche Gesetzbuch behandelt bei der Frage des Bürgenregresses in § 774 primär den Übergang der von der Bürgschaft gesicherten Forderung des Gläubigers. Daß der Bürge auch in Sicherheiten und Vorzugsrechte des Gläubigers eintritt, ergibt sich erst mittelbar bei zusätzlicher Heranziehung der §§ 412 und 401 BGB. Der deutsche Betrachter des englischen Rechts findet es deshalb um so erstaunlicher, daß weder im Gesetzesrecht noch im Fallrecht in den meisten monographischen Abhandlungen die Frage nach einer *subrogation* des Bürgen in die schuldrechtliche Forderung des Gläubigers gestellt oder gar beantwortet wird. In der Praxis wird sie nur dann von Bedeutung sein, wenn der Bürge mangels Auftrags des Hauptschuldners aus eigenem Recht keinen Ersatzanspruch hat.

Daß ein Eintritt in die Gläubigerrechte in diesem Fall nicht zugebilligt wird, könnte man daraus schließen, daß Darstellungen der *subrogation* nur die Übertragung von Sicherheiten und Vorzugsrechten behandeln und damit an einen schon ohnehin bestehenden Ersatzanspruch des Bürgen anknüpfen. Des weiteren würde der oben[32] dargestellte Grundsatz, daß eine aufgedrängte Bereicherung nicht zurückverlangt werden kann, durch ein Vorgehen aus abgeleitetem Recht umgangen werden[33]. Dennoch wird man mit einigen Stimmen in der Literatur[34] davon ausgehen können, daß der unbeauftragte Bürge im Wege der *subrogation* die von ihm gezahlten Beträge vom Hauptschuldner zurückverlangen kann. Der *Mercantile Law Amendment Act* schließt dies zumindest nicht aus. Immerhin soll der Bürge „in the place of the creditor" stehen. Da *subrogation* konstruktiv ein Recht des Bürgen gegen den Gläubiger[35] darstellt, ist das Verhältnis zwischen diesen beiden Parteien maßgebend. Innerhalb dieses Rahmens hat der Gläubiger durch die Annahme der Bürgschaftserklärung hinreichend deutlich den Bürgen als Vertragspartner akzeptiert, der nur subsidiär haften und im Falle der eigenen Inanspruchnahme Regreß nehmen will. Auf die Zustimmung des Hauptschuldners kann es dabei ebensowenig ankommen wie bei einer Abtretung. Der Eintritt des Bürgen auch in die obligatorische Forderung steht durchaus in Einklang mit dem Wesen der *subrogation*. Etwa im Versicherungswesen[36] wird es sogar die Regel sein, daß eine Versicherung

---

[32] Vgl. oben S. 68 ff.

[33] Vgl. Birks-Beatson, L. Q. R. 92 (1976) 188, 210.

[34] Goode, Hire-Purchase Law and Practice, S. 491 f.; Birks-Beatson, L. Q. R. 92 (1976) 188, 211; wohl auch Rowlatt, S. 134; Chitty, Rdn. 4855.

[35] Vgl. etwa Dow, N. 863; de Colyar, S. 421 (dort wird die subrogation unter dem Oberbegriff „Rechte gegen den Gläubiger" behandelt).

[36] Vgl. Goff-Jones, S. 383.

ihre Ersatzforderungen gegen Dritte im allgemeinen nur aus den Rechten des Versicherten herleiten kann. Es ist nicht einzusehen, warum dies bei der Bürgschaft nicht der Fall sein sollte. Schließlich beseitigt ein Bürgenregreß aus abgeleitetem Recht im Endergebnis die oben[37] dargestellten Unbilligkeiten einer völligen Verweigerung des Bürgenregresses. Die gerichtliche Einziehung der Gläubigerforderung kann allerdings wie die von Sicherheiten nur im Namen des Gläubigers erfolgen.

Ausdrücklich anderer Meinung ist Birks[38], der es für gefährlich oder zumindest zweifelhaft hält, Restitutionsansprüche mittels *subrogation* zu schaffen. Wer etwa sage, daß der Rechtsstreit *Owen v. Tate*[39] durch Überleitung des Anspruchs der Bank gegen den Beklagten auf den Kläger einen anderen Ausgang genommen hätte, meine vielleicht nur, daß es falsch war, dem Bürgen einen direkten Ausgleich gegenüber dem Hauptschuldner zu verweigern[40]. Diese Auffassung von Birks fügt sich ein in seine grundsätzliche Ablehnung der *subrogation* als eigenständiges Institut des Restitutionsrechts[41]. Er hält es für überflüssig und umständlich, eine ungerechtfertigte Vermögensverschiebung nicht unmittelbar, sondern auf dem Umweg über die Rechte des Gläubigers zu bereinigen[42].

Dem ist entgegenzuhalten, daß *subrogation* in der englischen Rechtsprechung seit langem anerkannt[43] und, soweit bekannt, bisher nicht in Frage gestellt worden ist. Daß es sich hier außerdem nicht um eine insulare Besonderheit handelt, ist bereits oben[44] erwähnt worden. Bereits das römische Recht seit Justinian kannte das Recht des Bürgen, bei seiner Leistung an den Gläubiger von diesem die Abtretung der Hauptforderung zu verlangen (*beneficium cedendarum actionum*)[45]. Auch auf dem europäischen Kontinent ist dieser Grundsatz übernommen worden. Er wurde lediglich über den gegenwärtigen Stand der englischen *subrogation* hinaus weiterentwickelt, indem die heutigen Kodifikationen[46] einen Forderungsübergang kraft Gesetzes anordnen. Trotz rechtstechnischer Unterschiede läßt sich sagen, daß *subrogation* in eine europäische Rechtstradition eingebettet ist. Der Bürgenregreß aus abgeleitetem Recht hat sich seit dem Altertum in einer Vielzahl

---

[37] Vgl. oben S. 72.

[38] S. 191.

[39] Vgl. oben A VI 1, F. N. 49.

[40] Birks, S. 191 f.

[41] Birks, S. 93.

[42] Birks, S. 94 f.

[43] Vgl. oben A VII 2 a.

[44] S. 80.

[45] Kaser, S. 460; Hausmaninger-Selb, S. 347.

[46] Z. B. Deutschland: § 774 BGB, Frankreich: Art. 2029 cc, Niederlande: Art. 1877 BW, Italien: Art. 1949 cod. civ.

von Rechtsordnungen unter unterschiedlichsten politischen, wirtschaftlichen und sozialen Verhältnissen bewährt. Schon deshalb sollte wundern, daß sich dieses Rechtsinstitut in absehbarer Zeit als überflüssig erweisen könnte.

Speziell im Bürgschaftsrecht läßt sich angesichts des klaren Wortlauts des *Mercantile Law Amendment Act*[47] nicht bestreiten, daß zumindest die für die Hauptforderung gegebenen Sicherheiten dem Ausgleich zwischen Bürgen und Hauptschuldner dienen sollen. Dies läßt sich aber leichter in einen rechtsdogmatischen Zusammenhang einordnen, wenn der Bürge allgemein, d.h. auch hinsichtlich der schuldrechtlichen Forderung, „in den Schuhen des Gläubigers"[48] stehen kann. Gekünstelt ist nicht die Konstruktion einer *subrogation* hinsichtlich des Anspruchs des Gläubigers gegen den Hauptschuldner, sondern die Abspaltung der hierfür gegebenen Sicherheiten von diesem Anspruch und deren isolierte Zuordnung zum direkten Restitutionsanspruch des Bürgen gegen den Hauptschuldner und damit einem gänzlich andersartigen Obligationsverhältnis mit einem von vornherein anderen Berechtigten, dem Bürgen.

Das sich entwickelnde und differenzierter werdende Restitutionsrecht wird auch in Zukunft auf die Regreßmethode der subrogation nicht verzichten können.

In der gegenwärtigen Rechtslage läßt sich die Auffassung von Birks, wie er selbst sieht[49], nicht mit dem Urteil in *Owen v. Tate*[50] vereinbaren. Dessen tragende Gründe möchte Birks revidiert wissen[51]. Das wäre nicht erforderlich bei dem von Birks abgelehnten Weg, Lücken in einer befriedigenden Regelung des Bürgenregresses über die subrogation zu schließen. Dieser Gesichtspunkt wurde in *Owen v. Tate* nicht behandelt. So würde eine distinguierende Entscheidung ausreichen, um dem weder durch Auftrag des Hauptschuldners noch durch „*necessity*"[52] legitimierten Bürgen eine Rückgriffsmöglichkeit zu eröffnen, was englische Gerichte angesichts der *Stare-Decisis*-Doktrin[53] der von Birks vorgeschlagenen Aufhebung eines Präjudizes vorziehen dürften. *Subrogation* ist nicht nur der dogmatisch klarere, sondern auch der realistischere Weg.

Unter logischen Gesichtspunkten nicht ganz zu Unrecht wirft Birks[54] die Frage auf, ob nach Befriedigung des Gläubigers dessen Forderung überhaupt

47 Vgl. oben A VII 2 a; Birks geht auf dieses Gesetz nicht ein.

48 Vgl. Goff-Jones, S. 375.

49 S. 192.

50 Vgl. oben A VI 1, F. N. 49.

51 S. 312.

52 Vgl. oben S. 74.

53 Vgl. Blumenwitz, S. 36 f.

54 S. 94.

noch bestehe. Ein durch Erfüllung erloschener Anspruch könne nicht mehr übergehen[55]. Dieser Gedanke von Birks ist deshalb begrüßenswert, weil er auch in England eine Diskussion in Gang setzen könnte, ob der Bürge (oder Versicherer) wirklich auch fremde Schuld tilgt oder ob er sich nicht auf die Erfüllung seiner eigenen Verbindlichkeit beschränkt. Speziell im Bürgschaftsrecht spielt dieser Gesichtspunkt aber praktisch keine Rolle, da der *Mercantile Law Amendment Act* ausdrücklich dem Hauptschuldner die Berufung auf eine Erfüllungswirkung der Zahlung des Bürgen abschneidet[56]. Auch dann, wenn die Zahlung des Bürgen die Forderung gegen den Hauptschuldner tilgt, wird ihr Weiterbestehen gesetzlich fingiert[57].

In Deutschland äußert Weyers eine Auffassung, die gewisse Parallelen zu der von Birks zeigt. In der 7. Auflage des Esser'schen Lehrbuchs über das Schuldrecht, Besonderer Teil, führt er[58] aus, daß die Hauptforderung nach § 774 I 1 BGB nur soweit übergehe, als aus dem Innenverhältnis von Bürgen und Hauptschuldner ein Rückgriffsanspruch gegeben sei[59]. Dies ergebe sich mittelbar aus § 774 I 3 BGB. Ein Innenverhältnis, zumindest aus Bereicherungsrecht, liege immer vor. § 774 BGB habe nur die Funktion, etwaige Ansprüche aus dem Innenverhältnis zu verstärken, durch die in § 774 I 3 BGB zu sehende Beweislastumkehr, aber auch durch die gem. §§ 412, 401 BGB übergehenden Sicherheiten.

Dieser Auffassung kann ebensowenig beigetreten werden wie der von Birks. Weyers ist zuzugestehen, daß *in der Regel* ein Innenverhältnis zwischen Bürge und Hauptschuldner besteht[60], aus dem sich letztlich auch die Grenzen des Regresses nach § 774 BGB ergeben[61], wie sich aus § 774 I 3 BGB eindeutig zeigt. Meist wird es ein Auftrag oder ein Geschäftsbesorgungsvertrag sein. Sollte ausnahmsweise kein Vertragsverhältnis vorliegen, so kommt berechtigte (§ 683 BGB) oder unberechtigte (§ 684 BGB) Geschäftsführung ohne Auftrag in Betracht[62]. Dies wird aber in der Regel am mangelnden Fremdgeschäftsführungswillen des Bürgen scheitern. So etwa besorgt die Bundesrepublik Deutschland bei der Vergabe von Ausfuhrbürgschaften

[55] Birks, S. 95.

[56] „..., and such payment or performance so made by such surety shall not be pleadable in bar of any such action or other proceeding by him", vgl. oben A VII 2 a, F. N. 3.

[57] Vgl. oben A VII 2 b aa α.

[58] Esser-Weyers, § 40 IV 2.

[59] Ders. Ans. Reinicke-Tiedke, S. 148.

[60] Vgl. auch Wolf, SBT, § 18 B III f.

[61] Bühlow, Rdn. 344.

[62] Diese Möglichkeit wird zwar in § 775 I 1 BGB erwähnt. Ihr kommt aber, wie Stötter, Auftragsbürgschaft, MDR 1970, 545, zu Recht ausführt, eher theoretische als praktische Bedeutung zu.

nicht das Geschäft der Hauptschuldner, der ausländischen Kunden deutscher Exporteure. Es geht hier vielmehr um die Sicherung eigener außenwirtschaftlicher Interessen. Hier scheidet auch ein bereicherungsrechtliches Innenverhältnis zwischen Bürgen und Hauptschuldner aus. Weyers selbst[63] schreibt, daß der Bürge auf Grund eines eigenen Kausalverhältnisses zum Gläubiger leistet und die Leistung von diesem kondizieren muß, wenn sie ihren Zweck nicht erfüllt. Gerade § 774 I 1 BGB verhindert, daß der Hauptschuldner durch die Zahlung des Bürgen „etwas" i. S. von § 812 BGB erlangt. Der Hauptschuldner wird nicht von seiner Verbindlichkeit befreit, sondern bekommt nur einen neuen Gläubiger, den bisherigen Bürgen.

Die Auffassung von Weyers beruht auf der Prämisse, zwischen Bürgen und Hauptschuldner gäbe es immer ein Innenverhältnis. Da diese nicht zutrifft, muß weiterhin davon ausgegangen werden, daß die cessio legis des § 774 BGB nicht nur einen etwa schon vorhandenen Anspruch des Bürgen auf Aufwendungsersatz verstärkt, sondern ein zusätzliches Instrument des Bürgenregresses darstellt. Auf den gem. § 774 I 1 BGB übergegangenen Anspruch kann sich der Bürge — unbeschadet der Einwendungen des Hauptschuldners gem. § 774 I 3 BGB — als selbständige Anspruchsgrundlage stützen, die gegebenenfalls in Anspruchskonkurrenz neben seine Rechte aus § 670 BGB tritt[64].

Insgesamt kann somit festgestellt werden, daß der Bürgenregreß trotz unterschiedlicher rechtstechnischer Verwirklichung in beiden Rechtsordnungen dieselben Konturen zeigt: Er beruht in der Regel doppelgleisig auf einer meist vertraglichen Ersatzforderung des Bürgen aus eigenem Recht (Auftrag bzw. *indemnity*) sowie zusätzlich seinem Eintritt in die Rechte des Gläubigers (cessio legis bzw. *subrogation*).

3. Recht auf Einziehung der Hauptforderung

Im englischen Recht hat nach wohl richtiger Ansicht von Dow[65] der Bürge gegen Übernahme der Prozeßkosten einen Anspruch gegen den Gläubiger, die Forderung nach Fälligkeit vom Hauptschuldner einzuziehen. Demgegenüber weist Rowlatt[66] darauf hin, daß der Bürge zu einem solchen Zeitpunkt selbst Schuldner „*in default*"[67] sei, der kein Recht habe, dem Gläubiger

[63] Esser-Weyers, § 48 III 5.

[64] Staudinger-Horn, § 774, Rdn. 4; Mormann in BGB-RGRK, § 774, Rdn. 2; Erman-Seiler, § 774, Rdn. 12; Soergel-Siebert-Mühl, § 774, Rdn. 1; Bühlow, S. 129; Wolf, SBT, § 18 B III; so auch Larenz, SBT, § 64 III, der allerdings die Bezeichnung „Anspruchskonkurrenz" für nicht ganz richtig hält.

[65] N. 856; derselben Ansicht: Charlesworth-Schmitthoff-Sarre, S. 389.

[66] S. 132.

[67] Vgl. oben A I.

Vorschriften zu machen. Es bestehe hier die Gefahr, daß der Gläubiger sich letztlich der dem englischen Recht fremden Einrede der Vorausklage ausgesetzt sehen könnte[68].

Das aber will auch Dow nicht. Es besteht Einigkeit, daß der Bürge bei Fälligkeit selbst in Anspruch genommen werden kann. Die daraus folgende Möglichkeit einer Widerklage des Gläubigers auf Zahlung der Bürgschaftssumme nimmt der hier erörterten Befugnis des Bürgen in erheblichem Maße den praktischen Nutzen[69]. Seinem Schutzbedürfnis kann der Bürge im übrigen schon dadurch Rechnung tragen, daß er den Hauptschuldner auf Zahlung der fälligen Gläubigerforderung verklagt[70].

VIII. Erlöschen der Bürgschaftsschuld

1. Folgen der Akzessorietät

Es folgt schon aus der Akzessorietät der Bürgschaft, daß Leistungen des Hauptschuldners auch die Bürgschaftsschuld entsprechend erlöschen lassen. Anders kann es allerdings sein, wenn der Schuldner nach einer Zahlung in Konkurs fällt. Erweist die Zahlung sich als „*fraudulent preference*" i. S. des *Bankruptcy Act*, 1914,s. 44[1], oder des *Companies Act*, 1948, s. 320[2], oder ist sie nach §§ 30, 31 KO anfechtbar und muß der Gläubiger als Folge die Leistung zurückerstatten[3], so leben seine Rechte gegen den Bürgen wieder auf[4].

Ebenfalls aus dem Prinzip der Akzessorietät folgt, daß ein wirksamer Erlaß der Hauptschuld den Bürgen befreit. Das gilt auch für einen Teilerlaß auf Grund eines Vergleichs des Schuldners mit seinen Gläubigern[5]. Dagegen bleibt die Verbindlichkeit des Bürgen bestehen, wenn der Vergleich im Rahmen eines Konkursverfahrens erfolgt[6].

Darüber hinaus ist es in England möglich, daß der Gläubiger in einem *covenant not to sue* auf die Durchsetzung der Forderung nur gegenüber dem

---

68 Rowlatt, 3. Aufl., S. 173 f.

69 Dies wird von Dow, N. 856, auch eingeräumt.

70 Vgl. oben A VI 3.

1 4 & 5 Geo. 5 c. 59.

2 11 & 12 Geo. 6 c. 38.

3 Vgl. §§ 37, 39 KO.

4 Pritchard v. Hitchcock (1843) 6 Man. & G. 151; Petty v. Cooke (1871) L. R. 6 Q. B. 790; Holden, S. 239; Rowlatt, S. 94; BGH NJW 1974, 57.

5 Holden, S. 216; Rowlatt, S. 171; Ex parte Smith (1793) 3 Bro. CC. 1.

6 Bankruptcy Act, 1914 (4 & 5 Geo. 5 c. 59), s. 16 i. V. mit s. 28 (4); §§ 82 II VerglO; 193 KO.

Hauptschuldner verzichtet und seine Rechte gegenüber dem Bürgen bestehen läßt[7]. In diesem Fall muß er aber Sorge tragen, daß in seinem Erlaßvertrag mit dem Hauptschuldner die Rückgriffsrechte des Bürgen nicht beeinträchtigt werden. Anderenfalls verliert er seinen Anspruch gegen den Bürgen[8]. Ein solcher Vertrag hat damit nur den Effekt, daß der Hauptschuldner zwar nicht mehr vom Gläubiger verklagt, im Wege des Regresses aber weiterhin vom Bürgen in Anspruch genommen werden kann[9]. In Deutschland dagegen liefe der Gläubiger in jedem Fall Gefahr, durch einen solchen Vertrag mit dem Hauptschuldner auch seine Rechte gegen den Bürgen zu verlieren. Da der Bürge nach dem Inhalt seiner Verpflichtung erst hinter dem Hauptschuldner haftet, darf grundsätzlich der Gläubiger den Bürgschaftsfall nicht selbst dadurch herbeiführen, daß er den Hauptschuldner veranlaßt, seine Leistung nicht zu erbringen. Anderenfalls kann der Bürge analog § 162 BGB verlangen, vom Gläubiger so gestellt zu werden, als wäre die von diesem vereitelte Leistung des Hauptschuldners — bei Abschluß des Bürgschaftsvertrages ein ungewisses zukünftiges Ereignis — erbracht worden[10].

2. Risikoerhöhendes Gläubigerverhalten

Gibt der Bürge Sicherheiten für die verbürgte Schuld — einschließlich Rechte gegen Mitbürgen — auf, so wird der Bürge nach § 776 BGB frei, soweit er davon bei seinem Regreß hätte Gebrauch machen können. Diese Regel gilt auch in England[11]. Weitergehend aber wird dort der Bürge vollkommen frei, wenn die Existenz bestimmter Sicherungen der verbürgten Schuld, etwa durch Mitbürgen, im Vertrag zwischen Bürgen und Gläubiger vorausgesetzt worden ist und diese entweder in Verlust geraten oder gar nicht erst entstehen. Dies ist unabhängig davon, ob der Bürge tatsächlich einen Schaden an seinen Regreßmöglichkeiten erleidet[12]. Hier wirkt sich der allgemeine Grundsatz des englischen Rechts aus, daß der Gläubiger bei Änderungen der Bürgschaftsbedingungen seine Rechte gegen den Bürgen verliert[13].

Demgegenüber ist § 776 BGB als Ausnahme von dem Prinzip konzipiert worden, der Gläubiger habe im allgemeinen nicht die Pflicht, von sich aus das Bürgschaftsrisiko möglichst niedrig zu halten[14]. Von dieser gläubiger-

---

7 Für den Fall der Mitbürgschaft vgl. oben AV 1.

8 Vgl. unten A VIII 2.

9 Rowlatt, S. 172.

10 Vgl. BGH WM 1966, 317, 319.

11 Snell, S. 463; Chitty, Rdn. 4452.

12 Snell, S. 462; vgl. auch Sheldon-Drover-Bosby, S. 337.

13 Vgl. Dow, N. 922; Chitty, Rdn. 4452.

14 MünchKomm-Pecher, § 776 Rdn. 1.

freundlichen Grundhaltung, mit der das Bürgerliche Gesetzbuch in Gegensatz zu früheren Rechtsanschauungen getreten ist[15], ist die Praxis[16] wieder zu einer stärkeren Inpflichtnahme des Gläubigers gelangt. Pecher[17] sieht § 776 heute nur noch als untergeordneten Beispielsfall für die zunehmende Verantwortlichkeit des Gläubigers gegenüber dem Bürgen an. Vor diesem Hintergrund sollte der Schutz, den das englische Recht dem Bürgen vor möglicherweise risikoerhöhendem Handeln des Gläubigers gewährt, von besonderem Interesse sein, wenn auch in Deutschland — anders als in England — eher die Konsequenzen einer fahrlässigen Beeinträchtigung des Bürgeninteresses durch Verletzung von Schutz- und Fürsorgepflichten des Gläubigers diskutiert werden[18]. In England läßt jede wesentliche Veränderung des Vertrages zwischen Hauptschuldner und Gläubiger ohne Zustimmung des Bürgen dessen Verpflichtung entfallen[19]. Daß dafür nicht unbedingt eine Erhöhung der verbürgten Schuld[20] oder eine konkrete Beeinträchtigung der Bürgenrechte erforderlich sind[21], zeigt Holme v. Brunskill[22]. Hier hatte der Kläger einen Bauernhof einschließlich einer Herde Schafe und Weideland verpachtet. Der Beklagte hatte sich für die ordnungsmäßige Rückgabe der Schafherde bei Pachtende verbürgt. Ohne den Bürgen zu fragen, vereinbarten Kläger und Pächter später eine Verringerung des Weidelandes und deshalb auch der zu zahlenden Pacht. Nach dem Urteil des *Court of Appeal* hat diese Veränderung des Pachtvertrages den Bürgen von seiner Verpflichtung befreit. Diesem müsse die Gelegenheit gegeben werden, selbst entscheiden zu können, ob eine Veränderung des Hauptvertrages nachteilig für ihn ist. Fehle die Zustimmung des Bürgen, so befreie ihn eine Veränderung des Hauptvertrages nur dann nicht, wenn sie offensichtlich unwesentlich oder unschädlich für den Bürgen war[23].

Erklärt werden kann diese Rechtsprechung nicht nur mit dem Gedanken der Risikoverhütung für den Bürgen, sondern auch mit der Konstruktion, daß die Parteien durch eine Vertragsänderung den alten Vertrag aufheben und einen neuen Vertrag abschließen, auf den sich die Bürgschaft nicht mehr erstreckt[24].

---

[15] Knütel, Festschrift für Flume, Bd. I, S. 559 ff.

[16] Vgl. RG Seuff A 61 (1906), N. 108, S. 190.

[17] MünchKomm, § 776 Rdn. 2.

[18] Vgl. Knütel, Festschrift für Flume, Bd. I, S. 559, 574 ff.

[19] Holden, S. 213; Burge, S. 214.

[20] Vgl. Dow, N. 922.

[21] Vgl. Browne v. Carr (1831) 7 Bing. 508, 515 durch Tindal, C. J.: „. . . . that wherever the creditor so deals with his debtor as to alter the rights of the surety against the debtor, the surety is discharged at law."

[22] Holme v. Brunskill (1878) 3 Q. B. D. 495.

[23] 3 Q. B. D. 495, 505; a. A. Brett,L. J., in seinem Minderheitsvotum 3 Q. B. D. 495, 507.

Die Befreiung des Bürgen tritt auch dann ein, wenn der Gläubiger eine Vertragspflicht nicht erfüllt[25], durch die das Bürgenrisiko gemindert werden sollte. So hatte sich z. B. im Fall Watts v. Shuttlewood[26] der Beklagte gegenüber dem Kläger für die Erfüllung eines Installationsauftrages verbürgt. Der Kläger hatte sich, wie der Beklagte wußte, dazu verpflichtet, das Auftragsobjekt gegen Feuer versichern zu lassen. Dieser Verpflichtung kam der Kläger als Bauherr nicht nach. Vor Fertigstellung der Arbeiten brach Feuer aus, das die bis dahin installierten Gegenstände vernichtete. Einige Zeit später wurde der Unternehmer zahlungsunfähig. Williams, J.[27], entschied hier, daß der Gläubiger durch die Nicht-Versicherung des Objekts das Bürgschaftsrisiko in unzulässiger Weise erhöht habe. Als Folge davon beschränkte der Richter sich nicht darauf, die Klagesumme um den Betrag des Feuerschadens zu kürzen. Vielmehr hielt er den Bürgen gänzlich für befreit.

Nach englischer Auffassung erlöscht die Bürgschaft sogar dann, wenn der Gläubiger die Hauptschuld ohne Zustimmung des Bürgen stundet[28]. Hierbei ist unbeachtlich, ob der Bürge dadurch Schaden erleidet[29]. Die Regelung gilt sogar dann, wenn die Stundung durch Sicherung der schuldnerischen Solvenz das wirtschaftliche Risiko des Bürgen verringert[30]. Diese Rechtsfolge wurde damit begründet, daß

„the creditor, by so giving time to the principal, has put it out of the power of the surety to consider whether he will have recourse to his remedy against the principal, or not; and because he, in fact, cannot have the same remedy against the principal as he would have had under the original contract"[31].

Eine andere Erklärung folgert Bernand[32] aus der Regel der *strict construction* einer Bürgschaft. Hiernach müsse die Bürgenverpflichtung streng in den vom Vertrag vorgesehenen Grenzen gehalten werden. Durch Verlegung des Fälligkeitsdatums würden die zeitlichen Grenzen der ursprünglich gegebe-

---

[24] Cheatham, Tulane Law Report 1959, 717, 718.

[25] Jenks-Winfield, § 650.

[26] (1861) 7 H. & N. 353.

[27] 7 H. & N. 353, 355.

[28] Jenks-Winfield, §§ 647 f.; Holden, S. 213.

[29] Nisbet v. Smith (1789) 2 Bro. C. C. 579; Samuell v. Howarth (1817) 3 Mer. 272; Bolton v. Buckenham (1891) 1 Q. B. 278.

[30] Holden, S. 213.

[31] Samuell v. Howarth (1817) 3 Mer. 272, 278; kritisch Williams, Joint Obligations, S. 123; weiterhin Cardoso, The Nature of the Judical Process (1932), S. 152 ff., zit. nach Holden, S. 214: „The law has shaped its judgements upon the fictious assumption that a surety, who has probably lain awake at night for fear that payment may some day be demanded has in truth been smarting under the repressed desire to force an unwelcome payment on a reluctant or capricious creditor."

[32] Tulane Law Report 1957, 631, 633.

nen Bürgschaft überschritten. Außerhalb dieser Grenzen hafte der Bürge nicht mehr.

Zu beachten ist, daß nur eine rechtliche bindende Stundung zum Erlöschen der Bürgschaft führt. Ein unverbindliches Versprechen oder gar ein bloßes Unterlassen der Klage bei Fälligkeit genügt nicht[33]. Da Stundungsabreden, die nach deutschem Recht wirksam sein würden, in England rechtliche Wirkung nur dann entfalten, wenn der Schuldner hierfür *consideration*[34] gibt, ist die praktische Bedeutung für die Bürgschaft nicht ganz so groß, wie es auf den ersten Blick scheint.

Ebenso wie beim Erlaß kann sich der Gläubiger seine Rechte gegen den Bürgen erhalten, wenn er im Stundungsvertrag Sorge trägt, daß die Freistellungsansprüche des Bürgen weder geschmälert noch zeitlich verschoben werden[35].

IX. Die Begrenzung der Bürgenhaftung bei der Dauerbürgschaft

1. Begriff und Ausgestaltung der Dauerbürgschaft

Im Gegensatz zum deutschen Gesetzesrecht, das an der Bürgschaft für eine bestimmte Verbindlichkeit orientiert ist, wird in England die Bürgschaft von vornherein in zwei verschiedenen Ausprägungen gesehen, derjenigen, die sich auf eine Einzeltransaktion beschränkt und derjenigen, die eine unbestimmte Zahl bestehender und zukünftiger Forderungen sichern soll[1]. Bei letzterer führt die Tilgung einer bestehenden Verbindlichkeit durch den Hauptschuldner nicht zum Erlöschen des Bürgschaftsverhältnisses, da jederzeit eine neue Haupt- und damit neue Bürgenschuld entstehen kann. Einer solchen Ausgestaltung der Bürgschaft als Dauerschuldverhältnis trägt der englische Ausdruck *continuing guarantee* Rechnung[2]. Der englische Geschäftsverkehr wählt oft, wenn nicht sogar meistens, die *continuing gua-*

[33] Rowlatt, S. 164.

[34] Etwa durch Hingabe zusätzlicher Sicherheiten.

[35] Dow, N. 936.

[1] Vgl. etwa Chitty, Rdn. 4430.

[2] Auch in Deutschland wird das Konzept der continuing guarantee terminologisch erfaßt, und zwar als „Kreditbürgschaft". Dieser Ausdruck unterliegt aber Bedenken, da fast jede Bürgschaft für Kredit im engeren oder weiteren Sinne gegeben wird. Entscheidendes Unterscheidungsmerkmal zwischen der continuing guarantee und einer Einzelbürgschaft ist vielmehr ihr Bezug auf viele immer neu entstehende Hauptforderungen. Es wird deshalb der Ausdruck „Dauerbürgschaft" vorgeschlagen und in dieser Arbeit benutzt.

rantee als Form der Bürgschaft. So etwa kann sich eine Kaufpreisbürgschaft auf eine im einzelnen noch nicht abzusehende Zahl von Abschlüssen erstrecken, die Hauptschuldner und Gläubiger während der Dauer ihrer Geschäftsbeziehung tätigen wollen. Der Dispositionskredit, den eine Bank auf einem laufenden Konto gewährt, kann durch eine *continuing guarantee* abgesichert werden. Überhaupt entspricht es der Formular-Praxis gerade der Banken, Bürgschaften auf alle aus der Geschäftsbeziehung mit dem Hauptschuldner entstehenden Forderungen auszudehnen und die Bürgenhaftung allenfalls durch einen Höchstbetrag zu begrenzen. Schließlich wird die *continuing guarantee* verwandt für Forderungen aus Miet- und Dienstverhältnissen. Eine Bürgschaft für Forderungen aus einem Dauerschuldverhältnis teilt selbstverständlich diesen Charakter. Eine weitere, wenn auch etwas seltener gewordene Unterform ist die *fidelity guarantee*, mit der der Bürge für das ehrliche Dienstverhalten eines Angestellten seinem Arbeitgeber gegenüber einsteht.

Die dargestellten rechtstatsächlichen Phänomene sind in ähnlichem Umfang auch in Deutschland zu finden[3]. Eine dieser praktischen Bedeutung entsprechende rechtswissenschaftliche Beachtung wird der Bürgschaft als Dauerschuldverhältnis jedoch erst allmählich geschenkt. Gerade deshalb sollte die Regelung der *continuing guarantee* von besonderem Interesse sein.

2. Beendigung einer Dauerbürgschaft

Wie bei jedem Dauerschuldverhältnis stellt sich bei der Dauerbürgschaft die Frage, ob und wie diese beendet werden kann.

---

[3] Als Beispiel sollen die ersten beiden Sätze eines Bürgschaftsformulars (18-324 10 781) der Deutschen Bank dienen:
„Für alle Ihnen oder einer anderen Stelle der Deutschen Bank Aktiengesellschaft gegen den oben angeführten Hauptschuldner jetzt oder zukünftig zustehenden —auch befristeten oder bedingten — Ansprüche aus der Geschäftsverbindung mit dem Hauptschuldner (insbesondere aus der Gewährung von Krediten in irgendeiner Form oder Art, aus laufender Rechnung oder aus sonstigen Bankgeschäften) und aus Wechseln (auch soweit diese von Dritten hereingenommen worden sind) übernehme(n) ich / wir hierdurch die selbstschuldnerische Bürgschaft.
Die Bürgschaft erlischt nicht durch eine vorübergehende Rückzahlung der Kredite, sondern besteht bis zur Beendigung der Geschäftsverbindung und bis zur Rückführung aller Ihrer gesicherten Ansprüche."
Die von den anderen Banken verwandten Formulierungen sind ähnlich. Meist wird die Haftung des Bürgen auf einen bestimmten Höchstbetrag begrenzt. Vgl. Hadding, Gutachten, S. 662.

a) Befristung

Sowohl in England als auch in Deutschland ist es möglich, eine Dauerbürgschaft von vornherein nur für eine bestimmte Periode zu geben. Hierdurch wird der Umfang der Haftung des Bürgen auf den Kreis der Forderungen begrenzt, die in dieser Zeit entstehen. Die Haftung selbst dagegen bleibt zeitlich nicht begrenzt.

b) Kündigung

aa) Rechtslage in England

Soweit die *continuing guarantee* für immer neue Transaktionen gilt, kann sie grundsätzlich vom Bürgen mit sofortiger Wirkung gekündigt werden[4]. Dies läßt sich zum einen mit der *doctrine of consideration* erklären. Die Bürgschaft wird erst dann bindend, wenn der Gläubiger die *consideration* gewährt, für die die Bürgschaft gegeben wurde. Bevor der Gläubiger seine Leistung erbracht hat, kann die Bürgschaft widerrufen werden. Bei der *continuing guarantee* wird jede erneute Kreditgewährung als neue *consideration* angesehen[5], die die Erstreckung der Bürgschaft auch hierauf wirksam und damit unwiderruflich macht. Die *consideration* für eine solche *continuing guarantee* wird als teilbar angesehen[6]. Die Verbürgung für schon erbrachte Leistungen des Gläubigers ist bindend. Für die Sicherung zukünftiger Leistungen des Gläubigers dagegen wurde die *consideration* noch nicht erbracht, so daß der Bürge diese durch einseitige Erklärung von seiner Bürgschaft ausschließen kann[7].

Zum anderen wird die Kündigungsmöglichkeit auch mit allgemeinen Billigkeitsgedanken begründet:

„It may be considered equitable and right, that where a man is not under any obligation to make further advances or to sell further goods, a person who has guaranteed repayment of such advances, or payment of the price of the goods, may say, 'Do not sell any further goods or make any further advances. I give you warning that you are not to rely on my guarantee for any further advances which you make, or any further goods you sell.' That might be in many cases a very equitable view. It perhaps might be hardly equitable for a banker or merchant to go on making advances after receiving a distinct notice from the guarantor that he would not be further liable."[8]

---

[4] Carroll, S. 18; Dow, N. 966; Rowlatt, S. 59.

[5] Offord v. Davies (1862) 12 C. B. 748.

[6] Dow, N. 966.

[7] So auch Brink-Habel, Rdn. 164.

[8] Lloyd's v. Harper (1880) 16 Ch. D. 290, 314.

An dieser Argumentation ist besonders wichtig, daß sie auch für Bürgschaften auf gesiegelten Urkunden gilt, die ohne *consideration* bindend sind[9].

Keinem Kündigungsrecht unterliegen demgegenüber *continuing guarantees*, deren *consideration* unteilbar ist. Ein treffendes Beispiel hierfür ist der in *Lloyd's v. Harper*[10] entschiedene Sachverhalt: Ein Vater bürgte für alle Verpflichtungen, die sein Sohn als *underwriting member* bei Lloyd's eingehen würde. Der Sohn wurde daraufhin aufgenommen. Diese Mitgliedschaft konnte von Lloyd's nicht einseitig aufgehoben werden, sondern erlosch nur unter bestimmten, eng begrenzten Voraussetzungen. Hier ließ das Gericht keine Kündigung zu mit der Begründung:

„The moment the son was admitted to the status of an underwriting member with all its privileges, if the father was at liberty to say, 'I withdraw the guarantee', then the guarantee would have been utterly futile and idle."[11]

Selbstverständlich kann der Bürge sich nicht solchen Verbindlichkeiten entziehen, deren Entstehung nicht mehr in der Disposition des Gläubigers stehen oder die aus Leistungen herrühren, zu denen sich der Gläubiger etwa durch langfristige Liefer- oder Kreditbereitstellungsverträge schon vor der Kündigung verpflichtet hatte. Die Verpflichtung zur Leistung steht der Leistung als *consideration* gleich.

Bei Dauerschuldverhältnissen ist zu unterscheiden: Kann dieses, wie im obigen Fall Lloyd's v. Harper, vom Gläubiger nicht frei gekündigt werden, so muß er auch weiterhin an der Bürgschaft festhalten können[12]. Wenn der Gläubiger dagegen das Dauerschuldverhältnis nach seinem Belieben kündigen kann, wird dem Bürgen eher ein Kündigungsrecht zuzugestehen sein. So konnte in *Wingfield v. De St. Croix*[13] der Bürge für die Mietzinsverpflichtung aus einem für Vermieter und Mieter binnen Wochenfrist kündbaren Vertrag die Bürgschaft kündigen. Ein Kündigungsrecht des Bürgen ergibt sich auch und gerade dann, wenn der Gläubiger einen außerordentlichen Kündigungsgrund hat. So gibt bei einer *fidelity guarantee* ein Fehlverhalten des Angestellten dem Bürgen Gelegenheit, den Gläubiger zu dessen Entlassung aufzufordern und hierdurch eine zukünftige Haftung auszuschließen[14]. Dies wird damit begründet, daß dann die Grundlage für die Weiterführung des Vertra-

---

[9] Rowlatt, S. 61.

[10] (1880) 16 Ch. D. 290.

[11] (1880) 16 Ch. D. 290, 314.

[12] Rowlatt, S. 62.

[13] (1919) 35 T. L. R. 432.

[14] Rowlatt, S. 62; Dow, N. 966, F. N. h; Phillips v. Foxall (1872) L. R. 7 Q. B., 666; diese außerordentliche Kündigungsmöglichkeit dürfte im heutigen Arbeitsrecht die wesentlich wichtigere sein, da der Arbeitgeber und Sicherungsnehmer oft das Hauptschuldverhältnis nicht frei kündigen kann (vgl. Employment Protection (Consolidation) Act 1978).

ges, soweit es den Bürgen betrifft, wegfällt[15]. Der Arbeitgeber, der weiß, daß der Bürge ordnungsmäßiges Verhalten des Arbeitnehmers erwartete, habe bei einer solchen Veränderung der Lage nicht das Recht, dem widersprechenden Bürgen das Risiko einer Fortführung des Beschäftigungsverhältnisses aufzuerlegen[16].

Das Kündigungsrecht des Bürgen kann vertraglich eingeschränkt werden[17]. In den Bürgschaftsformularen der englischen Banken geschieht dies durch Festsetzung einer Kündigungsfrist. Es ist streitig, ob die Bank auf Grund dessen völlig frei ist, zwischen Kündigung und Ablauf der Kündigungsfrist dem Hauptschuldner weiteren Kredit zu gewähren.

Paget-Megrah[18] sind der Ansicht, daß die Kreditgewährung nach Treu und Glauben auf die Erfüllung von Verpflichtungen beschränkt sein muß, die vor der Kündigung eingegangen sind, so etwa die Einlösung vor der Kündigung ausgestellter Schecks oder anderer Wertpapiere. Die Kündigung habe keinen Sinn, wenn ihr Adressat sofort darauf die Bürgenhaftung bis zur Haftungsgrenze hochschrauben darf. Das Recht müsse um die Interessen des Bürgen besorgt sein.

Die Gegenmeinung[19] argumentiert, daß der Hauptschuldner im Vertrauen auf die Bürgschaft disponiert haben könnte. Die Bank sei ihm verpflichtet und nicht dem Bürgen, der an dem Wortlaut seiner Bürgschaft festgehalten werden müsse.

bb) Rechtslage in Deutschland

Auch in Deutschland stellt sich die Frage einer Kündbarkeit der Dauerbürgschaft. Hierbei geht es nicht um die in § 777 BGB geregelte Beendigung einer auf bestimmte Zeit eingegangenen Bürgschaft für eine bestehende Verbindlichkeit, sondern um die Frage, wie sich die gem. § 765 II BGB übernommene Bürgenhaftung für zukünftig entstehende Verbindlichkeiten ausschließen und damit der Kreis der gesicherten Forderungen begrenzen läßt. Die Haftung selbst wird dadurch zeitlich nicht begrenzt.[20]

---

15 Phillips v. Foxall (1872) L. R. 7 Q. B. 666, 674.

16 Rowlatt, S. 62.

17 Rowlatt, S. 63.

18 S. 592.

19 wiedergegeben bei Carroll, S. 20.

20 So auch Staudinger-Horn, § 765 Rdn. 79; Wolf, SBT, § 18 B IV e; Goldmann-Lilienthal, S. 823; Oertmann, Schuldverhältnisse, § 765, Anm. 3 b; RGZ 63, 11. Dagegen will Mormann in BGB-RGRK, § 765 Rdn. 17 ohne erkennbaren Grund die gekündigte Bürgschaft als Zeitbürgschaft i. S. von § 777 BGB behandelt wissen.

Gesetzlich geregelt ist die Frage nicht. Im allgemeinen wird ein Kündigungsrecht von bestimmten, später noch zu erörternden Voraussetzungen und der Einhaltung einer angemessenen Kündigungsfrist abhängig gemacht. Die englische Regelung, daß der Bürge häufig weitere Kreditgewährung zu seinen Lasten durch Kündigung mit sofortiger Wirkung unterbinden kann, läßt sich nicht ohne weiteres auf das deutsche Recht übertragen.

Im Ergebnis anders sah dies lediglich Eccius[21]. Nach seiner aus rechtsvergleichender Sicht interessanten, wenn auch durch die dogmatische Weiterentwicklung überholten Ansicht kann die für eine künftige Forderung gegebene Bürgschaft „bis zur Entstehung eines Bandes zwischen Gläubiger und Hauptschuldner" jederzeit widerrufen werden. Diese Auffassung ähnelt in seiner Konsequenz sehr der englischen *consideration*-Lehre[22], beruht aber dogmatisch auf einer anderen Konzeption: Mit der Verbürgung für eine zukünftige Verbindlichkeit sei noch keine Bürgschaftsschuld, sondern nur eine der Voraussetzungen für deren Erwachsen vorhanden. Diese entstünde erst, wenn auch die zweite selbständige Voraussetzung, das zu sichernde Obligationsverhältnis, begründet sei. Vorher sei auch kein in der Schwebe befindliches Rechtsverhältnis zwischen Gläubiger und Bürgen anzuerkennen. Vielmehr sei die Bürgschaftserklärung vorläufig ebenso unwirksam, wie wenn gar keine Hauptverbindlichkeit bezeichnet wäre, oder wenn die bezeichnete nicht zu Recht bestünde. Kraft der Bürgschaftserklärung habe der Gläubiger nur die Macht, sie zum Nachteil des Bürgen mit der Wirkung ins Leben zu rufen, daß damit die Bürgschaftsverbindlichkeit entstünde. Eine solche bloße Ermächtigung des Gläubigers unterliege schon begriffsmäßig der Widerrufsmöglichkeit[23].

Diese Konstruktion läßt sich § 765 II BGB nicht entnehmen. Eccius selbst wird sich dieser Problematik bewußt gewesen sein, als er seine Ausführungen mit der bedauernden Bemerkung ergänzte, es fehle im BGB eine „diesklarstellende Vorschrift"[24].

Dem gesetzgeberischen Willen näherkommen dürfte folgende Passage der Motive zum BGB[25]:

„Die in der Gesetzgebung und auch in der gemeinrechtlichen Praxis mannigfach behandelte Frage, inwiefern der Bürge dem Gläubiger eine Bürgschaft kündigen dürfe, welche für künftige, insbesondere aus einem dauernden Verhältnisse, z. B. aus einem Geschäftsverkehre oder einem Amtsverhältnisse entstehenden Ansprüche eingegangen worden ist, läßt eine allgemeine Beantwortung nicht zu. Sie kann nur nach dem konkreten Inhalte des Bürgschaftsvertrages entschieden werden. Nur aus

[21] Gruch. B. 46 (1902), 55.

[22] Vgl. oben A IX 2 b aa.

[23] Eccius, Gruch. B. 46 (1902) 55, 58.

[24] Eccius, Gruch. B. 46 (1902) 55, 59.

[25] Motive II, § 679 a. E.

dem im einzelnen Falle zu ermittelnden Parteiwillen läßt sich insbesondere auch bei der Kreditbürgschaft entscheiden, ob und unter welchen Voraussetzungen der Kreditbürge sich durch Kündigung von der Bürgschaft für die Zukunft zu befreien vermag."

Die in den Motiven zum Ausdruck gekommene Hoffnung des historischen Gesetzgebers, die Frage des Kündigungsrechts lasse sich aus dem konkreten Inhalt des Bürgschaftsvertrages ermitteln, hat sich kaum erfüllt. Insbesondere die rechtstatsächlich besonders gewichtige Formularpraxis der Banken[26] erfaßt abstrakt eine Vielzahl von Verbindlichkeiten, die in der Zukunft die Bank erwerben bzw. der Hauptschuldner eingehen könnte, ohne in der Regel eine zeitliche Grenze zu setzen. Eine Kündigungsmöglichkeit wird dem Bürgen nicht gewährt, allerdings auch nicht aberkannt oder begrenzt.

Das Gesetz zur Regelung des Rechts der Allgemeinen Geschäftsbedingungen zwingt die Banken nicht zu einer Regelung. § 12 Nr. 12 AGBG gilt nicht für Bürgschaften. Auch § 5 AGBG führt nicht weiter, da es hier nicht um eine unklare, sondern eine fehlende Regelung geht. Bei der von Schäfer[27] zu Recht beklagten Unsicherheit, mit der das Kündigungsrecht des Bürgen gegenwärtig behaftet ist, sehen die Banken ihre Interessen offenbar hinreichend gewahrt. Umgekehrt gingen sie bei einer klaren Regelung der Frage das Risiko einer Überprüfung nach § 9 AGBG ein.

Aus den genannten Gründen wird die Suche nach einem etwa im Vertragstext zum Ausdruck gekommenen Parteiwillen häufig erfolglos bleiben. Um so mehr wird auf die beiden Kriterien zurückgegriffen, die in Literatur und Rechtsprechung für ein Kündigungsrecht des Bürgen genannt werden:

Zum Teil wird aus dem Vorliegen eines „wichtigen Grundes" ein Kündigungsrecht des Bürgen abgeleitet[28].

Nach anderer Auffassung soll der Bürge nach Ablauf einer gewissen, den Umständen angemessenen Zeit kündigen können[29]. Eine solche Kündigung müsse unter billiger Rücksichtnahme auf die zwischen Gläubiger und Hauptschuldner bestehende Geschäftsverbindung erfolgen[30]. Begründet wird das Kündigungsrecht damit, daß die Parteien bei dem Abschlusse des Bürgschaftsvertrages eine angemessene, normale Dauer im Auge gehabt

---

[26] Vgl. oben A IX 1, F. N. 3; vgl. auch Hadding, Gutachten, S. 662: „Da die Kreditbürgschaft regelmäßig gegenüber einem Kreditinstitut eingegangen wird, ist das tatsächliche Erscheinungsbild der Kreditbürgschaft durch die Formularpraxis der Kreditwirtschaft geprägt."

[27] S. 169 f.

[28] Wolf, SBT, § 18 B IV e; Mormann in BGB-RGRK, § 765 Rdn. 17; OLG Nürnberg, WM 1970, 297, 299.

[29] Enneccerus-Lehmann, § 196 III 1; MünchKomm-Pecher, § 765 Rdn. 23, 51; Soergel-Siebert-Mühl, Rdn. 17 vor § 765; RG JW 1932, 1655, 1656; RG JW 1911, 447.

[30] Enneccerus-Lehmann, § 196 III 1.

haben, so daß dadurch, daß Gläubiger und Hauptschuldner die Dauer des Verhältnisses übermäßig verlängern, die Verpflichtung des Bürgen nicht gegen Treu und Glauben erschwert werden könne[31]. So ergebe sich aus dem mutmaßlichen Parteiwillen, daß der Bürge nach einem angemessenen Zeitraum die Bürgschaft aufkündigen könne[32]. Neben dem Grundsatz von Treu und Glauben und dem mutmaßlichen Parteiwillen werden auch die allgemeinen Grundsätze über Dauerschuldverhältnisse herangezogen[33].

Überwiegend[34] wird ausgeführt, der Bürge könne kündigen, wenn entweder ein (besonders) wichtiger Grund oder ein gewisser Zeitablauf eingetreten sei. Diese beiden Alternativen werden in der Regel in demselben Satz erwähnt und ohne Differenzierung erläutert. Nach Auffassung des Reichsgerichts[35] und des Bundesgerichtshofs[36] muß der Bürge in beiden Fällen auf die berechtigten Interessen des Gläubigers und des Hauptschuldners Rücksicht nehmen und eine angemessene Frist einhalten. Beide Kündigungsvoraussetzungen sollen gleichermaßen auf dem Grundsatz von Treu und Glauben beruhen[37].

Demgegenüber unterscheidet Canaris[38] deutlich „eine außerordentliche, d. h. fristlose Kündigung aus wichtigem Grund" und eine „ordentliche, d. h. keines Grundes, aber der Einhaltung einer Frist bedürftige Kündigung", die sich darauf gründe, daß unbefristet eingegangene Dauerschuldverhältnisse nach geltendem Recht in Analogie zu den §§ 565 ff., 609, 620 ff. BGB grundsätzlich der ordentlichen Kündigung unterlägen und sich das Ende der Kontokorrentbürgschaft anders als das der gewöhnlichen Bürgschaft nicht einfach nach dem Erlöschen der Hauptschuld bestimmen lasse.

Von den beiden in Literatur und Rechtsprechung genannten Kündigungsmöglichkeiten scheint diejenige „aus wichtigem Grund" am sichersten auf den allgemeinen Lehren des Schuldrechts zu beruhen. Es ist allgemein[39]

---

31 Goldmann-Lilienthal, S. 823.

32 RG, JW 1911, 447; Oertmann, Schuldverhältnisse, § 765, Anm. 3 b; Dernburg, § 290, Anm. IV; besonders anschaulich die Ansicht von Scherer, § 765, Anm. 17: „Dagegen können die Parteien ein Kündigungsrecht ausdrücklich oder stillschweigend vereinbaren. Bei einer Bürgschaft auf unbestimmte Zeit und für künftige Forderungen versteht sich dieses Kündigungsrecht von selbst. Denn kein Vernünftiger übernimmt die Bürgschaft für die Schulden, welche jemand bis zu seinem Lebensende macht."

33 MünchKomm-Pecher, § 765 Rdn. 23.

34 Staudinger-Horn, § 765 Rdn. 78; Erman-Seiler, § 765 Rdn. 8, § 775 Rdn. 3; Schäfer, S. 169; Klett, S. 193; Thiele, S. 115; BGH WM 1959, 855; RG Warn Rsp. 1913, 340.

35 Warn Rspr. 1913, 340, 341.

36 WM 1959, 855.

37 BGH WM 1959, 855, 856.

38 Großkomm HGB, § 356 Anm. 33.

anerkannt, daß Dauerschuldverhältnisse unabhängig von einer besonderen gesetzlichen oder vertraglichen Regelung aus wichtigem Grund gekündigt werden können. Das entspricht einem aus § 242 BGB herzuleitenden Rechtsgedanken[40], der bei einer Reihe von typischen Dauerschuldverhältnissen —so beim Dienstvertrag, § 626 BGB, beim Auftrag, § 671 II und III BGB, bei der Verwahrung, § 696 BGB, und bei der Gesellschaft, § 723 I 2 und 3 BGB — eine positiv-rechtliche Regelung gefunden hat[41]. Im besonderen Maße wird § 626 I BGB als Ausprägung eines auf sämtliche Dauerschuldverhältnisse anwendbaren Grundsatzes angesehen[42].

Im einzelnen wird das Kündigungsrecht damit begründet, daß die Dauer des Schuldverhältnisses zwischen den Parteien engere Beziehungen schaffe als bei der Pflicht zur einmaligen Leistung[43]. Dauerschuldverhältnisse erforderten zu ihrer Durchführung meist ein vertrauensvolles Zusammenwirken oder doch besondere Rücksicht und Sorgfalt. Daher gewönnen hier die Pflichten von „Treu und Glauben", der persönlichen Rücksichtnahme und Loyalitätspflichten, eine gesteigerte Bedeutung[44]. Aus der Notwendigkeit gegenseitigen Vertrauens und fortdauernden Einvernehmens folge, daß, wenn dieses durch das Verhalten eines Teiles zerstört sei, dem anderen die Möglichkeit gegeben sein müsse, durch Kündigung die weitere Fortsetzung des Dauerverhältnisses abzulehnen[45]. Nach Auffassung von Wolf[46] liegt ein

---

[39] Palandt-Heinrichs, § 242, Anm. 4 F; Fikentscher, § 8 N. 7 c; MünchKomm-Kramer, Rdn. 88 vor § 241; Beitzke, S. 21; Gschnitzer, Iherings Jahrbücher, Bd. 42 (1927/28) 1, 73; Wolf SAT, § 8 III b 4; Larenz, SAT, § 2 VI; Esser-Schmidt, § 15 II; Blomeyer, Allgemeines Schuldrecht, § 9 III 3; BGH DB 1972, 2054; BGH MDR 1951, 510; BGH WM 1980, 380.

[40] BGHZ 41, 104, 108; Fikentscher, § 27 III 5 d bb.

[41] Aus diesem Grunde kritisiert Gernhuber, S. 153, zu Unrecht, die Rechtsprechung verwende hier § 242 BGB mißbräuchlich als Legitimationsbasis, da eine Problemlösung bereits mit einem Analogieschluß zu den oben genannten Einzelregelungen möglich sei. Das eine schließt das andere nicht aus. Zu Recht verweisen Fikentscher, § 8 N. 7 c, Larenz, SAT, § 10 II e und BGHZ 82, 354, 359 auf beide Lösungsansätze gleichermaßen.

[42] Esser-Schmidt, § 15 II; so wohl auch MünchKomm-Kramer, Rdn. 88 vor § 241: „Diese außerordentliche Kündigung aus wichtigem Grund trägt dem Umstand Rechnung, daß eine Dauerbeziehung zwischen zwei Personen nicht (auch nicht bis zum Ablauf einer Kündigungsfrist oder der für das Dauerschuldverhältnis bestimmten Zeit) aufrechterhalten werden sollte, wenn die Fortsetzung des Vertragsverhältnisses einem Teil (oder beiden Teilen) unter Berücksichtigung der Eigenart des Schuldverhältnisses, des gesamten Verhaltens und der Interessen beider Vertragsteile nicht zugemutet werden kann, wobei selbstverständlich jeweils auf die Umstände des Einzelfalles abzustellen ist."

[43] Blomeyer, § 9 II 3.

[44] Larenz, SAT, § 2 VI; vgl. auch Esser-Schmidt, § 15 II.

[45] Larenz, SAT, § 2 VI; vgl. auch BGH DB 1972, 2054, 2055.

[46] SAT, § 8 b 4.

wichtiger Grund zur Kündigung vor, wenn gegenwärtige oder künftige Pflichten, Rechte oder Ausschlußgründe des einen oder anderen Beteiligten auf Dauer gestört sind. In der Rechtsprechung[47] wird das außerordentliche Kündigungsrecht dann zugelassen, „wenn die Durchführung des Vertrages erheblich gefährdet und deshalb dem Kündigenden nicht mehr zuzumuten ist".

Eine genauere Prüfung ergibt gewisse Zweifel, ob die oben angeführten Grundsätze tatsächlich zu dem sich bei der Dauerbürgschaft stellenden Problem passen. Eine besondere Vertrauensbeziehung hat der Bürge meist nicht zum Gläubiger, sondern allenfalls zum Hauptschuldner. Nicht ein Pflichtverstoß seitens des Gläubigers wird den Bürgen gewöhnlich zu einer Kündigung drängen, sondern Veränderungen in seinen Beziehungen zum Hauptschuldner (z. B. Beendigung einer Ehe oder Freundschaft mit dem Hauptschuldner, Ausscheiden aus der Gesellschaft, für die gebürgt wurde) oder in seiner Einschätzung dessen Solvenz. Rein formal gesehen ist in diesen Fällen „die Durchführung des Vertrages" nicht gefährdet, da dieser ohnehin einseitig darauf abgestellt ist, daß der Bürge dem Gläubiger ein Risiko abnimmt. Die Motive des Bürgen sind in der Regel nicht Gegenstand des Bürgschaftsvertrages.

Trotz dieser Unstimmigkeiten muß der Rechtsprechung[48], die beim Kündigungsrecht des Bürgen auf die allgemeinen Regeln beim Dauerschuldverhältnis verweist, zugestanden werden, daß zumindest § 626 I BGB einen Rechtsgedanken enthält, der bei der Dauerbürgschaft durchaus fruchtbar gemacht werden kann. Es sind keine grundsätzlichen Bedenken dagegen ersichtlich, auch die Beziehung des Bürgen zum Hauptschuldner in die „Berücksichtigung aller Umstände des Einzelfalls"[49] einfließen zu lassen[50].

Der Rückgriff auf die allgemeinen Grundsätze der außerordentlichen Kündigung wird auch nicht notwendigerweise dadurch unstimmig, daß z. T.[51] das Kündigungsrecht des Bürgen aus wichtigem Grund von der Einhaltung einer Kündigungsfrist abhängig gemacht wird. Fristlosigkeit gehört nicht zwingend zur außerordentlichen Kündigung, wie §§ 549 I 2, 569 BGB zeigen[52].

Offen bleibt aber die Frage, warum dem Bürgen eine außerordentliche Kündigungsbefugnis zustehen soll, wenn er, zumindest nach Ablauf einer

[47] BGH DB 1981, 2274, 2275; BGHZ 41, 104, 108.

[48] BGH WM 1959, 855, 856.

[49] Vgl. § 626 I BGB.

[50] Vgl. auch Thiele, S. 115, der ein in der Person eines Dritten (des Hauptschuldners) begründetes Kündigungsrecht des Bürgen zwar zuläßt, aber als rechtlich atypisch bezeichnet.

[51] Vgl. oben F. N. 35 f.

[52] Vgl. Medicus, Schuldrecht I, § 50 I N. 2.

gewissen Zeit, auch ohne wichtigen Grund kündigen kann. Vor einer Klärung des Verhältnisses der beiden üblicherweise genannten Kündigungstatbestände erscheint es zunächst einmal erforderlich zu untersuchen, wie sich für den Bürgen ein quasi ordentliches Kündigungsrecht ergibt, das weder im Gesetz noch im Wortlaut des Bürgschaftsvertrages geregelt ist. Für Pecher[53] ergibt sich auch das ordentliche Kündigungsrecht des Bürgen aus den „allgemeinen Grundsätzen über Dauerschuldverhältnisse". In der Tat wird im allgemeinen Schuldrecht die Auffassung vertreten, ordentliche Kündigungen seien immer dann möglich, wenn bei einem Dauerschuldverhältnis keinerlei Bestimmungen hinsichtlich des Endzeitpunkts der vertraglichen Erfüllungspflichten getroffen sind. Jeder Partner des Rechtsverhältnisses müsse die Befugnis haben, irgendwann einmal von seinen Verpflichtungen freizukommen[54]. Diese Ausführungen sind zwar einleuchtend, können aber nicht darüber hinweghelfen, daß — im Gegensatz zum außerordentlichen Kündigungsrecht — das Gesetz keine klaren Orientierungshilfen gibt. Die von Canaris[55] gezogene Analogie zu den gesetzlichen Tatbeständen der ordentlichen Kündigung leidet darunter, daß diese sehr unterschiedlich ausgestaltet sind. Während etwa beim Auftrag (§ 671 BGB), bei der Gesellschaft (§ 723 I 1 BGB) und bei der Verwahrung (§§ 695, 696 BGB) die ordentliche Kündigung fristlos erfolgen kann, hat das Bürgerliche Gesetzbuch etwa für den Miet- und den Dienstvertrag sehr differenzierte Kündigungsfristen vorgesehen, die auf den jeweiligen Vertragstypus zugeschnitten sind und sich einer Verallgemeinerung entziehen (§§ 565, 620 ff. BGB). Eine allgemeine, für die Dauerbürgschaft übertragbare Regelung wird sich auch schon deshalb nicht finden lassen, weil bei den verbürgten Hauptverbindlichkeiten eine kaum überschaubare Vielzahl von Vertragsformen und Interessenlagen denkbar ist.

Hier wird wesentlich mehr als beim außerordentlichen Kündigungsrecht auf den (mutmaßlichen) Parteiwillen abzustellen sein, wie dies insbesondere in der älteren Rechtsprechung und Literatur geschehen ist[56]. In der Tat muß davon ausgegangen werden, daß bei einer Bürgschaft auf unbestimmte Zeit die Parteien nicht gewollt haben, daß Bürgen (und ihre Erben) auch gegen ihren Willen auf ewig haften müssen. Zu Recht wird im allgemeinen von der stillschweigenden Vereinbarung eines im Belieben des Bürgen stehenden Kündigungsrechts ausgegangen. Gleichermaßen zutreffend ist die — ebenfalls auf den mutmaßichen Parteiwillen gestützte — Auffassung, daß die Frage, wann diese Kündigung wirksam wird, von einer Abwägung der Interessen der Beteiligten abhängen muß.

[53] MünchKomm-Pecher, § 765 Rdn. 23.

[54] So Esser-Schmidt, § 20 I unter Hinweis auf § 624 BGB; so wohl auch Beitzke, S. 21, und Gschnitzer, Iherings Jahrbücher 42 (1927/28) 1, 73.

[55] Vgl. oben F. N. 38.

[56] Vgl. oben F. N. 31 f.

Nicht verständlich ist aber, warum die Kündigung den Ablauf eines gewissen Zeitraums voraussetzt. Sicherlich darf der Onkel, der anläßlich der Aufnahme eines Anschaffungsdarlehens durch seinen Neffen eine bankübliche Höchstbetragsbürgschaft[57] unterschreibt, diese nach Rückzahlung des Darlehens kündigen. Warum aber sollte er nicht schon alsbald nach Abschluß des Bürgschaftsvertrages durch Kündigung verhindern können, daß die Bank den durch die Tilgungsleistungen des Neffen geschaffenen Kreditspielraum dafür nutzt, dem Neffen einen durch die Formularbürgschaft abgesicherten Überziehungskredit auf dessen Girokonto zu gewähren[58].

Kommt man etwa bei einer Bürgschaft für einen Kontokorrentkredit zu dem Ergebnis, daß eine Kündigung des Bürgen unter Einhaltung einer dreimonatigen Kündigungsfrist interessengerecht wäre, so ist nicht einzusehen, warum dies grundsätzlich erst nach Ablauf eines gewissen Zeitraums gelten soll. Die Suche nach neuen Sicherheiten ist für Gläubiger und Hauptschuldner zu jedem Zeitpunkt schwierig oder zumindest lästig. Aber selbst dann, wenn die Parteien davon ausgingen, daß der durch die Bürgschaft gesicherte Kontokorrentkredit von dem — etwa neugegründeten — Unternehmen des Hauptschuldners mindestens 2 Jahre benötigt wird, so wäre dies eine Frage der Kündigungsfrist. Auch hier ist kein Gesichtspunkt erkennbar, der dagegen spricht, daß der Bürge am Tage nach Unterzeichnung der Bürgschaft diese unter Einhaltung einer zweijährigen Frist kündigt. Weder der mutmaßliche Parteiwille noch § 242 BGB verbieten dem Bürgen, zum frühestmöglichen Zeitpunkt seinen Beendigungswillen kundzutun und so für Gläubiger und Hauptschuldner die Möglichkeit, aber auch die Obliegenheit zu begründen, sich hierauf einzustellen. Da deren Interessen durch eine angemessene Kündigungsfrist gewahrt werden, ist für das zusätzliche Erfordernis des Abwartens eines gewissen Zeitraums vor einer Kündigung kein Platz[59].

Folgt man dem, so muß von einem Recht des Bürgen ausgegangen werden, die Dauerbürgschaft nach Belieben zu kündigen, allerdings unter Einhaltung einer angemessenen Frist, soweit überwiegende Interessen von Gläubiger oder Hauptschuldner dies gebieten. Ein außerordentliches Kündigungsrecht spielt eine Rolle nur dann, wenn die Parteien die Dauerbürgschaft von vornherein befristet oder eine bestimmte Kündigungsfrist vereinbart haben[60].

---

[57] Vgl. oben A IX 1, F. N. 3.

[58] Hier wird allerdings zusätzlich der Rechtsgedanke des § 4 AGBG herangezogen werden können.

[59] So im Ergebnis wohl auch Canaris in Großkomm. HGB, § 356, Anm. 33.

[60] Die außerordentliche Kündigung kann durch Vereinbarung anderer regelmäßiger Endigungsgründe wie Zeitbestimmung nicht ausgeschlossen werden; vgl. Molitor, S. 195.

Von diesem Ausnahmefall abgesehen passen die Überlegungen, die zur Anerkennung des Rechts geführt haben, ein Dauerschuldverhältnis aus wichtigem Grund zu kündigen, nicht zur Dauerbürgschaft. Dieses Recht soll dann eingreifen, wenn der wichtige Grund das Warten bis zum Ablauf der Kündigungsfrist unbillig erscheinen läßt[61]. Die Kündigungsfrist bei der Dauerbürgschaft ist gesetzlich nicht festgelegt. Sie wird als „angemessener" Zeitraum beschrieben. Konsequenterweise müßte Voraussetzung der außerordentlichen Kündigung einer Dauerbürgschaft sein, daß ein wichtiger Grund das Einhalten einer „angemessenen" Kündigungsfrist unzumutbar macht. Dies ist gedanklich ausgeschlossen, da eine unzumutbare Kündigungsfrist nicht angemessen sein kann. Der wichtige Grund muß bei der Bemessung der Frist berücksichtigt werden, indem er diese verkürzt, gegebenenfalls bis auf Null. Als Kündigungsvoraussetzung hat der „wichtige Grund" daneben keine Bedeutung[62].

Wie sich aus den obigen Ausführungen ergibt, ist es die Länge der Kündigungsfrist, bei der die Interessenabwägung zwischen Bürgen auf der einen sowie Gläubiger und Hauptschuldner auf der anderen Seite ihren entscheidenden Niederschlag findet. Die Rechtsprechung[63] geht auch insoweit vom mutmaßlichen Parteiwillen aus: Bei einer befristeten Dauerbürgschaft würden sowohl die Gläubiger als auch der Hauptschuldner rechtzeitig Maßnahmen treffen, welche ihnen im Hinblick auf den Eintritt des Endpunkts der Bürgschaft zur Wahrung ihrer Interessen erforderlich erscheinen und ihre Geschäftsverbindung dementsprechend einrichten. Es könne im Zweifel nicht angenommen werden, daß sie sich bei einer zeitlich unbegrenzten Dauerbürgschaft dieser Möglichkeit begeben und der Gefahr einer Überraschung aussetzen wollen, indem sie dem Bürgen das Recht zur sofortigen Aufhebung der Bürgschaft einräumen.

Dies ist zwar insoweit richtig, als der Gläubiger und der Hauptschuldner grundsätzlich die Möglichkeit haben müssen, nach anderen Sicherungsmöglichkeiten ihrer Geschäfte zu suchen. Die zeitliche Dimension „angemessene Frist" ist aber insofern unrichtig, als auch innerhalb einer solchen Frist Gläubiger und Hauptschuldner keineswegs die Freiheit haben können, ohne Not die Bürgenverpflichtung auf ihren Höchstbetrag hinaufzusteigern. Das ist auch dann, wenn es alsbald nach der Kündigung erfolgt, als unzulässige Rechtsausübung anzusehen. Es kann dabei auf die in der englischen Diskus-

---

[61] Vgl. Medicus, Schuldrecht I, § 50 I und die oben in F. N. 42 wiedergegebenen Ausführungen von MünchKomm-Kramer, Rdn. 88 vor § 241.

[62] Im Ergebnis wohl ders. A. MünchKomm-Pecher, § 765 Rdn. 51: „Eine auf unbestimmte Zeit übernommene Bürgschaft kann vom Bürgen mit angemessener Frist gekündigt werden. Je nach der Art des übernommenen Risikos und den Verhältnissen des Schuldners kann sich der Bürge schon vom Zugang der Kündigung an gegen eine Ausweitung des Kredits zu seinen Lasten verwahren."

[63] RG WarnRspr 1913, 340, 341; RG Seuff Bl. 78, 375; BGH WM 1959, 855.

sion[64] ausgetauschten Argumente verwiesen werden. Das Prinzip von Treu und Glauben erfordert es im Zusammenhang mit der vom Gesetz wiederholt berücksichtigten besonderen Schutzbedürftigkeit des Bürgen, daß nach einer Kündigung der Gläubiger die Bürgenschuld nur dann noch willentlich erweitern darf, wenn und soweit überwiegende Interessen des Gläubigers oder des Hauptschuldners dies erfordern.

Überwiegende Interessen des Gläubigers als des eigentlichen Vertragspartners des Bürgen werden meistens in seinen vertraglichen Bindungen begründet sein. Der Gläubiger muß das Recht haben, schon vor der Kündigung gegenüber dem Hauptschuldner eingegangene Verpflichtungen —auch zu Lasten des Bürgen — zu erfüllen[65]. Das gilt insbesondere für Lieferverpflichtungen und Kreditzusagen. Bei letzteren muß sich der Gläubiger allerdings gegebenenfalls auf sein Widerrufsrecht nach § 610 BGB verweisen lassen[66]. Der Bürge hat kein Recht auf Vertragsbruch des Gläubigers gegenüber dem Hauptschuldner, um aus seiner Bürgschaft entlassen werden zu können.

Darüber hinaus muß der Gläubiger auf die wirtschaftlichen Interessen seines Geschäftspartners, des Hauptschuldners, sowie auf seine eigenen Belange Rücksicht nehmen können. Beide Geschäftspartner disponieren sowohl im Verhältnis zueinander als auch im Verhältnis zu Dritten im Vertrauen auf den Fortbestand der Bürgschaft. In diesem Vertrauen müssen sie geschützt werden, wenn der sofortige oder baldige Verlust der Bürgschaft für sie schwere wirtschaftliche Nachteile bringen würde. Letztlich kann eine konkrete Aussage nur auf Grund einer Interessenabwägung im Einzelfall getroffen werden, wobei zusätzlich die den Bürgen zur Kündigung motivierenden Gründe, die Höhe neuer Verpflichtungsrisiken sowie die Möglichkeit der Beschaffung anderer Sicherheiten hinzugezogen werden müssen. Auch die wirtschaftliche Beteiligung des Bürgen an dem gesicherten Geschäft muß eine Rolle spielen. Sicherlich kann dem Bürgen, der für seine Verpflichtung ein Entgelt empfangen oder eigene kommerzielle Interessen am verbürgten Geschäft gehabt hat, eher die Einbeziehung neuer Verbindlichkeiten in seine Bürgschaft zugemutet werden als dem uneigennützigen Interzedenten.

Die genannten Kriterien erscheinen jedenfalls dann durchaus praktikabel, wenn nach der Kündigung des Bürgen der Gläubiger den Abschluß konkreter weiterer Kreditgeschäfte (Gewährung eines bestimmten Darlehens, Lieferung vom Hauptschuldner bestellter Waren) zu prüfen hat.

---

64 Vgl. oben A IX 2 b aa.

65 Enneccerus-Lehmann, § 195 III 1; Eccius, Gruch. B. 46, 55.

66 von Gierke, S. 789; BGH 1959, 866; sicherlich zu undifferenziert ist die bei Baumbach-Duden-Hopt, § 349 Anm. 2B vertretene Auffassung, der Kreditbürge könne die Bürgschaft frei widerrufen, solange noch kein Kredit gewährt sei.

Beträchtliche Schwierigkeiten wird die Anwendung der oben genannten Kriterien aber bei Bürgschaften für Kontokorrentkredite bereiten. Hier belastet der Hauptschuldner in der Regel sein Konto mit einer kaum übersehbaren Vielzahl von Schecks, Überweisungsaufträgen und anderen Verfügungen. Für die Bank als Gläubigerin ist es unmöglich oder zumindest unzumutbar, zu prüfen, inwieweit eine Ausnutzung des Kreditrahmens überwiegenden Interessen des Hauptschuldners entspricht. Sinn und Zweck der Einräumung eines Kredits zur Disposition des Hauptschuldners ist es gerade, diesem unternehmerische oder private Gestaltungsfreiheit zu geben. Die Bank kann und will sich nicht an den Kontobewegungen auslösenden Entscheidungen des Hauptschuldners beteiligen, gleichgültig, ob das Konto im Soll- oder im Haben-Bereich geführt wird.

Hier drängt sich eine pauschalere Regelung in Form einer bestimmten Kündigungsfrist sehr viel eher auf. Gerade hier werden sich aber auch besonders schwer individuelle Kriteren für die Bemessung der Frist finden. Als Lösung bietet sich — mangels abweichenden Parteiwillens — eine analoge Anwendung von § 609 II BGB an[67]. Wenn es dem Darlehensnehmer zumutbar ist, nach Ablauf von drei Monaten bzw. eines Monats das erhaltene Geld in bar zurückzuzahlen, so ist es ihm erst recht zumutbar, nach Ablauf dieser Zeit auf einen von ihm möglicherweise gar nicht in Anspruch genommenen Kreditrahmen zu verzichten[68]. De lege ferenda erscheint auch die Kündigungsfrist von etwa einem Monat, die Art. 7 Ziffer 4 eines Richtlinienentwurfs der Europäischen Gemeinschaften[69] vorsieht, eine durchaus akzeptable Regelung des Problems[70].

---

[67] Vgl. Hadding, Gutachten, S. 658, F. N. 493.

[68] Stötter, Die Kreditbürgschaft, insbesondere ihre Beendigung, DB 1968, 603, 604 hält allerdings die Einhaltung einer Kündigungsfrist von mindestens 6 Monaten für erforderlich.

[69] Kommission der Europäischen Gemeinschaften (III/629/79 D), Entwurf des Vorschlags einer Richtlinie des Rates zur Angleichung des Bürgschafts- und Garantierechts, abgedruckt bei Fruhstorfer, Die Bemühungen um eine Vereinheitlichung des Bürgschaftsrechts in den Europäischen Gemeinschaften, Mainz o. J.; Art. 7 lautet:

„1. Der Bürgschaftsvertrag kann von dem Bürgen gekündigt werden, wenn es dem Bürgen nicht zugemutet werden kann, den Vertrag fortzusetzen, insbesondere weil sich die Vermögensverhältnisse des Hauptschuldners derart verschlechtert haben, daß er offensichtlich seine durch die Bürgschaft gesicherten Forderungen nicht mehr erfüllen kann oder weil der Gläubiger dem Hauptschuldner einen Kredit oder ein Darlehen gegeben hat, obwohl er diese Verschlechterung seiner Vermögensverhältnisse kannte.

2. Außer in den Fällen nach Absatz 1 kann ein auf unbestimmte oder unbestimmbare Zeit eingegangener Bürgschaftsvertrag von dem Bürgen jederzeit gekündigt werden.

3. Kündigungen des Bürgschaftsvertrages haben in den Fällen schriftlich zu erfolgen, in denen Artikel 3 Absatz 1 anzuwenden ist.

Klare gesetzliche Anhaltspunkte für eine Interessenabwägung finden sich auch bei Bürgschaften für Dauerschuldverhältnisse. Durch Festsetzung einer Kündigungsfrist (z. B. §§ 565, 620 ff. BGB) oder durch Einräumung eines Rechts zur beliebigen fristlosen Kündigung (z. B. §§ 695, 696 BGB) hat der Gesetzgeber das Interesse von Hauptschuldner und Gläubiger an einer Fortsetzung des — durch die Bürgschaft gesicherten — Vertrages in eindeutiger Weise bewertet, wobei es den Parteien freisteht, durch Vereinbarung längerer Kündigungsfristen ihrer individuellen wirtschaftlichen Situation Rechnung zu tragen. Daß der Gläubiger das Dauerschuldverhältnis bis zu dem Termin fortsetzt, zu dem er seinerseits kündigen kann, muß der kündigende Bürge selbstverständlich akzeptieren. Entsprechend dem Rechtsgedanken aus § 571 II BGB wird er aber frei, sobald der Gläubiger durch Ausübung seines Kündigungsrechts die Verpflichtung des Hauptschuldners beenden könnte[71]. Der Gläubiger kann sich gegenüber dem Bürgen nicht darauf berufen, die gesetzliche oder vereinbarte Kündigungsfrist sei nicht

---

4. Eine Kündigung nach Absatz 2 wird 30 Tage nach dem Tage wirksam, an dem der Gläubiger von ihr Kenntnis erhalten hat.
5. Die Kündigung hat Wirkung nur für die Zukunft. Der Bürge haftet nur für Verbindlichkeiten des Hauptschuldners, die auf Leistungen beruhen, die der Gläubiger erbracht hat, bevor die Kündigung wirksam geworden ist, sowie auf späteren Leistungen, denen sich der Gläubiger rechtlich nicht entziehen konnte.
6. Wird die Bürgschaftserklärung in Ausübung einer gewerblichen oder beruflichen Tätigkeit abgegeben, können die Parteien von Absatz 1 abweichen oder für die in Absatz 2 bezeichneten Verträge angemessene Kündigungsfristen vereinbaren."

[70] So auch Hadding, Gutachten, S. 682; kritisch Fruhstorfer, S. 67.

[71] Ders. Ans. beim Mietvertrag: Mittelstein, S. 206 f. Selbstverständlich darf der Bürge das Dauerschuldverhältnis selbst nicht kündigen, da er insoweit Außenstehender ist.

Eine im Ergebnis ähnliche Lösung wird auch für die Haftung des aus einer OHG ausscheidenden Gesellschafters für deren Dauerverbindlichkeiten vertreten (so etwa von BGHZ 70, 132; Hueck, S. 449; a. A. BAG, AP Nr. 1 zu § 128 HGB1; Ulmer-Wiesner, ZHR 144 (1980) 394 ff. m. w. N.). Die zu dieser Frage im Gesellschaftsrecht geführte reichhaltige Diskussion läßt sich für das Bürgschaftsrecht nur eingeschränkt fruchtbar machen. Zwar geht es hier wie dort um eine Abwägung des Gläubigerinteresses gegen das des Bürgen bzw. des ausscheidenden Gesellschafters (vgl. BGHZ 87, 286, 291). Anders als der ausscheidende Gesellschafter kann sich der Bürge aber meist nicht darauf berufen, er habe seinen Einfluß auf die Geschicke des Unternehmens und die Gestaltung der Dauerschuldverhältnisse verloren (vgl. BAG, AP Nr. 1 zu § 128 HGB). Von solchen Möglichkeiten geht der Bürgschaftsvertrag in der Regel nicht aus. Auch § 159 HGB, dem Argumente sowohl für (vgl. BGHZ 87, 286, 292; Ulmer-Wiesner, ZHR 144 (1980) 394, 409) als auch gegen (vgl. Hadding, Zur Haftung des ausgeschiedenen OHG-Gesellschafters, ZGR 1 (1973) 137, 151) eine Einschränkung der Gesellschafterhaftung bei Dauerschuldverhältnissen entnommen werden, ist speziell auf die Haftung nach § 128 HGB zugeschnitten. Jene Vorschrift bietet deshalb keinen hinreichenden Anhaltspunkt für die Auslegung von Bürgschaften für Dauerschuldverhältnisse, zumal sie die hier erörterte Frage auch für das Gesellschaftsrecht nicht eindeutig regelt.

interessengerecht. Das Bedürfnis nach Fortsetzung des Dauerschuldverhältnisses darf gegenüber dem Bürgen nicht besser gegen Kündigung geschützt werden als im Verhältnis von Gläubiger und Hauptschuldner untereinander. Bei Erteilung der Bürgschaft muß sich der Bürge darauf verlassen können, daß Gläubiger und Hauptschuldner bei der Bemessung der Kündigungsfrist ihre Interessen hinreichend wahren und damit grundsätzlich die zeitlichen Grenzen des Bürgenrisikos definieren.

Dennoch kann die angemessene Kündigungsfrist für den Bürgen deutlich länger sein als diejenige, die der Gläubiger gegenüber dem Hauptschuldner einhalten muß. So etwa hat es der Vermieter von Räumen nicht in der Hand, den nach Ablauf des Mietverhältnisses verbleibenden Mieter und Hauptschuldner aus seiner Verpflichtung zu entlassen. Zu Recht erstreckte das Landgericht Hamburg[72] die Haftung eines Bürgen für die Nutzungsentschädigung gem. § 557 I 1 BGB bis zu dem Zeitpunkt, zu dem der Gläubiger voraussichtlich eine Räumung hätte erwirken können.

Wie bereits oben[73] ausgeführt, kann ein wichtiger Grund die Einhaltung einer Kündigungsfrist entbehrlich machen. Der in der Praxis häufigste Fall dürfte die erhebliche Verschlechterung der Vermögenslage des Hauptschuldners sein. Zwar gehört die spätere Zahlungsunfähigkeit des Hauptschuldners zu dem vom Bürgen vertragstypisch übernommenen Risiko, so daß insoweit auch kein Wegfall der Geschäftsgrundlage angenommen werden kann[74]. Dies gilt aber nicht, soweit es um die Lösung für die Zukunft und um künftige Hauptforderungen im Rahmen einer langfristigen Bindung geht[75].

Das Interesse eines in Vermögensverfall kommenden Schuldners an der Weiterführung von Kreditgeschäften wird vom Gesetz als gering eingestuft, wie sich dem Grundgedanken aus §§ 610 und 775 I[76] BGB entnehmen läßt. Das Interesse des Bürgen, sich für die Zukunft aus der Haftung zu lösen, ist hier regelmäßig höher zu bewerten. Diese Auffassung hat auch der Bundesgerichtshof in einem Urteil vom 4. 7. 1985[77] vertreten. Zusätzlich zu dem Vermögensverfall beim Hauptschuldner sah er aber den Umstand, daß in dem zu entscheidenden Fall seit Übernahme der Bürgschaft mehr als 3 Jahre

---

[72] MDR 1971, 845, 846.

[73] S. 107.

[74] Vgl. Emmerich, § 28 Z. 2, S. 241; BGH WM 1983, 499, 500; BGH NJW 1966, 448, 449.

[75] Staudinger-Horn, § 765 Rdn. 81.

[76] Die unmittelbare Anwendung des § 775 BGB kommt hier nicht in Betracht, weil hier die Wirkungen der Kündigung gegenüber dem Gläubiger erörtert werden. Hinsichtlich der Beendigung des Vertragsverhältnisses zwischen dem (Auftrags-) Bürgen und dem Hauptschuldner vgl. Stötter, Auftragsbürgschaft, MDR 1970, 545.

[77] NJW 1985, 3007, 3008.

verstrichen waren, als bedeutsam für das Recht zur fristlosen Kündigung an. Es versteht sich angesichts der das Kündigungsrecht betreffenden obigen[78] Ausführungen von selbst, daß nach Ansicht des Verfassers der Dauer des Bürgschaftsverhältnisses keine Bedeutung für die Frage zukommt, welche Konsequenzen aus einer deutlichen Verschlechterung der wirtschaftlichen Situation des Hauptschuldners zu ziehen sind. Die Betonung des zeitlichen Aspekts läßt sich aber auch nicht in Einklang bringen mit der häufig[79], auch vom Bundesgerichtshof selbst[80], vertretenen Auffassung, der Bürge könne nach Treu und Glauben entsprechend § 610 BGB die Bürgschaft vor der Kreditgewährung an den Hauptschuldner widerrufen, wenn in dessen Vermögensverhältnissen eine wesentliche Verschlechterung eintritt, die den Rückgriffsanspruch des Bürgen gefährdet. Für diese Bewertung des Bürgeninteresses kann es keinen Unterschied machen, ob ein bestimmtes einmaliges Darlehen valutiert oder neuer Kredit im Rahmen einer laufenden Geschäftsverbindung gegeben werden soll. Wenn nach der Rechtsprechung eine fristlose Kündigung des Bürgen schon zwischen Einräumung und Inanspruchnahme eines Dispositionskredits und dann wieder nach 3 Jahren möglich sein soll, so ist kein Gesichtspunkt erkennbar, der bei gleicher wirtschaftlicher Situation die Kündigung in dem Zeitraum dazwischen ausschließen sollte.

c) Andere Beendigungsgründe

In England beendet nach überwiegender Ansicht[81] der Tod des Bürgen die *continuing guarantee*, sobald er zur Kenntnis des Gläubigers gelangt und die Bürgschaft nach den oben dargestellten Grundsätzen gekündigt werden könnte. Bowen, J., begründete das Prinzip in *Coulthard v. Clementson*[82] folgendermaßen: Wenn man für die Lebzeiten des Bürgen ein Kündigungsrecht annehme, so könne für die Zeit nach dem Tode nichts anderes gelten. Der Bürge selbst könne nicht mehr kündigen. An seiner Stelle erscheine der *executor* als die Person, der dieses Recht zustehe. Dieser habe aber nur dann

---

[78] S. 106.

[79] RG WarnRspr. 1913 Nr. 289; Mormann in BGB-RGRK, § 765 Rdn. 17; Enneccerus-Lehmann, § 196 III 1; MünchKomm-Pecher, § 765 Rdn. 24.

[80] WM 1959, 1072.

[81] Coulthard v. Clementson (1879) 5 Q. B. D. 42; Dodd v. Whelan [1897] 1 I. R. 575; Harriss v. Fawcett (1873) L. R. 15 Eq. 311; Lloyd's v. Harper (1880) 16 Ch. D. 290, 319 f.; Dow, N. 969; Hartley, N. 76; Holden, S. 211; Rowlatt, S. 64 f.; Carroll, S. 20; Williams-Keeton, N. 1704; Seidman, Mc Gill Law Journal 27 (1981-1982), 563; a. A.: Romer, J., in re Silvester, Midland Rail Co. v. Silvester [1895] 1 Ch. 573, 577 und Joyce, J., in re Crace, Balfour v. Crace [1902] 1 Ch. 733.

[82] (1879) 5 Q. B. D. 42, 47 f.

die Möglichkeit, die Bürgschaft fortzusetzen, wenn ihm diese Möglichkeit im Testament offen gehalten wurde. Ist das nicht der Fall, so sei es müßig, auf einer ausdrücklichen, förmlichen Kündigung zu beharren. Die Nachricht vom Tod sei Nachricht von einer neuen Interessenlage, die mit der Weiterführung der *continuing guarantee* unvereinbar sei. Eine solche Nachricht müsse deshalb einer Kündigung gleichkommen. Wenn die Parteien des Bürgschaftsvertrages wollten, daß auch nach dem Tod des Bürgen nur eine förmliche Kündigung die *continuing guarantee* beende, so müßten sie das in der Bürgschaftsurkunde ausdrücklich bestimmen.

Wie die Kenntnis vom Tod hat die Nachricht von der Geschäftsunfähigkeit des Bürgen beendende Wirkung für die *continuing guarantee*[83]. Für diesen Tatbestand wurde darüber hinaus entschieden, daß die beendigende Wirkung auch dann sofort eintritt, wenn der Bürgschaftsvertrag eine Kündigungsfrist vorsieht[84].

Weiterer Beendigungsgrund für die *continuing guarantee* ist der Tod des Hauptschuldners. Die Bürgschaft erstreckt sich nach englischer Auffassung nicht auf die von den Rechtsnachfolgern des Hauptschuldners eingegangenen Verbindlichkeiten[85].

Ist der Bürge oder der Hauptschuldner eine *partnership*, so sieht s. 18 des *Partnership Act* von 1890[86] vor, daß jede Änderung in der Zusammensetzung der Gesellschaft die *continuing guarantee* beendet, soweit nichts anderes vereinbart ist. Nach Ansicht von Lindley-Scamell[87] besteht die Bürgschaft weiter, wenn der Bürge mit einem Wechsel bei der Hauptschuldnerin rechnete und damit einverstanden war, Bürge eines „*fluctuating body*" zu werden.

So weitgehend und klar wie im englischen Recht kann den oben erwähnten Umständen in Deutschland keine die Dauerbürgschaft beendigende Wirkung zugemessen werden. In der hiesigen Rechtsordnung wird man es grundsätzlich dem Bürgen bzw. seinem Erben, Gebrechlichkeitspfleger oder Vormund überlassen müssen, bestimmte Ereignisse zum Anlaß einer Kündigung zu nehmen oder das Vertragsverhältnis mit dem Gläubiger fortzusetzen. In Ausnahmefällen kann man Bürgschaftsansprüche wegen Kredits, den der Gläubiger nach Kenntnis vom Tod des Bürgen gewährt hat, gem. § 242 BGB dann als verwirkt ansehen, wenn der Gläubiger damit rechnen muß, daß

---

[83] Holden, S. 212; Rowlatt, S. 67; Carroll, S. 21.

[84] Bradford Old Bank, Ltd. v. Sutcliffe [1918] 2 K. B. 833.

[85] Vgl. Holden, S. 211: „Being dead, he cannot incur further obligations, and so one may say that the guarantee is determined in the sense that the guarantor's liability has become crystallised."

[86] 53 & 54 Vict., c. 39.

[87] S. 47 f.; so auch Rowlatt, S. 75.

die Erben von der Bürgschaft nichts wußten und diese bei Kenntnis gekündigt hätten[88].

In bemerkenswerter Weise an die Rechtslage in England angenähert hat sich ein Beschluß des Oberlandesgerichts Braunschweig[89]. In diesem wird die Dauerbürgschaft einer Ehefrau für Verbindlichkeiten ihres damaligen Ehemannes so ausgelegt, daß die Bürgin nur für Kredite haften wolle, die zu einer Zeit aufgenommen werden würden, in der die Gläubigerin noch mit dem voraussichtlich lebenslänglichen Fortbestand der Ehe rechnen konnte. Sie habe die Bürgschaft nicht als beliebige Dritte übernommen, sondern als Ehefrau des Hauptschuldners. Das sei zwar in den Bürgschaftserklärungen nicht ausdrücklich gesagt worden. Es sei aber für die Gläubigerin ohne weiteres erkennbar gewesen. Folge dieser Auslegung sei, daß die Gläubigerin ab Kenntnis eines Scheidungsverfahrens — auch ohne Kündigung seitens der Bürgin — daran gehindert gewesen sei, neue Kredite mit Wirkung für die Bürgschaft zu gewähren.

3. Abwicklung eines Kontokorrentkontos nach Beendigung der Bürgschaft

Ist eine continuing guarantee für einen auf einem laufenden Konto eingeräumten Kredit beendet, so ist es bei den englischen Banken üblich, das Konto auf dem letzten Schuldsaldo zu belassen, dem Schuldner ein neues Konto einzurichten und dort weitere Gut- und Lastschriften vorzunehmen (sog. *breaking up of an account*). Dies geschieht, um das zu umgehen, was gemeinhin die „*rule in Clayton's case*"[90] genannt wird[91]. Danach verringern im Zweifel bei einem laufenden Konto Einzahlungen und andere Gutschriften die Schuld des Bürgen, während Auszahlungen und andere Belastungen neuen Kredit darstellen, für die der Bürge, wenn sie nach Beendigung der *continuing guarantee* vorgenommen werden, natürlich nicht mehr verantwortlich ist. Nach dieser Regel kann die Bürgenschuld allein durch die üblichen Bewegungen auf dem Konto erlöschen, auch wenn der Schuldsaldo im Ergebnis sich nicht verringert.

Demgegenüber führt in Deutschland die Anwendbarkeit von § 356 HGB dazu, daß der Bürge bis zur Höhe des niedrigsten Saldos nach Beendigung des Bürgschaftsverhältnisses haftet[92].

---

[88] Vgl. RG JW 1932, 1655. Hier kam der zwischenzeitlich eingetretenen Inflation und Währungsreform zusätzliche Bedeutung zu.

[89] FamRZ 1978, 111.

[90] (1816) 1 Mer. 572.

[91] Carroll, S. 17; Holden, S. 230.

[92] BGHZ 26, 142, 150.

Teil B: Garantievertrag

I. Begriff und Bedeutung der *indemnity*

Ebenso wie in Deutschland der Garantievertrag trat auch in England eine nicht formbedürftige, nicht akzessorische Form der persönlichen Sicherheit neben die Bürgschaft. Für sie hat sich heute im allgemeinen der Ausdruck *indemnity*[1] durchgesetzt. Wie schon oben[2] angeführt, hat dieser Ausdruck verschiedene Bedeutungen. Zunächst einmal wird mit *contract of indemnity* jeder *contract to save harmless from loss*[3] bezeichnet, jeder Vertrag, einen anderen von Schaden frei zu halten und etwa erlittene Verluste zu ersetzen. Hierzu zählen auch die Schadensversicherung sowie die Bürgschaft[4]. Eine engere Definition von *indemnity* ist ebenfalls schon vorgestellt worden[5], nämlich die Verpflichtung, von Drittverpflichtungen, die der Begünstigte übernommen hat, freizustellen. Die in diesem Kapitel zu erörternde Bedeutung von *indemnity* leitet sich ebenfalls aus dem Konzept eines *contract to save harmless from loss* ab. Hier ist von *indemnity* als einer persönlichen Einstandsverpflichtung zu sprechen, die im Gegensatz zur Bürgschaft auch dann Gültigkeit haben soll, wenn die Schuld eines Dritten aus irgendeinem Grund nicht zur Entstehung gelangt oder wegfällt[6]. Sie wird im Gegensatz zur Bürgschaft als *original undertaking*[7], als direkte[8], unabhängige und primäre[9] Verpflichtung beschrieben.

---

1 Hartley, N. 10; Megrah, S. 766.

2 A VI 2.

3 Megrah, S. 751.

4 Dow, N. 755; Chitty, Rdn. 4405; Ivamy, S. 392; Mac Gillivray, Bd. I, N. 35; Megrah, S. 752.

5 Vgl. oben A VI 2.

6 Chitty, Rdn. 4406.

7 Reader v. Kingham 13 C. B. (N. S.) 344; Dow, N. 791.

8 Megrah, S. 766; Criscuoli, S. 165.

9 Sutton-Shannon, S. 237; Chitty, Rdn. 4406; Megrah, S. 751.

II. Garantievertrag im deutschen Recht

Der selbständige Garantievertrag ist ein atypischer, im Gesetz nicht geregelter, aber zulässiger Vertrag. Er unterliegt deshalb auch nicht irgendwelchen Formvorschriften. Seine moderne Konzeption beruht auf den Untersuchungen von Stammler[1], der ihn auf die promissio indemnitatis des römischen Rechts zurückführte. Die dort zitierten Fälle stimmen darin überein, daß jemand, um einen anderen zu einem bestimmten Tun oder Unterlassen zu bewegen, die Gefahr dieser Handlungsweise auf sich nimmt, indem er ihm Schadloshaltung verspricht. Die Risikoübernahme war für die Römer keine Bürgschaft, kein Einstehen für eine fremde Schuld, sondern eine neue, selbständige Verbindlichkeit[2].

Heute tritt der Garantievertrag in zwei Grundtypen auf:

Im Fall der Leistungsgarantie erwartet der Garantieempfänger von einem Dritten eine bestimmte Leistung. Der Garant übernimmt die Gewähr dafür, daß der Dritte diese Leistung auch erbringt.

Bei der Eigenschaftsgarantie erwartet der Garantieempfänger, daß eine Sache eine bestimmte Eigenschaft haben oder eine bestimmte Güte aufweisen soll. Der Garant übernimmt die Garantie dafür, typischerweise im Zusammenhang mit einem Kauf-, Werk- oder Werklieferungsvertrag[3]. Um einen selbständigen Garantievertrag handelt es sich dann, wenn der Unternehmer oder Verkäufer für etwas einstehen will, das über die ohnehin geschuldete Vertragsmäßigkeit hinausgeht und noch von anderen Umständen abhängt als der Vertragsmäßigkeit des Werks oder der Kaufsache. Dies ist z. B. dann der Fall, wenn zugesichert wird, eine im Augenblick des Gefahrübergangs vorhandene Eigenschaft dauere auch in Zukunft fort, eine nicht vorhandene Eigenschaft stelle sich künftig ein oder eine gelieferte Maschine werde beim Besteller einen bestimmten Reinverdienst ergeben[4].

Von großer wirtschaftlicher Bedeutung im Handel ist die Garantie, die der Hersteller eines technischen Gebrauchsguts dem Endverbraucher leistet, mit dem er nicht in einer kaufrechtlichen Beziehung steht. In einem solchen Garantievertrag verpflichtet sich der Hersteller durch eine über den Zwischenhandel erfolgende Übergabe eines Garantiescheins an den Konsumenten zu bestimmten Leistungen (Reparatur, Lieferung von Ersatzteilen, Neulieferung) für den Fall, daß sich während eines bestimmten Zeitraums Mängel ergeben[5].

---

[1] A.c.P. 59 (1886) 1, 52 ff.

[2] Priester, S. 3.

[3] Boetius, S. 2.

[4] Boetius, S. 9 f.; Larenz, SBT, § 62 III.

[5] BGHZ 78, 369, 372; Boetius, S. 7 f.; Larenz, SBT, § 62 III; zu weiterführenden

Leistungs- und Eigenschaftsgarantie unterscheiden sich somit erheblich. Während bei letzterer der Garant für sein eigenes Produkt einstehen will, hat erstere einen gänzlich anderen Inhalt, die Gewähr für das Handeln eines Dritten. Nur die Leistungsgarantie kann als Form der Personalsicherheit gelten, die neben die Bürgschaft tritt und von dieser abgegrenzt werden muß. Die Eigenschaftsgarantie kann hier ausgeklammert werden.

Im allgemeinen wird Garantie definiert als das selbständige Versprechen, für einen bestimmten wirtschaftlichen Erfolg einzustehen[6], bei der Leistungsgarantie die Leistung eines Dritten. Die Erfüllung dieser Erwartung hat der Garant in der Regel nicht in der Hand. Deshalb geht seine Pflicht nicht dahin, den Erfolg selbst herbeizuführen, sondern lediglich dahin, im Fall des Nichteintritts den wirtschaftlichen Ausfall zu decken[7], das Interesse des Garantieempfängers durch eigene Leistung zu befriedigen. Zu Recht definiert Boetius[8] den Garantievertrag als einen Vertrag, mit dem der Garant ein vermögenswertes Interesse des Garantieempfängers dadurch sichert, daß er verspricht, diesem den aus der Nichtverwirklichung des Interesses entstehenden Schaden zu ersetzen. Damit ist der Garantievertrag ein „*contract to save harmless from loss*". In seiner historischen und jetzigen Konzeption steht er dem *contract of indemnity* gleich[9].

III. Entwicklung einer nicht akzessorischen, formlosen Personalsicherheit in England

1. Grundfälle

Der auslösende Faktor für die Entwicklung einer weiteren Form der Personalsicherheit war der Umstand, daß s. 4 des *Statute of Frauds* nur dann zur Anwendung kommt, wenn für die Verbindlichkeit eines anderen gehaftet

Überlegungen über eine vertragliche Einstandspflicht des Produzenten für konkrete Produktaussagen an die Marktöffentlichkeit vgl. Hager, AcP 184 (1984), 413, 436 ff.; Köndgen, S. 351 f.

[6] Vgl. RGZ 90, 415; Baumbach-Duden-Hopt, § 349 Anm. 4 C; Ratz in Großkomm. HGB, § 349 Anm. 91; Schlegelberger-Hefermehl, § 349 Rdn. 18.

[7] Neumann, § 765 Anm. 2 d; Schlegelberger-Hefermehl, § 349, Rdn. 18; vgl. Larenz, SBT, § 62 III; vgl. auch die Bemerkung von Jackson im Journal of the Institute of Bankers 79 (1958), 100, 104: „A banker cannot guarantee that the sun will rise tomorrow, he can only indemnify someone against the consequences which may arise from its failure to do so."

[8] S. 15.

[9] Vgl. auch v. Caemmerer, Festschrift für Riese, 295, 304 (Ges. Schriften II, 353, 364); Auhagen, S. 15.

wird[1]. Dadurch wurde es zunächst die entscheidende Frage, welche Einstandserklärungen (*promises*) noch in den Anwendungsbereich des *Statute of Frauds* fielen. Hierbei wurde schon früh festgelegt, daß ein unter das *Statute* fallender *promise collateral* sein, d. h. unter der Bedingung der Nichterfüllung der Schuld eines anderen stehen muß. Ist der *promise* dagegen *original*, d. h. nicht in der angeführten Weise bedingt, so ist das *Statute* nicht anwendbar.

Diese Unterscheidung wurde zuerst in *Birkmyr v. Darnell*[2] gemacht. Hier sollte der Kläger veranlaßt werden, A sein Pferd zu leihen. Der Beklagte stand dafür ein, daß A das Pferd wohlbehalten zurückbringen werde. Dies wurde als akzessorische Verpflichtung angesehen, die unter das *Statute of Frauds* fiel, da der Beklagte sich nur eingeschaltet habe, um A Kredit zu verschaffen. Anders wäre es dann gewesen, wenn das gesamte Vertrauen des Klägers ausschließlich dem Beklagten gegenüber erbracht worden wäre.

Für die Unterscheidung zwischen akzessorischer und unabhängiger Verpflichtung bildete das Gericht folgendes Beispiel[3]: Zwei Personen kommen in einen Laden, einer kauft und der andere erklärt dem Verkäufer: „Wenn er nicht zahlt, zahle ich." Dies sei eine akzessorische Verpflichtung, die der Schriftform des *Statute of Frauds* bedürfe. Sagt er aber: „Gib ihm die Waren, ich werde Dein Zahlmeister sein", oder: „Ich werde dafür sorgen, daß Du bezahlt wirst", sei das speziell seine Verpflichtung. Dann wolle er letztlich der Käufer sein und der andere solle nur als Untergeordneter handeln.

Birkmyr v. Darnell ist als Grundfall für die Unterscheidung zwischen Bürgschaft und Garantievertrag anzusehen. Das dort ausgesprochene Prinzip wurde in späteren Urteilen immer wieder angewendet[4].

Weiter fortgebildet wurde das Prinzip in *Lakeman v. Mountstephen*[5]. Hier gab ein Gemeinderat den Hauseigentümern in seinem Bezirk unter Androhung von Ersatzvornahme auf, ihre Häuser an die Hauptentwässerung anzuschließen. Bevor der Rat weitere Maßnahmen beschlossen hatte, gab der Beklagte, der Vorsitzender des Gemeinderats war, dem Kläger, einem Bauunternehmer, den Auftrag, die Anschlüsse vorzunehmen. Es entspann sich daraufhin folgendes Gespräch mit dem Kläger, der wissen wollte, wie er bezahlt würde:

---

[1] Vgl. oben A IV 1.

[2] (1704) 1 Salk. 27.

[3] 1 Salk. 27, 28.

[4] Williams, Statute, S. 5.

[5] (1874) L. R. 7 H. L. 17. Das Oberhaus bestätigte hier eine Entscheidung des Court of Appeal Mountstephen v. Lakeman (1871) L. R. 7 Q. B. 196, die ihrerseits eine gegen den Kläger lautende Entscheidung des Court of Queen's Bench aufhob. Kläger war Mountstephen, Beklagter Lakeman.

Beklagter: „What objection have you to making connections:"
Kläger: „I have none, if you or the board will order the work or become responsible for the payment."
Beklagter: „Go on, Mountstephen, and do the work, and I will see you paid."

Der Kläger führte daraufhin die Arbeiten aus. Die Gemeinde verweigerte die Zahlung mit der Begründung, sie habe den Auftrag nicht gegeben. Der Kläger verklagte daraufhin mit Erfolg den Beklagten. Die Einrede des Beklagten, der sich auf das *Statute of Frauds* berief, wurde vom Gericht zurückgewiesen, da es sich bei seiner Verpflichtung nicht um eine Bürgschaft gehandelt habe. Niemand könne sich für die Schuld eines anderen verbürgen, ohne daß es die Schuld eines anderen gäbe. Zwar könne die zu sichernde Hauptschuld auch erst nach Erteilung der Bürgschaft entstehen. Solange ein Hauptschuldner aber noch nicht vorhanden sei, könne es keine Bürgschaft geben[6].

2. Verpflichtung zur Freistellung von Dritthaftung

Eine weitere wichtige Gruppe von Fällen, in denen die Gerichte einen formlos wirksamen Garantievertrag sahen, waren Verträge, in denen der Kläger den Beklagten zur Übernahme einer Verpflichtung gegenüber Dritten zu bewegen suchte mit dem Versprechen, ihn von der Haftung aus solchen Verbindlichkeiten freizustellen.

Der Entscheidung *Thomas v. Cook*[7] lag folgender Sachverhalt zugrunde: Bei Auflösung der *partnership* zwischen einem W. Cook und einem N. D. Morris wurde vereinbart, daß letzterer bestimmte Gesellschaftsschulden zahlen sollte. Seine Zahlungen sollten von W. Cook erstattet werden, was durch eine von W. Cook und zwei weiteren Personen zu unterzeichnende Schuldurkunde abgesichert werden sollte. Der Beklagte bat daraufhin den Kläger, diese Schuldurkunde als Bürge für W. Cook zu unterschreiben, und versprach ihm mündlich, ihn von allen Auslagen hieraus freizuhalten. Daraufhin unterschrieben W. Cook, der Beklagte und der Kläger die Schuldurkunde. Der Kläger wurde aus der Urkunde in Anspruch genommen und klagte auf Ersatz. Dieser Klage wurde stattgegeben mit der Begründung, das *Statute of Frauds* finde keine Anwendung. Der Gläubiger sei Morris gewesen. Das klagebegründende Freistellungsversprechen sei diesem gegenüber aber nicht abgegeben worden und deshalb kein *promise to answer for the debt of another*, sondern ein *promise to indemnity*, der nicht unter s. 4 des *Statute of Frauds* fiele[8]. Die Frage, ob der Beklagte nicht (Rück-)Bürge für eine Regreß-

[6] L. R. 7 H. L. 17, 24.

[7] (1828) 8 B. & C. 728.

[8] 8 B. & C. 728, 732.

verpflichtung des W. Cook gegenüber dem Kläger war, wurde nach dem *report* weder von den Anwälten noch vom Gericht aufgeworfen.

Prozeßentscheidend wurde diese Frage dagegen in *Green v. Cresswell*[9], wo *Thomas v. Cook* ausdrücklich nicht gefolgt wurde. Hier war der Kläger Bürge dafür, daß ein Hadley seine Schuld zahlte oder vor Gericht erschien. Der Beklagte hatte ihm mündlich versprochen, ihn für etwaige Konsequenzen seiner Bürgschaft zu entschädigen. Obwohl der Kläger aus seiner Bürgschaft in Anspruch genommen wurde, konnte er einen Anspruch gegen den Beklagten wegen des *Statute of Frauds* nicht durchsetzen. Den Bürgschaftscharakter der Verpflichtung des Beklagten begründete Denman, C. J., mit folgender Auslegung seines Versprechens[10]:

„If you will become bail for Hadley, and Hadley, by not paying or appearing, forfeits his bail bond, I will save you harmless from all the consequences of your becoming bail. If Hadley fails to do what is right towards you, I will do it instead of him."

Lord Denman führte dann weiter aus[10]:

„The case most relied on by plaintiff is that of Thomas v. Cook (8 B. & C. 728), where this Court held that a promise of B. to hold A. harmless against the consequences of his entering with B. and C., at B.'s request, into a joint bond to indemnify D. against debts due from C. and D. was binding, though not in writing: Bayley J. and Parke J., the only Judges present, saying that a promise to indemnify does not fall within the word or policy of the statute. But the reasoning in this case does not appear to us satisfactory in support of the doctrine there laid down; which, taken in its full extent, would repeal the statute. For every promise to become answerable for the debt or default of another may be shaped as an indemnity; but, even in that shape, we cannot see why it may not be within the words of the statute. Within the mischief of the statute it most certainly falls."

Die folgende Rechtsprechung schob ihrerseits *Green v. Cresswell* beiseite. In *Batson v. King*[11] stellte der Kläger auf Bitten eines Dalton, der Kredit brauchte, und des Beklagten einen Wechsel aus, der von Dalton akzeptiert und vom Beklagten indossiert wurde. Der Beklagte hatte dem Kläger zugesagt, ihn freizuhalten. Nachdem der Kläger den Wechsel bezahlt hatte, wurde ihm, obwohl er seine Klage nicht auf eine dem *Statute of Frauds* entsprechende Urkunde stützen konnte, ein Erstattungsanspruch gegen den Beklagten zuerkannt. Hierbei wurde das Urteil in erster Linie auf den Spruch der Geschworenen gestützt, daß nicht nur Dalton, sondern auch der Beklagte *principal* der Transaktion gewesen sei. So habe der Beklagte dem Kläger im Innenverhältnis nicht als Bürge, sondern als Hauptschuldner gegenüber gestanden. Martin, B.[12], wies darauf hin, daß deshalb die in *Green*

---

[9] (1839) 10 Ad. & E. 453.

[10] 10 Ad. & E. 453, 458.

[11] (1859) 4 H. & N. 739.

[12] (1859) 4 H. & N. 739, 741.

v. Cresswell entschiedene Frage sich hier nicht stelle. Er räumte auch ein[13], daß möglicherweise eine andere Beurteilung dann erforderlich gewesen wäre,

„if Dalton had been entirely separate from the defendant and the plaintiff had become responsible for Dalton, upon the defendant's promise to indemnify him."

Ausdrücklich als *overruled* bezeichnet wurde *Green v. Cresswell* in *Wildes v. Dudlow*[14]. Hier veranlaßte ein Vater mit einem Freistellungsversprechen seinen Sohn, sich mit ihm für Verbindlichkeiten seines Schwiegersohns zu verbürgen. Dieses Freistellungsversprechen war nach Ansicht von Malins, V. C., keine unter das *Statute of Frauds* fallende Bürgschaft[14]:

„... where one person induces another to enter into an engagement, by a promise to indemnify him against liability, that is not an agreement within the Statute of Frauds, and does not require to be in writing."

Die Kürze dieser Begründung legt nahe, daß hier *„indemnity"* im Sinne einer Freistellung von Drittverpflichtung und *„indemnity"* im Sinne einer selbständigen Personalsicherheit gleichgesetzt wurde.

Mehr Klarheit brachte die Entscheidung *Guild v. Conrad*[15]. Hier machte der Beklagte 1887 dem Kläger die Firma Wakefield und Watson in Demerara[16] bekannt und bat ihn, diesem Unternehmen Wechselkredit über £ 2 000 zu geben. Dies sagte der Kläger mündlich für eine Provision von 1 % zu. Anfang 1888 wurde der Sohn des Beklagten Mitglied des Unternehmens in Demerara, das seinen Namen in Conrad, Wakefield & Co. änderte. Im Juni 1888 schrieb der Beklagte dem Kläger:

„Messrs. William Guild & Co. — Dear Sirs, — In consideration of your increasing the drawing credit on yourselves now existing in favour of Messrs. Conrad, Wakefield & Co., of Demerara from £ 2 000 to £ 5 000, say, Five thousand pounds sterling, I hereby guarantee you the latter amount ... "

Nach Abwicklung einer Reihe von Geschäften erhöhte der Beklagte im März 1891 mündlich seine *„guarantee"* auf £ 6 000. Im Dezember 1891 weigerte sich der Kläger, weitere Wechsel von Conrad, Wakefield & Co. zu akzeptieren, nachdem diese ihren Kreditrahmen schon mit £ 4 000 überzogen hatten. Insbesondere lehnte er einen Posten von Wechseln über insgesamt £ 5 950 ab, die bald fällig werden sollten. Am 31. Dezember besprachen der Kläger, der Beklagte und ein Mitglied der Firma in Demerara, Wakefield, die Frage dieser Wechsel; Wakefield erklärte die Überziehung mit umfangreichen Wareneinkäufen, deren Wert mehr als ausreichend sei,

---

13 (1859) 4 H. & N. 739, 741.

14 (1874) L. R. 19 Eq. 198, 201.

15 [1894] 2 Q. B. 885.

16 Eine Grafschaft im damaligen Britisch-Guyana.

die Überziehung zu decken. Als der Kläger die Annahme der Wechsel immer noch ablehnte, sagte der Beklagte:

„If you accept these bills I will guarantee them, and I will further guarantee to go out to Demerara and personally see that the proceeds of the bread-stuffs are remitted to you to cover. I will guarantee them with this proviso, that as the bread-stuffs may not be immediately realizable for cash, but we may be compelled to sell on a short credit, the bills will be required to be renewed, and you must therefore trust to me. I will just draw as little I can."

Auf die Bitte des Klägers, dies schriftlich zu geben, antwortete der Beklagte: „Surely you know sufficient of me, and that my word is as good as my bond. I give you my word." Schließlich akzeptierte der Kläger daraufhin die Wechsel. Auf Grund einer ähnlich verlaufenen Besprechung im Januar 1882 akzeptierte der Kläger erneut Wechsel über eine Summe von insgesamt £ 5 280. Da Conrad, Wakefield & Co. die Wechsel bei Fälligkeit nicht einlösen konnten, mußten sie vom Kläger bezahlt werden. Der Kläger erhob deshalb Klage auf Ersatz von insgesamt £ 17 230, und zwar £ 5 000 auf Grund der schriftlichen Erklärung vom Juni 1888, £ 1 000 auf Grund der mündlichen Erweiterung der Höchstsumme im März 1891, £ 5 950 auf Grund der Einstandsverpflichtung vom Dezember 1891 und £ 5 280 auf Grund der Verpflichtung vom Januar 1892. Der erstinstanzliche Richter, Mathew, J., gab der Klage bis auf £ 1 000 statt. Die Erklärung vom Juni 1888 sei als Bürgschaft zu werten. Demgemäß könne sich der Kläger nicht auf die Erhöhung der Bürgschaftssumme im März 1891 berufen, da bei dieser die Schriftform des *Statute of Frauds* nicht eingehalten worden sei. Die Erklärung vom Dezember 1891 und Januar 1892 dagegen seien auch formlos einklagbar, da es sich hier nicht um Bürgschaften gehandelt habe. Der Richter verwarf zunächst einmal die Argumentation, der Kläger habe diese beiden Rechtsgeschäfte selbst als Bürgschaft bezeichnet: „I am not in the least disturbed by the use of phrase."[17]

Gemeint gewesen sei, daß der Kläger die für die Einlösung seiner Akzepte nötigen Geldmittel erhalten solle. Statt eines Versprechens, für fremde Schuld einzustehen, habe es sich hier um ein Versprechen gehandelt, dem Inhaber des Wechsels bei Fälligkeit die Wechselsumme zu zahlen. Die Firma in Demerara habe außerhalb der Übereinkunft gestanden, da damals nicht mehr erwartet worden sei, daß sie ihren Verpflichtungen hätte nachkommen können.

Das Urteil der ersten Instanz wurde einschließlich seiner Begründung vom *Court of Appeal*[18] bestätigt. In dessen Urteil wurde besonders betont, der Kläger habe selbst dafür Sorge tragen wollen, daß die zur Einlösung der Wechsel erforderlichen Geldmittel herbeigeschafft würden. Die Begründung

[17] [1894] 2 Q. B. 885, 888.

[18] [1894] 2 Q. B. 885, 890.

von *Wildes v. Dudlow*[19] wurde aufgegriffen und weiter vertieft. Es bestünde ein grundsätzlicher Unterschied zwischen einem Versprechen, zu zahlen, wenn der Hauptschuldner nicht zahlt, und einem Versprechen, jemanden, der eine Verpflichtung gegenüber Dritten eingegangen ist oder eingehen soll, unabhängig davon schadlos zu halten, ob eine weitere Person zur Schadloshaltung verpflichtet ist.

Die ausführliche Begründung dieses Urteils stellte klar, daß hier die terminologische Übereinstimmung zwischen einem Vertrag zur Freistellung von Drittverpflichtungen und einer selbständigen Personalsicherheit nicht entscheidend war. Die ersten Abmachungen der Parteien wurden als Bürgschaften angesehen, obwohl sie gleichzeitig die Freistellung von Drittverpflichtungen zum Inhalt hatten. Mit diesem Urteil ist deutlich herausgearbeitet worden, daß sich *guarantee* und *indemnity* danach abgrenzen, ob die Haftung des Sicherungsgebers von der Schuld eines Dritten abhängig oder unabhängig sein soll.

3. Bedeutung eigener wirtschaftlicher Interessen des Sicherungsgebers

Auch wirtschaftliche Interessen des *promisors* spielen eine Rolle bei der Abgrenzung zwischen einer formbedürftigen und einer nicht formbedürftigen Einstandsverpflichtung. In *Couturier v. Hastie*[20] hatten die Kläger die Beklagten in einem mündlichen Vertrag zu Delkrederevertretern bestellt. Im Rahmen dieses Vertrages verkauften die Beklagten eine Ladung Mais. Da die Käufer nicht zahlten, verlangten die Kläger den Kaufpreis von den Beklagten. Diese wandten ohne Erfolg das *Statute of Frauds* an. Dieses war nach Ansicht des Gerichts nicht anwendbar, da die Beklagten eine besondere Bezahlung[21] dafür erhalten hätten, daß sie für die Zahlungsfähigkeit der Vertragspartner und die Ausführung der Verträge die Verantwortung übernommen hätten[22].

Der Ratio von *Couturier v. Hastie* wurde gefolgt in *Sutton v. Grey*[23]. Hier hatte der Beklagte es übernommen, den Klägern, die Börsenmakler waren, Kunden zuzuführen. Es wurde mündlich vereinbart, daß der Beklagte die Hälfte der Provision bekommen und dafür die Hälfte der Verluste tragen sollte, die dadurch entstehen würden, daß Kunden nicht zahlten. Diese

---

[19] Vgl. oben F. N. 14.

[20] (1852) 8 Exch. 40.

[21] Diese Argumentation ist auf das deutsche Recht sicherlich nicht übertragbar, vgl. § 86 b I 3 HGB.

[22] 8 Exch. 40, 55.

[23] [1894] 1 Q. B. 285.

Verpflichtung des Beklagten wurde vom Gericht zwar als Bürgschaft gewertet. Sie sei aber eingebettet gewesen in einen Vertrag, in dem die Konditionen der Zusammenarbeit geregelt worden seien. Da die Haftung für fremde Schulden nur Teil einer wesentlich umfassenderen Vereinbarung gewesen sei, falle die Verpflichtung nicht unter das *Statute of Frauds*.

In *William v. Leper*[24] war ein Mieter des Klägers zahlungsunfähig und stellte sein Vermögen zur Befriedigung seiner Gläubiger zur Verfügung. Diese beauftragten den Beklagten mit dem Verkauf der überlassenen Gegenstände. Am Morgen des Verkaufs kam der Kläger und wollte wegen rückständiger Miete sein Vermieterpfandrecht geltend machen. Hiervon nahm er jedoch Abstand, als der Beklagte ihm versprach, den Mietrückstand zu bezahlen. Dieses Versprechen wurde nicht als formbedürftig angesehen, da der Beklagte hierdurch dem Kläger sein Pfandrecht abgekauft habe[25].

„The plaintiff is in possession of the goods having entered with intent to distrain them. Leper was the agent for the creditors. He makes this promise, in order to discharge the goods of this distress. I consider this distress as being actually made. Leper says, 'If you will quit the goods and desencumber the fund, I will pay you'."

In *Fitzgerald v. Dressler*[26] hatte ein Zwischenhändler vom Kläger Leinsamen gekauft und ihn an den Beklagten weiterverkauft. Dieser legte großen Wert darauf, schnell in den unmittelbaren Besitz der Ware zu gelangen. Der Kläger verwies demgegenüber auf sein Zurückhaltungsrecht, solange der Zwischenhändler noch nicht gezahlt habe. Als der Beklagte mündlich versprach, für diese Zahlung einzustehen, lieferte der Kläger dem Beklagten den Leinsamen aus.

Das Gericht wollte hier das *Statute of Frauds* nicht anwenden[27]:

„At the time the promise was made, the defendant was substantially the owner of the linseed in question, which was subject to the lien of the original vendors for the contract price. The effect of the promise was neither more nor less than this, to get rid of the incumbrance, or, in other words, to buy off the plaintiff's lien. That being so, it seems to me that the authorities clearly establish that such a case is not within the statute."

Wirtschaftliche Interessen werden eine Interzession jedoch nur dann aus dem Anwendungsbereich des *Statute of Frauds* bringen, wenn die Verpflichtung eingegangen wird, um Eigentum zu erwerben oder von den Rechten Dritter zu befreien. Es muß sich um ein „*proprietory interest*" handeln. Ein nur mittelbares Eigeninteresse an dem gesicherten Geschäft genügt nicht.

---

[24] (1766) 3 Burr. 1886.

[25] 3 Burr. 1886, 1890.

[26] (1859) 7 C. B. N. S. 374.

[27] 7 C. B. N. S. 374, 384.

Dies wurde in *Harburg India Rubber Comb Co. v. Martin*[28] geklärt. Der Beklagte war *director* und Teilhaber einer Kapitalgesellschaft, die er de facto finanziert hatte. Die Kläger hatten ein Urteil gegen die Gesellschaft erstritten und den Sheriff mit der Zwangsvollstreckung beauftragt. Um diese abzuwenden, versprach der Beklagte den Klägern mündlich, daß er für den titulierten Betrag Wechsel als Bürge unterschreiben werden.

Der *Court of Appeal* hielt das für eine Verpflichtung, die unter das *Statute of Frauds* falle. Der Beklagte habe kein Eigentum an den Sachen gehabt, in die die Kläger zu vollstrecken suchten. Das Interesse des Beklagten sei lediglich „*personal*" gewesen, was nicht ausreiche, die Anwendbarkeit von s. 4 des *Statute of Frauds* auszuschließen:

„Whether you look at the 'property cases' or at the 'del credere cases', it seems to me that in each of them the conclusion arrived at really was that the contract in question did not fall within the section because of the object of the contract. In each of these cases there was in truth a main contract — a larger contract — and the obligation to pay the debt of another was merely an incident of the larger contract.... If the subject-matter of the contract was the purchase of property, the relief of property from a liability, the getting rid of incumbrances, the securing greater diligence in the performance of the duty of a factor, or the introduction of business into a stockbroker's office — in all those cases there was a larger matter which was the object of the contract. That being the object of the contract, the mere fact that as an incident to it — not as the immediate object, but indirectly — the debt of another to a third person will be paid, does not bring the case within the section. This definition or rule for ascertaining the kind of cases outside the section covers both 'property cases' and 'del credere cases'."[29]

Nach Ansicht des Richters ging es somit in den zuvor dargestellten Fällen nicht um die Frage, ob eine Bürgschaft oder ein Garantievertrag vorliegt. Die in diesen Entscheidungen zugrundeliegenden Verpflichtungen seien nur deshalb aus dem Geltungsbereich des *Statute of Frauds* herausgenommen worden, weil sie lediglich den Teil einer über sie hinausgreifenden Vereinbarung dargestellt hätten.

Damit setzt die Anwendbarkeit des *Statute of Frauds* die positive Beantwortung zweier Fragen voraus: Stellt die Verpflichtung eine Bürgschaft dar? Ist sie das Hauptobjekt eines Vertrages und nicht nur Teil des umfangreicheren Abschlusses zwischen den Parteien?

---

28 [1902] 1 K. B. 778.

29 [1902] 1 K. B. 778, 786.

4. Unabhängigkeit der indemnity vom Bestehen einer Hauptschuld

Wie bereits oben[30] ausgeführt, war es zunächst die vom *Statute of Frauds* gebotene Schriftform, die Kläger zu dem Vorbringen veranlaßte, der jeweilige Beklagte könne sich hierauf nicht berufen, da seine Einstandsverpflichtung unabhängig von der Hauptschuld sei. Die Frage, ob der beklagte Sicherungsgeber über die Bürgschaft hinaus verpflichtet war, stellte sich aber auch dann, wenn die Einstandsverpflichtung zwar schriftlich erklärt, die gesicherte Forderung aber nicht wirksam entstanden oder später weggefallen war.

In *Yorkshire Railway Wagon Co. v. Maclure*[31] war folgender Fall zu entscheiden: Die rechtlichen Möglichkeiten einer Eisenbahngesellschaft, der Cornwall Minerals Railway Co., Darlehen aufzunehmen, waren fast erschöpft. Um dennoch an Fremdmittel zu gelangen, verkaufte sie pro forma der Klägerin Teile ihres Waggonbestandes und mietete sie gleichzeitig gegen hohen Mietzins wieder an. Nach Ablauf der Mietzeit sollte die Cornwall Minerals Railway Co. die Option haben, die Wagen für je £ 1 zurückzukaufen.

Die directors der Eisenbahngesellschaft, darunter der Beklagte, unterzeichneten im Rahmen der Vertragsverhandlungen folgende Vereinbarung:

„To the Yorkshire Railway Wagon Company, Limited. — In consideration of your letting the above-mentioned engines to the Cornwall Minerals Railway Company, on the terms above-mentioned, at our request, we, the undersigned, hereby jointly and severally guarantee the due payment to you by the said Cornwall Minerals Railway Company of all rent payable by them in pursuance of the above written agreement up to and including that payable on the 1st day of January, 1879. And we also jointly und severally guarantee the observance and performance by the said Cornwall Minerals Railway Company up to the said 1st day of January, 1879, of all the stipulations on their part contained in the above-written agreement."

Der erkennende Richter[32] hielt die Transaktion der beiden Gesellschaften der Substanz nach für ein Darlehen, dessen Aufnahme die rechtlichen Befugnisse der Cornwall Minerals Railway Co. überschritt und damit unwirksam war. Dennoch verurteilte er den Beklagten zur Zahlung auf Grund seiner *„guarantee"*, ohne hierfür Argumente zu geben. Er erwähnte jedoch[33], daß seiner Ansicht nach die *directors* sich deshalb persönlich verpflichtet hätten, weil Zweifel daran aufgekommen waren, ob die Gesellschaft zur Zahlung gezwungen werden könnte.

---

30 B III 1.

31 (1879) 19 Ch. D. 478.

32 19 Ch. S. 478, 483.

33 19 Ch. D. 478, 491.

Ohne neue Argumente folgte Pickford, J., dieser Entscheidung in *Wauthier v. Wilson*[34], weil er sich daran gebunden hielt. Er verurteilte einen Vater, der für einen Kredit an seinen minderjährigen Sohn gebürgt hatte, zur Zahlung der Darlehenssumme.

Diese Entscheidung wurde mißbilligt in *Coutts & Co. v. Browne-Lecky*[35]. Hier hatte die Klägerin, ein Finanzierungsinstitut, mit einem Minderjährigen einen Darlehensvertrag geschlossen. Für den dabei eingeräumten Kredit hatte der Beklagte ein bankübliches Bürgschaftsformular unterzeichnet. Hierin wurden in einem längeren Passus besondere Regelungen für den Fall getroffen, daß der Kreditnehmer eine Gesellschaft ist. Etwaige Einwände daraus, daß die Gesellschaft nicht haftet, wurden ausgeschlossen. Besondere Bestimmungen, die bei einer Minderjährigkeit des Kreditnehmers hätten eingreifen können, enthielt das Schriftstück nicht.

Der Richter wies die Klage ab. Ohne auf den Umstand einzugehen, daß allen Beteiligten die Minderjährigkeit des Darlehensempfängers bekannt war, verwies er rein begrifflich auf die Akzessorietät der Bürgschaft[36]. Aus der Unwirksamkeit der gesicherten Darlehensverpflichtung ergebe sich, daß auch der Bürge nicht hafte.

In *Unity Finance, Ltd. v. Woodcock*[37] wurde sogar ein ausdrücklich als *indemnity* bezeichneter Vertrag als Bürgschaft angesehen. Hier klagte eine Teilzahlungsbank gegen einen Automobilhändler. Für die Finanzierung von Mietkauf (*hire purchase*)-Geschäften des Händlers durch die Bank hatten die Parteien eine Rahmenvereinbarung geschlossen, die mit „*Dealer's Repurchase Undertaking*" überschrieben und im Text „*indemnity*" genannt worden war. Danach sollten Automobilverkäufe des Händlers in der folgenden, in England üblichen Weise finanziert werden[38]: Die Bank sollte das zum Verkauf vorgesehene Fahrzeug kaufen und dem Kunden dann im eigenen Namen unter einer Mietkauf-Vereinbarung überlassen. Es hieß dort des weiteren:

„... that if any such hire purchase agreement shall be determined by either party or in any manner whatsoever the dealer will at the request in writing of the company (a) pay to the company the total hire purchase price and other sums under the said hire purchase agreement less the amount already paid to the company by the hirer ..."

Für den Fall, daß der Händler auf Grund seiner Einstandsverpflichtung pünktlich zahlt, war vorgesehen, daß das Eigentum an dem betreffenden Fahrzeug an ihn zurückfallen solle.

---

[34] (1911) 27 T. L. R. 582.

[35] [1947] K. B. 104.

[36] Kritisch dazu: Cohn, M. L. R. 10 (1947) 40; Furmston, M. L. R. 24 (1961) 644, 648.

[37] [1963] 1 W. L. R. 455.

[38] Zu Einzelheiten des drittfinanzierten Hire-Purchase Geschäfts vgl. Jung, S. 18 ff.

Ein Kunde, dem im Rahmen dieses Vertrages ein Fahrzeug überlassen wurde, geriet nach einigen Teilzahlungen an die Bank in Verzug, worauf diese das Mietkaufverhältnis durch ein Schreiben an den Kunden beendete. Den Händler unterrichtete sie hiervon nicht und nahm auch den Wagen nicht in Besitz. Später zahlte der Kunde eine weitere Rate, was den von ihm gezahlten Gesamtbetrag auf über ein Drittel des Mietkaufpreises brachte. Aus diesem Grund durfte die Bank nach s. 11 des *Hire-Purchase Act* von 1938[39] den Wagen nur noch auf dem Klagewege an sich nehmen, wenn sie nicht ihre Rechte gegen den Kunden verlieren wollte. Dennoch ließ sie das Automobil zum Händler schleppen und verlangte nunmehr von diesem den Rest des Preises. Der forderte die Bank auf, das Fahrzeug von seinem Grundstück zu entfernen und verweigerte Zahlung unter Hinweis auf die gesetzwidrige Aneignung des Wagens.

Er erhielt vom *Court of Appeal* Recht, da er ebenso wie der Kunde von seiner Verpflichtung befreit worden sei. Die Rahmenversicherung sei zwar, wie Lord Denning, M. R., ausführte[40], der Form nach ein Rückkaufsabkommen, in der Substanz aber eine Bürgschaft für den Mietkaufpreis. Der Kunde sei der Hauptschuldner; die Verpflichtung des Händlers sei subsidiär und davon abhängig, daß der Kunde seinen Verpflichtungen nicht nachkomme[41]. Zwar könne der Kunde den Vertrag auflösen, ohne hinsichtlich des Mietkaufpreises in Verzug zu kommen; so etwa dann, wenn er den Wagen zurückbringe und das für diesen Fall Geschuldete zahle. In diesem Fall sei die Rahmenvereinbarung tatsächlich ein Vertrag, durch den sich der Händler verpflichte, das Kraftfahrzeug von der Bank zurückzukaufen. Wenn aber die Bank den Vertrag wegen Verzuges des Kunden beende, so sei die Rahmenvereinbarung nicht mehr und nicht weniger als ein Bürgschaftsvertrag. Dem Händler kämen dann alle Regeln zugute, die zum Schutz des Bürgen aufgestellt worden seien.

Hier habe das Verhalten der Bank die Stellung des Händlers erheblich beeinträchtigt. Zunächst sei die Nachricht von der Beendigung des Vertrages mit dem Kunden nicht so schnell erfolgt, wie es hätte sein müssen, wenn die Bank den Händler hätte in Anspruch nehmen wollen. Des weiteren hätte sie den Wagen in gesetzwidriger Weise dem Kunden genommen und diesen hierdurch von seiner Verpflichtung befreit. Sie könne jetzt nicht nachträglich vom Händler den ihr fehlenden Betrag verlangen. Es sei klar, daß sie viel zu viele dem Händler nachteilige Handlungen vorgenommen hätte, um sich auf dessen Bürgschaft stützen zu können[42].

---

[39] 1 & 2 Geo. 6, c. 53.

[40] [1963] 1 W. L. R. 455, 460.

[41] [1963] 1 W. L. R. 455, 461.

[42] [1963] 1 W. L. R. 455, 461.

Erheblich relativiert wurde die Konzeption dieses Urteils in *Goulston Discount Co., Ltd. v. Clark*[43], erstaunlicherweise von Lord Denning selbst. Auch hier verklagte eine Finanzierungsbank einen Kraftfahrzeughändler. Dieser hatte sich gegenüber der Bank im Rahmen eines bestimmten Mietkaufgeschäfts folgendermaßen verpflichtet:

„... I agree to indemnify you against any loss you may suffer by reason of the fact that the hirer under the said agreement for any cause whatsoever does not pay the amounts which he would if he completed his agreement by exercising the option to purchase."

Nachdem der Wagen, der Gegenstand des Geschäfts war, dem Kunden übergeben worden war, kam dieser mit seinen Ratenverpflichtungen in Verzug. Die Bank nahm den Wagen, wozu sie berechtigt war, an sich und verlangte vom Händler den noch ausstehenden Betrag. Ihre Klage hatte beim *Court of Appeal* im wesentlichen Erfolg. Lord Denning sah ebenso wie die anderen Richter die Abrede zwischen den Parteien eindeutig als *contract of indemnity* und nicht als Bürgschaft an[44]. Die einzige Schwierigkeit des Falls sah er darin, möglicherweise durch *Unity Finance, Ltd. v. Woodcock*[45] präjudiziert zu sein[46]. Er fand eine angemessene Differenzierung, indem er die Gewichtungen des früheren Urteils änderte. Unity Finance, Ltd. hätte im Gegensatz zu Goulston Discount Co., Ltd. Entschädigung für die Konsequenzen ihres eigenen Rechtsbruchs verlangt. Dies sei der entscheidende Umstand, auf dem der Richterspruch in Unity Finance, Ltd. v. Woodcock beruhe. Keinesfalls dürfe diese Entscheidung so aufgefaßt werden, daß die Rückgriffsabkommen zwischen Finanzierungsinstituten und Händlern als Bürgschaften zu betrachten seien. Im Gegenteil stelle ein Vertrag wie der von der Goulston Discount Co., Ltd. abgeschlossene klar einen *contract of indemnity* und keine *guarantee* dar[47].

Die Auswertung der beiden letztgenannten Entscheidungen ergibt, daß sich der *Court of Appeal* in *Unity Finance, Ltd. v. Woodcock* offensichtlich davon leiten ließ, daß die Bank die Folgen ihres Rechtsbruchs selbst tragen und nicht auf den Beklagten abwälzen können sollte. Um dieses Ergebnis zu erreichen, erschien es dem Gericht angezeigt, die Vereinbarung der Parteien als Bürgschaft anzusehen, die durch Beeinträchtigung der Bürgenrechte erloschen ist. Dies war sicherlich nicht unproblematisch, da hier die Rahmenvereinbarung der Parteien nicht nach ihrem Willen bei Vertragsschluß, sondern nach ihrem späteren Verhalten ausgelegt wurde. Bemerkenswert ist auch, daß zwar der Schritt zur Annahme einer Bürgschaft, nicht aber der

---

[43] [1967] 2 Q. B. 493.

[44] [1967] 2 Q. B. 493, 498.

[45] Vgl. oben F. N. 37.

[46] [1967] 2 Q. B. 493, 497.

[47] [1967] 2 Q. B. 493, 498.

weitere Schritt, Konsequenzen aus deren Akzessorietät zu ziehen, gegangen wurde. Wäre der Händler wirklich Bürge gewesen, so hätte er schon deshalb nicht mehr gehaftet, weil — der Kunde war kraft s. 11 des *Hire-Purchase Act* von 1938 frei — die Hauptschuld erloschen wäre. Auf diese naheliegende, einfache Argumentation verzichtete der *Court of Appeal* und zog es statt dessen vor, umständlich die Verhaltensweisen der Bank aufzuzählen, die es ihr in der Summe verböten, sich auf die ihr gegebene Bürgschaft zu stützen. Augenscheinlich wurden hier die bereits im Bürgschaftsteil der Arbeit[48] erläuterten Rechtsgrundsätze angewandt, die bei risikoerhöhendem Gläubigerverhalten gelten. Letztlich hätte der *Court of Appeal* zu seinem Urteilsspruch auch kommen können, ohne von der Formulierung der Parteien, die ihre Vereinbarung — sicherlich nicht ohne Grund — „*indemnity*" genannt hatten, abzuweichen. Er hätte nur bereit sein müssen, den Grundsatz, daß der Bürge bei Erhöhung seines Risikos durch den Gläubiger frei wird, auch auf den *contract of indemnity* zu erstrecken[49].

Seit Erlaß der Entscheidung *Goulston Discount Co., Ltd. v. Clark* kann allerdings von einer solchen Bereitschaft englischer Gerichte ausgegangen werden. Hier ist klargestellt, daß die Beeinträchtigung der Rechte des Sicherungsgebers durch den Gläubiger der tragende Grund für die Entscheidung *Unity Finance, Ltd. v. Woodcock* war, ein Grund, der weiterhin Anerkennung finden könne, obwohl die üblichen Rückgriffsvereinbarungen zwischen Finanzierungsinstituten und Händlern in der Regel nicht Bürgschaften, sondern *contracts of indemnity* seien.

Mit *Goulston Discount Co., Ltd. v. Clark* ist endgültig der *contract of indemnity* als ein Vertragstyp von der Rechtsprechung anerkannt worden, der als selbständige, nicht akzessorische und nicht an Formen gebundene Personalsicherheit neben die Bürgschaft tritt.

5. Unterscheidung beim Abzahlungskauf

Waren Abzahlungsgeschäfte ein Gebiet, in dem Unterschiede zwischen *guarantee* und *indemnity* besonders herausgearbeitet werden konnten, so hat gerade hier eine gesetzgeberische Nivellierung der beiden Vertragsformen eingesetzt. Diese ist als Folge von Bestrebungen anzusehen, den Schutz, der Mietern / Käufern (*hirer*) von Abzahlungswaren zugute kam, auch auf die von diesen gestellten Sicherheiten zu erstrecken. Zunächst wurden, im *Hire-Purchase Act* von 1938, nur Bürgen im eigentlichen Sinne einbezogen. In den *Hire-Purchase Acts* von 1964 und 1965 wurde dann der Schutzbereich

---

[48] Vgl. oben A VIII 2.

[49] Vgl. unten B V 3.

erheblich erweitert. Soweit im letzteren Gesetz der Ausdruck *„contract of guarantee"* benutzt wurde, wurde er definiert als

a contract, made at the request (express or implied) of the hirer or buyer, either to guarantee the performance of the hirer's or buyer's obligations under the hire-purchase agreement, credit-sale agreement or conditional sale agreement, or to indemnify the owner or seller against any loss which he may incur in respect of that agreement, and "guarantor" shall be construed accordingly.[50]

Durch diese Legaldefinition wurden die auf die Bitte eines Mieters / Abzahlungskäufers[51] gegebenen *guarantees* und *indemnities* hinsichtlich der Rechtsfolge im *hire-purchase law* gleichgestellt. Dies bedeutete zum einen, daß auch der *contract of indemnity* den Formvorschriften des *Hire-Purchase Act* unterstellt wurde[52]. *Guarantor* und *indemnifier* können sich seither auch gleichermaßen darauf berufen, daß der Vertrag gegen den Mieter / Abzahlungskäufer nicht mehr durchsetzbar ist[53]. Blieb die Hauptverbindlichkeit jedoch bestehen, so zeigten bei der Frage der Haftungsbegrenzung *guarantee* und *indemnity* weiterhin verschiedene Rechtsfolgen. Der *Hire-Purchase Act* von 1965 hatte keine Bestimmung über eine Maximalhaftung des *„guarantors"* getroffen, so daß insoweit auf die allgemeinen Regeln zurückgegriffen war: Während sich der *guarantor* im eigentlichen Sinn auf Grund der Akzessorietät seiner Haftung darauf berufen konnte, daß der Mieter / Abzahlungskäufer nur bestimmte Höchstbeträge zu zahlen hatte[54], blieb eine solche Einwendung dem aus einer *indemnity* Verpflichteten untersagt.

Dieser wichtige praktische Unterschied zwischen *indemnity* und *guarantee* im Bereich des Abzahlungsrechts wurde durch den *Consumer Credit Act* von 1974 beseitigt. In diesem werden die Worte *guarantee* und *indemnity* kaum benutzt[55]. Statt dessen wird generell von *„security"* gesprochen, die definiert wird als[56]

„a mortgage, charge, pledge, bond, debenture, indemnity, guarantee, bill, note or other right provided by the debtor or hirer, or at his request (express or implied) to secure the carrying out of the obligations of the debtor or hirer under the agreement".

Damit werden alle Sicherheiten, gleich ob sie persönlicher oder dinglicher, akzessorischer oder abstrakter Natur sind, im wesentlichen den glei-

---

[50] s. 58, Hire-Purchase Act 1965.

[51] Ausgenommen und den allgemeinen Regeln unterworfen bleiben aber indemnities, die den Regreß des Finanzierungsinstituts gegen den Händler sichern. Diese werden nicht „at the request of the hirer or buyer" gegeben.

[52] s. 22, Hire-Purchase Act 1965.

[53] Goode, Hire-Purchase Law and Practice, S. 507.

[54] ss. 28 und 29, Hire-Purchase Act 1965.

[55] Goode, Consumer Credit Act 1974, Kap. 14.3.

[56] s.189 (1), Consumer Credit Act 1974.

chen Regeln unterworfen, die in einem besonderen Abschnitt VIII „*Security*" zusammengefaßt sind. Besonders hervorzuheben ist in diesem Zusammenhang s. 113, wo sichergestellt wird, daß der Sicherungsgeber keinen größeren Betrag zahlen muß als der Mieter / Abzahlungskäufer. Die Möglichkeit einer von diesem gestellten nicht akzessorischen Sicherheit wird damit de facto ausgeschlossen, da die Sicherungsgeber nicht wirksam auf die dem Hauptschuldner zustehenden Einwendungen verzichten können. Allerdings läßt das Gesetz eine letzte Ausnahme zu. Wer eine *indemnity* für einen Minderjährigen oder eine andere nicht voll geschäftsfähige Person gibt, soll sich auf die hieraus folgende Unwirksamkeit der Hauptverbindlichkeit nicht berufen können[57]. Die geschilderten Regelungen der Personalsicherheit im Abzahlungsgeschäft berühren allerdings die zuvor erarbeitete grundsätzliche Unterscheidung nicht. Sie gelten nur in einem besonderen Rechtsgebiet, in dem der Schutz des sozial Schwächeren besondere Bedeutung genießt. Es war nicht gesetzgeberische Absicht, die von der Rechtsprechung gewonnene Abgrenzung von *guarantee* und *indemnity* grundsätzlich zu verändern. Vielmehr gingen die angeführten Gesetze deutlich vom Bestehen einer akzessorischen und einer unabhängigen Personalsicherheit aus. Durch eine einheitliche, vom sonstigen Sprachgebrauch abweichende[58] Definition im jeweiligen Einzelgesetz sollte lediglich verhindert werden, daß durch das Rechtsinstitut der *indemnity* Zwecke des Konsumentenschutzes umgangen würden.

IV. Abgrenzung zwischen Garantievertrag und Bürgschaft in Deutschland

1. Meinungsstand in Literatur und Rechtsprechung

Da mit der Leistungsgarantie und der Bürgschaft ähnliche Ziele verfolgt werden können[1], bereitet ihre Unterscheidung auch im deutschen Recht erhebliche Probleme. Dabei entzündete sich ebenso wie in England Streit hierüber meistens bei der Frage der Form und der Akzessorietät. Der Ausgangspunkt der Unterscheidung ist klar. Der Bürge steht nur für eine Obligation ein, die ein anderer, der Hauptschuldner, schuldet. Der Garant dagegen

---

[57] Vgl. s. 113 (7), Consumer Credit Act: „Where an indemnity is given in a case where the debtor or hirer is a minor, or is otherwise not of full capacity, the reference in subsection (I) to the extent to which his obligations would be enforced shall be read in relation to the indemnity as a reference to the extent to which they would be enforced if he were of full capacity."

[58] Vgl. Goode, Consumer Credit Act 1974, Kap. 14.3.

[1] Vgl. Boltze, S. 27.

schließt mit dem Garantieempfänger einen Vertrag ab, der auf die Übernahme eines Risikos gerichtet ist[2]. In der Praxis ist diese begriffliche Unterscheidung jedoch nur schwer durchzuführen. Die Rechtsprechung[3] und meistens auch die Literatur[4] unterscheidet nach der Anbindung der Personalsicherheit an die Hauptforderung. Im Gegensatz zur Bürgschaft begründe die Garantie eine unabhängige Verbindlichkeit, die ihre Wirkung namentlich dann äußere, wenn die gesicherte Forderung gar nicht existiere. Die Schuld des Gewährleistenden müsse unabhängig von Entstehung oder Fortbestand der gesicherten Forderung sein. Im Zweifel, wenn die Prüfung des Falles nicht ergibt, daß die Vertragschließenden eine unabhängige Verpflichtung gewollt haben, könne in der Verpflichtung, für die Schuld eines anderen aufzukommen oder für die Befriedigung des Gläubigers einzustehen, nur die Übernahme einer Bürgschaft erblickt werden[5]. Im Schrifttum werden weitere Anhaltspunkte für die Abgrenzung in der Interessenlage der Parteien gesucht. Für die Annahme eines Garantievertrages will Fikentscher[6] darauf abstellen, ob der Garant ein eigenes unmittelbares Interesse daran hat, daß der Vertrag zustandekommt, und ob er demzufolge eine eigene, selbständige Verpflichtung begründen will. Nach Palandt-Thomas[7] dagegen sollte sich das Eigeninteresse auf die Erfüllung der Hauptverbindlichkeit beziehen, um Anhaltspunkt für einen Garantievertrag sein zu können. Als weiteres Unterscheidungsmerkmal wird angegeben[8], daß der Bürge auf die Person des Hauptschuldners sehe, für den er eintreten wolle, während der Garant mehr den Erfolg im Auge habe, der durch die Leistung des Hauptschuldners herbeigeführt werden solle. Akzentuiert spricht Larenz[9] davon, daß sich der Bürge in erster Linie für den Hauptschuldner verwende und daher keinesfalls in größerem Umfang als dieser verpflichtet sein wolle. Dagegen habe der Garant meist ein eigenes Interesse an der Sicherstellung des Gläubigers und würde sich deshalb zur Leistung unabhängig von der Verpflichtung des Hauptschuldners bereit finden. Auch Fikentscher[10] spricht von der alleinigen Ausrichtung des Garanten am Gläubigerinteresse.

---

[2] Priester, S. 15.

[3] RGZ 90, 415, 417; BGH NJW 1967, 1020; OLG Hamburg, JW 1931, 1924 mit zustimmender Anmerkung von Oertmann.

[4] Mormann in BGB-RGRK, § 765, Rdn. 5; Erman-Seiler, Rdn. 31 vor § 765; Staudinger-Horn, Rdn. 79 vor § 765; Soergel-Siebert-Mühl, Rdn. 49 vor § 765.

[5] RGZ 90, 415, 417; BGH LM Nr. 1 zu § 765 BGB.

[6] § 92 II 6; ebenso: Priester, S. 15, Bär, S. 65.

[7] Anm. 3 c vor § 765; ebenso Erman-Seiler, Rdn. 31 vor § 765; BGH WM 1975, 348, 349.

[8] Mormann in BGB-RGRK, Rdn. 5 vor § 765.

[9] § 64 I.

[10] § 92 II 6.

Bleibt bei den oben dargestellten Ansichten die Ausrichtung am Gläubigerinteresse lediglich Anhaltspunkt für die Annahme einer nicht-akzessorischen Verpflichtung und damit eines Garantievertrages, so wird sie bei Boetius[11] ohne Rücksicht auf die Akzessorietät der Verpflichtung zum entscheidenden Kriterium für den Garantievertrag. Er argumentiert folgendermaßen: Der Bürge setze mit der Bürgschaftsübernahme sein Vermögen für die Verbindlichkeit eines Dritten ein. Für den Bürgen stehe die Überlegung im Vordergrund, für eine Verbindlichkeit des Schuldners „geradezustehen". Da er gleichsam hinter den Schuldner trete, leite sich die eigentliche Bedeutung seiner Verpflichtung aus seiner Beziehung zur Schuldnersphäre ab. Deshalb bezeichnet Boetius die Bürgschaft als schuldnerbezogen.

Die Verpflichtung des Garanten sei demgegenüber aus ihrem Charakter als Schadensersatzverpflichtung zu begreifen. Aus der am Schaden des Gläubigers orientierten Verpflichtung folge, daß die Absicht des Garanten nicht dahin gehe, sein Vermögen zugleich für eine Angelegenheit des Schuldners einzusetzen. Da sich der Schadenseintritt in der Gläubigersphäre vollziehe, bezeichnet Boetius die Garantie in ihrem wesentlichen Kern als gläubigerbezogen.

Danach liege eine Bürgschaft vor, wenn die Verpflichtung an der Sphäre des Hauptschuldners orientiert sein soll. Eine Garantie sei dann anzunehmen, wenn die Verpflichtung an der Sphäre des Gläubigers ausgerichtet sein soll. Eine Abgrenzung nach der Akzessorietät lehnt Boetius ab. Es sei lediglich eine Frage des Umfangs eines übernommenen Risikos, ob der Garant nur soweit haften will, wie ein Dritter leistungspflichtig ist, oder darüber hinaus. Daher könne auch im Falle eines Garantievertrages das übernommene Risiko durch die Verbindlichkeit des Hauptschuldners begrenzt sein[12].

2. Stellungnahme

Im folgenden sollen die oben angeführten Kriterien auf ihre Tauglichkeit für die Abgrenzung zwischen Bürgschaft und Garantie geprüft werden. Dabei erlauben es die Ähnlichkeit des *contracts of indemnity* mit dem Garantievertrag und die beiden Rechtsordnungen gemeinsamen Abgrenzungsschwierigkeiten zur Bürgschaft, Anregungen aus dem englischen Recht, insbesondere dem vorliegenden Fallmaterial, in die deutsche Problembehandlung miteinzubeziehen.

---

[11] S. 37 ff.

[12] S. 42; vgl. auch Pegels, S. 31: „Wer will es dem Garanten verbieten, gerade für die Hauptschuld einzustehen."

a) Interessenlage des Sicherungsgebers als Abgrenzungskriterium

Als die Meinung, die aus Interessengesichtspunkten die weitestgehenden Schlüsse ableitet, fordert zunächst die ausführliche Abhandlung von Boetius eine Stellungnahme heraus.

Ausgangspunkt für Boetius ist es, daß die Bürgschaft wesensmäßig schuldnerbezogen ist und die Garantie durch Gläubigerbezogenheit charakterisiert wird. Die Richtigkeit dieser Prämisse soll zunächst an Hand des Gesetzes überprüft werden. Da dort nur die Bürgschaft geregelt ist, muß sich die Fragestellung in diesem Zusammenhang darauf beschränken, ob sich aus § 765 BGB ergibt, daß Schuldnerbezogenheit eine wesensmäßige Voraussetzung der Bürgschaft ist. Nach § 765 BGB kennzeichnet es die Bürgschaft, daß der Bürge gegenüber dem Gläubiger für die Erfüllung der Verbindlichkeit des Dritten einsteht. Hiernach ist die Bürgschaft schuld-, nicht jedoch spezifisch schuldnerbezogen. Die Existenz eines Gläubigers ist für das Bestehen einer Schuld ebenso unabdingbare Voraussetzung wie die Existenz eines Schuldners. Es macht lediglich sprachlich, nicht jedoch rechtlich einen Unterschied, ob man die Bürgschaft auf die Verpflichtung des Schuldners oder den Anspruch des Gläubigers bezieht. Einzuräumen ist Boetius, daß mit den §§ 766, 770, 771, 775, 768 und 777 BGB das Gesetz Schutzbestimmungen enthält, die es nahelegen, es sei von der Modellvorstellung der im Interesse des Hauptschuldners übernommenen Freundesbürgschaft ausgegangen. Dies hat der Gesetzgeber aber nicht zu einer rechtlich erheblichen Voraussetzung für den Begriff der Bürgschaft gemacht. Abgesehen von § 766 BGB sind alle aufgeführten Bestimmungen dispositiv. Die Möglichkeit eines vertraglichen Ausschlusses der §§ 771 f. BGB ist in § 773 I Z 1 BGB sogar ausdrücklich vorgesehen. Nicht zuletzt läßt sich § 775 I 1 BGB im Wege des Umkehrschlusses entnehmen, daß begrifflich eine Bürgschaft weder im Auftrag (§§ 662, 675 BGB) noch im Interesse (§ 677 BGB) des Hauptschuldners abgeschlossen werden muß.

Abgesehen davon, daß die Einteilung von Boetius keine Grundlage im Gesetz findet, ist sie auch in sich inkonsequent, da sie bei der Eingrenzung der Bürgschaft auf das Merkmal der Akzessorietät nicht verzichten kann: Verzichtet der „Bürge" auf alle Einreden und Einwendungen aus dem Hauptschuldverhältnis, so handelt es sich auch nach Boetius in jedem Fall um eine Garantie, unabhängig von einer interessenmäßigen Zuordnung zur Schuldner- oder Gläubigersphäre[13]. Damit durchbricht er selbst das System der schuldnerbezogenen Bürgschaft und der gläubigerbezogenen Garantie, auf das er die Möglichkeit einer akzessorischen Garantie stützt.

[13] Boetius, S. 43.

b) Akzessorietät als Abgrenzungskriterium

aa) Bürgschaft als Garantievertrag

Zutreffend einordnen läßt sich das Problem der „akzessorischen Garantie" nur, wenn man sieht, daß auch die Bürgschaft ein Garantievertrag ist, der in den §§ 765 ff. BGB eine Sonderregelung erfährt[14]. Ebenso wie in England der *contract of indemnity* wird der Garantievertrag als Übernahme eines Risikos, als Verpflichtung zur Schadloshaltung aufgefaßt. Er ist damit Oberbegriff für ein breites Spektrum von Vertragstypen, zu denen auch die gesetzlich besonders ausgestalteten Sonderformen der Bürgschaft[15] und der Schadensversicherung gehören[16]. Der vom Bürgen garantierte wirtschaftliche Erfolg ist Zahlung der Schuld durch den Hauptschuldner, das übernommene Risiko seine Zahlungsunfähigkeit, bei der selbstschuldnerischen Bürgschaft auch seine Zahlungsunwilligkeit.

Hiergegen läßt sich auch nicht einwenden, die Bürgenverpflichtung sei, wie Golser[17] schreibt, ihrer rechtlichen Natur nach keine Schadensersatz-, sondern eine Erfüllungsverpflichtung. Der Garantievertrag gibt einen primären Anspruch auf Schadensersatz, und im Fall der Bürgschaft ist dieser auf das Interesse an der Erfüllung der Verbindlichkeit eines Dritten gerichtet. So kann in der Tat, wie Boetius schreibt[18], das vom Garanten übernommene Risiko durch die Verbindlichkeit des Hauptschuldners eingeschränkt sein. Damit steht er aber für die Erfüllung der Verbindlichkeit eines Dritten ein und kann als Bürge den Schutz der §§ 765 ff. BGB in Anspruch nehmen. Aus diesem Grund ist es ausgeschlossen, eine formnichtige Bürgschaft in einen Garantievertrag nach § 140 BGB umzudeuten[19]. Der häufig[20] gebrauchte Ausdruck Forderungsgarantie ist insofern mißverständlich, als die Garantie für die Erfüllung einer Forderung in ihrem rechtlichen Bestand eine Bürgschaft ist.

Um den Rahmen der üblicherweise verwendeten Terminologie nicht zu sprengen, soll hier im folgenden der Garantievertrag im weiteren Sinn entsprechend dem *contract of indemnity* als Entschädigungsvertrag bezeichnet werden. Der Garantievertrag im engeren Sinn muß konsequenterweise al-

---

[14] Vgl. Heck, § 126, Anm. 3 und 9; von Caemmerer, Festschrift für Riese, 295, 305 (Ges. Werke II, 353, 364 f.).

[15] Dazu, daß auch contracts of indemnity unter das Statute of Frauds fallen können, vgl. Denman, C. J., in Green v. Cresswell (1837) 10 Ad. & E. 453, 458.

[16] Vgl. oben B I.

[17] S. 40.

[18] Vgl. oben F. N. 12.

[19] A. A. Weber, S. 42.

[20] z. B. Mormann in BGB-RGRK, Rdn. 5 vor § 765.

lerdings dann schärfer definiert werden, nämlich als Entschädigungsvertrag, der weder Bürgschaft noch Schadensversicherung[21] ist.

Nach dieser Definition können Bürgschaft und Garantie nur an Hand des Kriteriums abgegrenzt werden, ob sich die Sicherheit an dem Bestand einer Hauptschuld orientiert oder nicht. Allerdings muß beachtet werden, daß ein Sicherungsgeschäft durch graduellen Einreden- und Einwendungsverzicht mehr oder weniger akzessorisch sein kann.

In der Vertragspraxis sind häufig Abweichungen vom gesetzlichen Leitbild der Bürgschaft, vor allem hinsichtlich der Akzessorietät bei Einwendungen und Einreden, zu beobachten. Je geringer aufgrund vertraglicher Ausgestaltung die Akzessorietät der Verpflichtung des Bürgen zu der gesicherten Hauptverbindlichkeit ist, desto stärker rückt die Bürgschaft in die Nähe des Garantievertrags[22]. Zur Frage einer Grenzziehung hat die Rechtsprechung[23] die Linie verfolgt, daß der Verzicht auf einzelne Einwendungen oder Einreden aus dem Hauptschuldverhältnis der Qualifizierung eines Sicherungsverhältnisses als Bürgschaft nicht entgegenstehe. Bei Verzicht auf sämtliche Einwendungen und Einreden aber liege eine Garantie vor[24]. Gerade § 766 BGB macht aber eine noch schärfere begriffliche Fassung des Bürgschaftsbegriffs erforderlich: Ein Verzicht auf Einreden (§§ 768, 770, 771 BGB) schließt die von § 765 BGB geforderte Abhängigkeit der Bürgschaft von der Hauptforderung nicht aus. Ein Verzicht auf Einwendungen aber löst die Sicherheit vom Bestand der Hauptforderung und kann deshalb mit dem Bürgschaftsbegriff nicht mehr in Einklang gebracht werden[25]. § 767 I 1 BGB drückt soweit das Wesen der Bürgschaft aus.

bb) Taugliche Anhaltspunkte für die Abgrenzung

Welchen Charakter ein Sicherungsgeschäft hat, ist mangels ausdrücklicher Parteivereinbarung den Umständen des Einzelfalls zu entnehmen. So kann Pickford, J., in *Wauthier v. Wilson*[26] gefolgt werden, wenn die Parteien bei Vertragsschluß tatsächlich von der Minderjährigkeit des Darlehensnehmers ausgegangen waren. Cohn[27] argumentiert:

---

[21] Zur Abgrenzung zwischen Garantie und Versicherung vgl. Boetius, S. 47 ff.

[22] Hadding, Gutachten, S. 675; Staudinger-Horn, § 768 Rdn. 20.

[23] Vgl. RGZ 153, 348; BGH LM Nr. 2 zu § 767 BGB.

[24] RGZ 163, 99; OLG Frankfurt, DB 1974, 2245; Soergel-Siebert-Mühl, Rdn. 49 vor § 765; Schäfer, S. 153; vgl. auch Hadding, Gutachten, S. 705.

[25] Ebenso Auhagen, S. 27; ähnlich Horn, NJW 1980, 2153, 2154; Staudinger-Horn, § 768, Rdn. 21.

[26] Vgl. oben B III 4, F. N. 34.

[27] M. L. R. 10 (1947) 40, 50.

„that guarantee for the debts of minors perform a useful function, because they enable minors to obtain credits which they may require and which they may not be able to obtain without such valid guarantees. This is an argument of practicability to which importance must obviously be allotted. It is a valid argument that justice between the parties in no way justifies either the release of a guarantor who knew perfectly well that he guaranteed for a minor or the disappointment of a creditor who gave credit in reliance on such a guarantee."

Dem ist im Ergebnis zu folgen, wenn auch nicht im Sinne einer Ausweitung des Bürgschaftsbegriffes, sondern der Annahme eines Garantievertrages in einem solchen Fall. Diese Erwägungen gelten auch für andere den Parteien bekannte Gründe für die Unwirksamkeit der Hauptschuld[28]. Da die Parteien in der Regel die Wirksamkeit einer Vereinbarung wollen[29], vereinbaren sie bei bekannten Mängeln der Hauptschuld eine Garantie.

Ebenfalls ein Garantievertrag wird anzunehmen sein, wenn in den Vertragsverhandlungen Zweifel zum Ausdruck kommen, ob der Dritte sich verpflichten wird oder ob er sich wirksam verpflichten kann. Dies wird anschaulich durch *Lakeman v. Mountstephen*[30] illustriert, wo ein Unternehmer Kanalanschlüsse unabhängig davon legen sollte, ob die Gemeinde einen rechtsgültigen Auftrag erteilen würde. Hierin liegt auch die innere Rechtfertigung für die Entscheidung *Yorkshire Railway Wagon Co. v. Maclure*[31]. Hier wurde ein *director* auf Grund einer Einstandsverpflichtung verurteilt, die er gerade wegen der Unsicherheit über die rechtliche Wirksamkeit eines von seiner Gesellschaft getätigten Geschäfts abgegeben hatte.

Gerade im Handelsverkehr läßt sich oft auch an Hand von Verkehrssitten ermitteln, ob der Begünstigte eine von Einwendungen aus dem Verhältnis zum Hauptschuldner unabhängige Rechtsstellung erhalten soll oder nicht[32]. Sofern ein ausführlicher Vertragstext vorhanden ist, muß selbstverständlich auf diesen zurückgegriffen werden. Die Bezeichnung des Sicherungsgeschäfts durch die Parteien allein kann allerdings nicht maßgebend sein[33]. Insoweit ist der Ansicht von Mathew, J., in *Guild v. Conrad*[34] zuzustimmen. Auch in Deutschland werden Ausdrücke wie Übernehmen, Einstehen, Bürgen, Garantieren oft synonym gebraucht, jedenfalls nicht entsprechend ihren rechtstechnischen Bedeutungen[35]. Ein Garant wird nicht dadurch zum

---

[28] Vgl. auch Furmston, M. L. B. 24 (1961) 644, 648.

[29] Verba ita sunt intelligenda ut res magis valeat quam pereat, vgl. Stewart and Mc Donald v. Young (1894) 38 Sol. Jo. 385.

[30] Vgl. oben B III 1, F. N. 5.

[31] Vgl. oben B III 4, F. N. 31.

[32] Vgl. Canaris, Großkomm. HGB Anhang § 357, Anm. 514.

[33] Barchewitz-Nielsen, S. 141.

[34] Vgl. oben B III 2, F. N. 17.

[35] Priester, S. 15.

Bürgen, daß er so bezeichnet wird[36]. Auch die Benennung durch geschäftserfahrene Kaufleute ist nur von zweifelhafter Aussagekraft[37]. Gerade etwa im Bankverkehr wird „Bürgschaft" und „Garantie" fast austauschbar verwendet[38].

Trotz dieser Schwierigkeiten wird oft der Vertragstext im Zusammenhang genügend Aufschluß über die Akzessorietät der Verpflichtung geben. So lassen Formulierungen wie „unter Verzicht auf alle Einwendungen" in aller Regel eindeutig die Auslegung zu, daß dem Begünstigten eine abstrakte Rechtsposition eingeräumt werden sollte und demnach der Abschluß eines Garantievertrags gewollt war[39]. Ein gutes Beispiel für den Fall, daß der Sicherungsgeber in einem Vertrag mehr als nur akzessorisch haften will, ist *Sutton v. Grey*[40]. Zwar kann die Argumentation, eine Verpflichtung sei schon deshalb nicht formbedürftig, weil sie nur Teil einer umfassenderen Vereinbarung ist, für das deutsche Recht nicht übernommen werden. Der Bürge kann den Schutz des § 766 BGB nicht dadurch verlieren, daß er über die Bürgschaft hinaus noch weitere Verpflichtungen eingeht. Dem Urteilsspruch ist aber trotzdem auch in Deutschland zu folgen. Der Beklagte hatte sich bereit erklärt, die Verluste mitzutragen, die dadurch entstehen würden, daß Kunden nicht zahlten. Hiernach kam es überhaupt nicht darauf an, ob die Kunden ihren Kaufpreisverpflichtungen nicht nachkommen wollten bzw. konnten oder ob sie aus irgendeinem Grund gar nicht verpflichtet waren. Dies ist typisch für eine Garantie.

Wie Erklärungen in demselben Geschäftsverhältnis — aber unter veränderten Umständen und bei anderer Formulierung — einmal Bürgschaft und einmal Garantie sein können, wird sehr eindrucksvoll in *Guild v. Conrad*[41] demonstriert. In seiner Erklärung vom Dezember 1891 stand der Beklagte dafür ein, daß die Erlöse aus den eingekauften Backwaren, deren Wert als ausreichend zur Deckung der Wechselverbindlichkeiten bezeichnet wurde, dem Kläger bei Inanspruchnahme zufließen sollten. Damit verwies der Beklagte auf einen Fond, aus dem er Verluste des Klägers — völlig unabhängig von einer Haftung der Gesellschaft in Demerara — decken wollte.

Bei der Auslegung einseitig vorformulierter Vertragsbestimmungen ist der Grundsatz des englischen Rechts zu berücksichtigen, daß die Worte eines Vertrages strenger gegen denjenigen auszulegen sind, der sie verwen-

---

[36] OLG Hamburg, J. W. 1934, 1924; BGH WM 1982, 631, 632.

[37] A. A. BGH WM 1975, 348.

[38] Vgl. Canaris in Großkomm. HGB, Anhang zu § 357, Anm. 514; Pleyer, S. 13, der von Formulierungen berichtet wie „Wir garantieren als Bürge".

[39] Canaris in Großkomm. HGB, Anhang zu § 357, Anm. 514, Pleyer, S. 9.

[40] Vgl. oben B III 3, F. N. 23.

[41] Vgl. oben B III 2, F. N. 15 ff.

det[42]. Auch in Deutschland wurde seit langem vertreten, daß Unklarheiten von allgemeinen Geschäftsbedingungen (und gleichermaßen von Formularverträgen) zu Lasten desjenigen gehen, der sie aufgestellt hat[43]. In § 5 AGBG hat er inzwischen eine positiv-rechtliche Regelung erfahren. Benutzt z. B. eine Bank für ihre Einstandsverpflichtung ein in der hier behandelten Frage unklares Formular, so wird man eher als bei einem beidseitig ausgehandelten Vertragstext zu dem Schluß kommen, sie habe die weitergehende Garantiehaftung übernommen. Es ist ihr zuzumuten, den etwaigen Willen, ihre Haftung auf die eines Bürgen zu beschränken, in der von ihr durchdachten und formulierten Erklärung ausreichend zu präzisieren.

Legt sie hingegen umgekehrt als Begünstigte ihr Formular dem Sicherungsgeber zur Unterschrift vor, so müssen Zweideutigkeiten im Text zu Ungunsten der Bank ausgelegt werden und führen in der Regel zur Annahme lediglich einer Bürgschaft. Der Unterzeichner eines solchen Formulars darf insbesondere auch davon ausgehen, daß die dort behandelten Fragen abschließend geregelt sind. Aus diesem Grund erscheint das in *Coutts & Co. v. Browne-Lecky*[44] erzielte Ergebnis durchaus richtig. Trotz der eindeutigen Umstände des konkreten Vertragsschlusses konnte der Richter davon ausgehen, daß die Klägerin, wenn sie dem Bürgen die Berufung auf die Minderjährigkeit eines Hauptschuldners hätte verweigern wollen, dies in den Katalog der Einwendungsausschlüsse aufgenommen hätte.

Läßt sich letztlich nach Prüfung des Wortlauts und der Umstände des Vertrages kein Hinweis dafür finden, daß ein Sicherungsgeber über das Entstehen für die Verpflichtung eines anderen hinaus weitere Risiken abdecken wollte, so ist mit der deutschen Rechtsprechung[45] davon auszugehen, daß es sich um eine Bürgschaft handelt. Dies ergibt sich aus der oben[46] dargelegten Natur der §§ 765 ff. BGB als leges speciales.

---

[42] „Verba chartarum fortius accipiuntur contra proferentem"; vgl. Shebbeare, N. 642; Anson-Guest, S. 145; Atiyah, S. 120; Grunfeld, M. L. R. 24 (1961) 62, 69; Sayn-Wittgenstein-Berleburg, S. 26.

[43] Raiser, S. 264. Allerdings wird im Gegensatz zu dem weitgefaßten Grundsatz des englischen Rechts in der deutschen Rechtsprechung die Anwendung der sogenannten Unklarheitenregel über Formularverträge und AGB hinaus abgelehnt (vgl. BGH VersR 1971, 172). Ihr ist zuzugestehen, daß bei individuell formulierten Bürgschaftserklärungen die für allgemeine Geschäftsbedingungen typische Ausnutzung von Marktmacht wenig nahe liegt (vgl. Mayer-Maly in MünchKomm., § 157 Rdn. 8). Dennoch sollte auch bei der Auslegung solcher Verträge Beachtung finden, wer den Vertrag formuliert oder die Führung bei der Formulierung gehabt hat, selbst wenn dies nur im Zusammenhang mit anderen Erwägungen geschieht (vgl. Flume, § 16, N. 3).

[44] Vgl. oben B IV 1, F. N. 5.

[45] Vgl. oben B IV 1, F. N. 5

[46] B IV 2 b aa.

cc) Interessenlage des Sicherungsgebers als Anhaltspunkt für die Abgrenzung

Im Lichte der obigen Ausführungen haben Interessen-Kriterien, Eigeninteresse des Sicherungsgebers oder seine Zugehörigkeit zur Gläubiger- bzw. Schuldnersphäre, nicht einmal als Anhaltspunkte für die Unterscheidung des Garanten vom Bürgen einen besonderen Wert. Jede Personalsicherheit ist am Interesse des Gläubigers orientiert; seine Sicherstellung ist Sinn auch der Bürgschaft. Jede Personalsicherheit ist andererseits an dem Dritten orientiert, für dessen Leistung eingestanden wird. Sowohl bei der Garantie als auch bei der Bürgschaft besteht gleichermaßen das Risiko, daß dieser Dritte nicht oder nicht rechtzeitig leistet.

Auch rechtstatsächlich gibt es nur wenig Rechtfertigung für die Beachtlichkeit der wirtschaftlichen Lage bei der Abgrenzung. Wenn der Sicherungsgeber im Interesse des Bürgen handeln will, so wird der Umfang seiner Verpflichtung meist davon bestimmt, was der Gläubiger zur Absicherung seiner Interessen für nötig hält. Wenn es der Kreditgeber verlangt, wird sich selbst der „Freundschaftsbürge" bereit finden, die Darlehensrückzahlung auch für den Fall zu gewährleisten, daß der Darlehensvertrag aus irgendeinem Grund unwirksam ist oder später erlischt. So enthalten Formulare, die deutsche Banken den von ihren Kunden beigebrachten Bürgen zur Unterschrift vorlegen, Einschränkungen der Akzessorietät etwa für den Fall eines Forderungsnachlasses gegenüber dem Hauptschuldner[47]. Weitergehend erstrecken die entsprechenden Formulare englischer Banken die Haftung des als Bürgen bezeichneten Sicherungsgebers auch auf den Fall, daß der Hauptschuldner aus gesellschaftsrechtlichen Gründen[48] oder wegen Geschäftsunfähigkeit[49] keiner wirksamen Verpflichtung unterliegt[50].

---

[47] Vgl. Schäfer, S. 153 ff.

[48] Vgl. oben B III 4, S. 126.

[49] Vgl. oben B III 4, S. 127.

[50] Als Beispiel sei zitiert aus einem Formular der Williams & Glyn's Bank, Ltd.: „The Guarantor's / s' liability shall not be affected by the absence of or by any defective excessive or irregular exercise of borrowing powers of the Principal if a corporation or by the Principal/s being (an) infant/s or under any other disability or by an association or other unincorporated body not having a legal existence being named as principal or by any other fact or circumstance (whether known or not known to the Bank and the Guarantor/s or either/any of them) as the result of which any indebtedness or liability incurred or purported to be incurred by the Principal/s or by any person purporting to act on behalf of the Principal/s is void or unenforceable by the Bank against the Principal/s the Guarantor/s in any such case to be liable to the Bank as principal debtor and by way of indemnity for the same amount as that for which the Guarantor/s would have been liable by way of guarantee had a valid and enforceable indebtedness or liability as between the Principal/s or the association or body named as principal and the Bank been created." Vgl. auch Brink-Habel, Rdn. 198 f.

Andererseits werden „Bürgschaften", die Banken auf Wunsch ihrer Kunden erteilen, unter Ausschluß jeglicher Einwendung auf erstes Anfordern des Gläubigers zahlbar gestellt. Obwohl die Bank sicherlich der Schuldnersphäre zugehört, handelt es sich hier um einen der häufigsten Fälle des Garantievertrages[51]. Gerade der Hauptschuldner, auf dessen Rechnung die Bankgarantie letztlich abgegeben wird, wird dem nicht widersprechen, da er bereit ist, die Anforderungen an die von ihm zu stellende Sicherheit zu akzeptieren, um das von ihm gewünschte Geschäft abzuschließen[52]. Umgekehrt können sich Personalsicherheiten, die ohne Beteiligung des Hauptschuldners gegeben werden und ausschließlich am Interesse des Gläubigers orientiert sind, auf ein Einstehen für die Erfüllung einer Forderung beschränken. Oft wird der Gläubiger die Zahlungsfähigkeit und -willigkeit des Hauptschuldners als das Interesse ansehen, das er gesichert sehen will. Ausfälle auf Grund des Nichtentstehens oder Fortfalls der Forderungen aus juristischen Gründen stellen demgegenüber keinen großen Risikofaktor dar. Ein Beispiel hierfür ist § 2 I der Allgemeinen Bedingungen für die Übernahme von Bürgschaften durch die Bundesrepublik Deutschland bei Lieferungen und Leistungen an ausländische Staaten und sonstige ausländische Körperschaften des öffentlichen Rechts (Regierungsgeschäfte)[53]:

„Gegenstand der Bürgschaft (verbürgte Forderung) ist die im Vertrag mit dem ausländischen Schuldner für Lieferungen und Leistungen als Preis vereinbarte Geldforderung. Auf die dem Bürgen nach §§ 768, 770 bis 772 zustehenden Einreden wird verzichtet."

Da auf Einwendungen nicht verzichtet wird, handelt es sich in der Tat um eine selbstschuldnerische Bürgschaft im Sinne der §§ 765 ff. BGB.

Es ist auch nicht ersichtlich, daß eigene Interessen des Sicherungsgebers an dem Zustandekommen des Vertrages zwischen Gläubiger und Hauptschuldner grundsätzlich Einfluß auf die Akzessorietät seiner Verpflichtung haben. So wird etwa ein Gesellschafter, der Geschäftsabschlüsse seiner Gesellschaft verbürgt, in der Regel nicht weitergehend haften wollen als die Gesellschaft[54]. Insoweit ist der Urteilsspruch in *Harburg India Rubber Comb. Co. v. Martin*[55] auch nach deutschem Recht richtig.

Aber auch dann, wenn der Sicherungsgeber seine persönliche Verpflichtung anbietet, um ein Pfand des Gläubigers abzulösen, wird die Verpflich-

---

[51] Vgl. Auhagen, S. 28.

[52] Schinnerer, Österreichisches Bank-Archiv 1972, 439, 441.

[53] Abgedruckt als Anlage V der Arbeit von Boetius, Der Garantievertrag, Diss. München 1966.

[54] Etwas anderes gilt selbstverständlich dann, wenn sich Zweifel an der Wirksamkeit des Hauptgeschäfts ergeben.

[55] Vgl. oben B III 3, F. N. 28.

tung in aller Regel akzessorisch sein, da ja auch das abzulösende Pfandrecht die Forderung nur soweit absichert, wie sie rechtlich existiert. Die englische Rechtsprechung[56] in Williams v. Leper[57] und Fitzgerald v. Dressler[58] ist deshalb auf das deutsche Recht nicht übertragbar. Es kann für die Schriftform auch keine Rolle spielen, ob in einem Vertrag neben der Bürgschaft noch weitere Angelegenheiten geregelt sind[59].

Ausgehend von reinen Billigkeitsüberlegungen ist es sicherlich verständlich, das eigene Interesse des Sicherungsgebers als Kriterium für die Annahme einer Garantie unter diesem Gesichtspunkt anzusehen; rechtfertigt es doch den Verzicht auf das Formerfordernis nach § 766 BGB[60]. Eine Aufweichung des in § 765 BGB präzise gefaßten Bürgschaftsbegriffes sollte dies aber nicht zur Folge haben[61]. Auf eine bessere Anpassung eines künftigen Rechts an die Interessenlage der Parteien soll später[62] eingegangen werden.

---

[56] Vgl. oben B III 3, F. N. 24 ff.

[57] (1766) 3 Burr. 1886.

[58] (1859) 7 C. B. N. S. 374.

[59] Anders der Court of Appeal in Harburg India Rubber Comb. Co. v. Martin, vgl. oben B III 3, F. N. 29.

[60] Vgl. Esser-Weyers, § 40 V 2, für den insoweit vergleichbaren Fall des Kreditauftrags.

[61] Die dogmatische Systemwidrigkeit des Kriteriums eines eigenen Interesses enthüllt deutlich die Kommentierung von Canaris im GroßKomm. HGB, Anhang § 357, Anm. 505:

„das wesentliche dogmatische Unterscheidungsmerkmal gegenüber der Bürgschaft und dem Schuldbeitritt liegt darin, daß der Garantievertrag von dem Bestand der gesicherten Hauptschuld grundsätzlich unabhängig, also nicht akzessorisch ist. ... Dagegen kommt es entgegen einer mitunter vertretenen Ansicht insoweit nicht darauf an, ob der Garant ein eigenes Interesse an der Sicherung der Schuld hat ... ; dieses Kriterium hat allenfalls außerhalb des Handelsrechts eine sinnvolle Funktion, weil es dort dazu beitragen kann, eine Aushöhlung der für die Bürgschaft geltenden Formerfordernisse gemäß § 766 BGB durch den — formfreien! — Garantievertrag zu verhindern, doch ist es im Handelsrecht und damit auch im Recht der Bankgarantie unbrauchbar, weil (und soweit) hier gemäß § 350 HGB ohnehin Formfreiheit herrscht."

Man kann nicht aus der Formbedürftigkeit auf eine bestimmte Art von Vertrag schließen. Das Gesetz knüpft seine Formvorschriften umgekehrt an den Umstand an, daß ein bestimmter Vertragstyp vorliegt.

[62] unten B V 5.

V. Regeln des Garantievertrages

1. Ausgangspunkt

Es soll untersucht werden, welche Konsequenzen sich aus der Unterordnung des Garantievertrages unter den Entschädigungsvertrag für die auf ersteren anzuwendenden Regeln ergeben. Hierbei muß beachtet werden, daß der Garantievertrag rechtlich und wirtschaftlich sehr unterschiedliche Ausgestaltungen erfährt. Deshalb ist grundsätzlich mehr als bei gesetzlich geregelten Vertragstypen der Parteiwille im Einzelfall zu erforschen, statt Rechtsfolgen allgemein gültigen Regeln zu entnehmen. Des weiteren sei an dieser Stelle auch noch einmal darauf hingewiesen, daß die Grenzen zwischen akzessorischer und nicht-akzessorischer Personalsicherheit fließend sind[1] und im vorstehenden Teil der Arbeit Bürgschaft und Garantie an Hand von rein begrifflichen Merkmalen abgegrenzt werden mußten[2]. Allein schon dies sollte dazu führen, bei der Herausarbeitung eines „Garantie-Rechts" Unterschiede zum Bürgschaftsrecht nur insoweit zu machen, als sie sich aus der akzessorischen Rechtsnatur der Bürgschaft zwingend ergeben. Es bleibt den Parteien immer unbenommen, stärkere Abweichungen vom Bürgschaftsrecht nach ihren eigenen Vorstellungen im einzelnen zu vereinbaren[3].

2. Regreß des Garanten

Meist wird der Garant für Rechnung des Auftraggebers handeln und so einen Erstattungsanspruch nach § 670 oder §§ 675, 670 BGB erwerben. Oft wird sich der Garant seinen Anspruch durch einen ausformulierten Revers sichern. Ist ein solcher Anspruch aber nicht entstanden oder im Konkurs des Auftraggebers wertlos geworden, so ist es von erheblicher wirtschaftlicher Bedeutung, ob der Garant bei Zahlung in die Rechte des Garantienehmers und die dafür bestehenden Vorzugsrechte und Sicherheiten eintreten kann.

Eine bedeutende Meinung[4] in Schrifttum und Rechtsprechung lehnt eine solche Möglichkeit ab unter Hinweis darauf, daß § 774 I BGB eine dem Bürgschaftsrecht eigentümliche Vorschrift ist, die nicht ohne weiteres auch auf andere Sicherungsgeschäfte zu übertragen sei. Die §§ 774, 1143 I S. 2, 1225

---

1 Vgl. oben A IV 2 b aa.

2 Vgl. oben A IV 2 b cc am Ende.

3 Vgl. Stötter, Das Garantieversprechen (Garantievertrag), DB 1971, 2145, 2147.

4 RGZ 94, 85, 90; 96, 136, 139; RG Seuff A 79, N. 21; Erman-Seiler, § 774, Rdn. 2; Bauer-Mengelberg, S. 45; Mormann in BGB-RGRK, § 774, Rdn. 9; Staudinger-Horn, § 774, Anm. 33; Schönle, S. 341; Boetius, S. 113 ff.; Scholz-Lwowski, S. 348; Münch-Komm-Pecher, Rdn. 4 vor § 765; Brink-Petereit-Reinecker-Scheerer, N. 191.

und 268 BGB seien abschließende Regeln für den Übergang der Forderung bei Einstehen für fremde Schuld.

Eine andere Ansicht[5] erachtet die analoge Anwendung des § 774 I BGB auf den Garantievertrag für richtig, selbstverständlich nur, soweit der Garantieempfänger überhaupt eine Forderung gegen einen primär Verpflichteten hat. Dem wird im Ergebnis zugestimmt, wobei lediglich die Begründung ergänzt werden soll. Unser Recht kennt als Regreßmethoden — abgesehen von den Regeln der Gesamtschuld — sowohl den Anspruch auf rechtsgeschäftliche Abtretung des Anspruchs als auch die unmittelbar wirkende *cessio legis*. Mangels gesetzlicher Regelung der Garantie ist dem Garantenregreß keines dieser Instrumente positiv-rechtlich zugeordnet. Es ergibt sich deshalb eine Gesetzeslücke, die durch Heranziehung der gesetzlichen Regelung eines möglichst vergleichbaren Sachverhaltes zu schließen ist. Diesem Zweck soll hier nicht eine einzelne Vorschrift dienen. Geeigneter erscheint die von Thiele[6] vorgeschlagene Methode, die Regreßtatbestände in ihren wesentlichen Strukturelementen zu erfassen, sie zu Fallgruppen zu ordnen und den nicht geregelten Fall einer Typengruppe zuzuordnen (Gesamtanalogie). Nun wurde schon oben[7] festgestellt, daß die Garantie dem Entschädigungsvertrag zugeordnet werden muß. Hierzu gehören auch Bürgschaft und Schadensversicherung, für die das Gesetz in § 774 I 1 BGB und 67 I 1 VVG den Regreß übereinstimmend durch die cessio legis abwickelt. Hier wie dort haften Regreßbegünstigter und Regreßverpflichteter auf dasselbe Interesse des Gläubigers, wobei das Gesetz durch eine stufende Wertung[8] die Belange des ersteren höher einschätzt als die des letzteren. War dieser an sich an erster Stelle verpflichtet, den Gläubiger zu befriedigen, so wurde ihm die Erfüllung der Pflicht von jenem abgenommen. Die Erstattung dieser Leistung, die auf Grund der Verschiedenstufigkeit der beiden Verpflichtungen gleichsam als Vorschuß anzusehen ist, wird vom Gesetz dadurch gewährleistet, daß dem Bürgen bzw. Versicherer der Anspruch des Gläubigers unabhängig von dessen Willen übertragen wird. Da die Interessenlage bei allen Formen des Entschädigungsvertrages die gleiche ist, muß diese Rechtsfolge auch beim Garantievertrag gelten. Die *cessio legis* muß ebenso als Regreßmethode des Entschädigungsvertrages angesehen werden, wie *subrogation* ein typisches Institut des *contract of indemnity* im weiteren Sinne ist[9].

Ausgehend von seinem Modell eines ausschließlich gläubigerbezogenen Garantievertrages sieht auch Boetius[10] dessen Vergleichbarkeit zumindest

[5] v. Caemmerer, Festschrift für Riese, 295, 306 (Ges. Werke II, 353, 366); Pleyer, S. 21; Finger BB 1969, 206, 208.

[6] JuS 1968, 149, 151.

[7] B IV 2 b aa.

[8] Vgl. Selb, S. 23.

[9] Vgl. Ivamy, S. 394; Mac Gillivray, Bd. II, Rdn. 1882.

[10] S. 119.

mit der Versicherung, allerdings nicht grundsätzlich, sondern beschränkt auf die Kreditversicherung. Eine entsprechende Anwendung des § 67 I 1 VVG lehnt er ab, weil sich diese Bestimmung nur auf die Sachschadensversicherung, nicht jedoch auf die Kreditversicherung bezöge. Der singuläre Charakter dieser Vorschrift ergäbe sich im übrigen schon aus der Existenz des § 255 BGB. Boetius[11] zieht es vor, im Rahmen einer Vorteilsausgleichung die Leistungspflicht des Garanten von der Abtretung der vom Gläubiger gegen den Hauptschuldner zustehende Ansprüche abhängig zu machen. Diese rechtsgeschäftliche Abtretung soll dem Garanten einen Regreß eröffnen.

Abgesehen von dem schon oben[12] abgelehnten Ausgangspunkt kann Boetius nicht gefolgt werden in der Aussage, § 67 VVG ordne eine *cessio legis* nur für den Bereich der Sachschadensversicherung an. Diese Einschränkung läßt sich dem Gesetz nicht entnehmen, da auch die Kreditversicherung Schadensversicherung i. S. der §§ 49 ff. VVG ist[13]. Die Anwendbarkeit des Versicherungsvertragsgesetzes auf die Kreditversicherung läßt sich im übrigen durch Umkehrschluß auch § 187 I VVG entnehmen, wonach sich nur die zwingende Wirkung einiger Vorschriften nicht auf die Kreditversicherung erstrecken soll. So geht für den Fall der Kautionsversicherung eine ständige Rechtsprechung von einer Anwendbarkeit des § 67 I 1 VVG als selbstverständlich aus[14].

Bei allen Fällen des Entschädigungsvertrages bleibt es gemeinsamer Ausgangspunkt, daß der daraus Verpflichtete andere Schuldner nicht befreien, sondern für diese, die dem Schaden wertungsmäßig „näher stehen", in Vorlage treten soll. Der Versicherer tritt nicht für den Schadensstifter ein[15], und der Bürge zahlt nicht zugunsten des Hauptschuldners. Im entscheidenden Unterschied zum Fall des § 255 BGB muß der Garant ebenso wie der Bürge und Versicherer nicht für die Verletzung einer an sich geschuldeten anderweitigen Pflicht Schadensersatz leisten, sondern schuldet diesen als Erfüllung der Hauptpflicht eines von ihm geschlossenen Vertrages. Was die von Boetius angestrebte Lösung über den Vorteilsausgleich anbetrifft, so soll nicht bestritten werden, daß dieses Rechtsinstitut grundsätzlich auch beim Garantievertrag sinnvoll herangezogen werden kann. Dies erübrigt sich hier aber, da die in §§ 774 I 1 BGB und § 67 I 1 VVG angeordnete Legalzession als konkrete Ausgestaltung der Vorteilsausgleichung[16] angesehen werden

---

[11] S. 116; zustimmend Brink-Petereit-Reinecker-Scheerer, N. 191.

[12] B IV 2 a.

[13] Auch in England zählt die fidelity und die solvency insurance zu den Versicherungsarten, für die doctrine of subrogation Anwendung findet; vgl. Mac Gillivray, Bd. II, Rdn. 2134; Ivamy, S. 416, 422.

[14] BGHZ 33, 97; BGH VersR 1972, 194; BGH VersR 1961, 410; vgl. auch Bischoff, VersR 1961, 193; Prölss-Martin, § 187, Anm. 1.

[15] Schultz, S. 58.

kann. Die Anwendung der spezifischen Regelungen von Entschädigungsverträgen liegt näher als der — subsidiär sicher zulässige — Rückgriff auf das Recht gesetzlicher Schadensersatzverpflichtung.

3. Verantwortlichkeit des Garantienehmers für den Ausfall

In *Unity Finance, Ltd. v. Woodcock*[17] hatte die klagende Teilzahlungsbank eigenmächtig das finanzierte Fahrzeug vom Kunden abholen lassen und so dessen Zahlungsverpflichtung zum Erlöschen gebracht. Aus diesem Grunde war über die Frage zu entscheiden, ob der Sicherungsgeber auch dann haften müsse, wenn der Gläubiger seine Forderung gegen den Hauptschuldner auf Grund seines eigenen gesetzwidrigen Verhaltens verloren hat. Im Lichte der Interpretation dieses Urteils durch Lord Denning in *Goulston Discount Co., Ltd. v. Clark*[18] konnte der Fall nicht durch Annahme einer Bürgschaft gelöst werden. Vielmehr wurde hier ein spezifisches Problem des Garantievertrages aufgeworfen, nämlich die Frage, ob der Gläubiger den Wegfall der Forderung gegen den Hauptschuldner schuldhaft herbeiführen und dennoch den Ausfall auf den Garanten überwälzen kann[19]. Der Garant ist hiervor nicht wie der Bürge schon dadurch geschützt, daß er sich auf diesbezügliche Einwendungen des Hauptschuldners berufen kann. Trotz der mangelnden Akzessorietät der Garantie läßt sich die aufgeworfene Frage in Übereinstimmung mit den beiden oben zitierten englischen Entscheidungen verneinen.

Letztlich ist die Frage nur Teilaspekt eines allgemeinen Problems des Garantievertrages, nämlich dem, wer einen vom Sicherungsnehmer selbst verschuldeten Ausfall zu tragen hat. So kommt es etwa vor, daß der Gläubiger durch seine Maßnahmen zwar nicht die Forderung gegen den Hauptschuldner verliert, aber die Chancen ihrer Einbringlichkeit. Die deutsche Rechtsprechung hat in diesen Fällen den Garanten von seiner Haftung freigestellt. Zu Recht wurde argumentiert, dem Gläubiger obliege es, das seinige zu tun, daß die Realisierung der Forderung nicht gefährdet würde. Dies ergebe sich aus den Grundsätzen von Treu und Glauben[20]. Auf Verluste, die sich der Garantieempfänger selbst zuzuschreiben hätte, erstrecke sich die Garantie nicht[21].

---

[16] Vgl. auch Ivamy, S. 394: „The doctrine of subrogation has been adopted solely for the purpose of preventing the assured from recovering more than a full indemnity, by placing the insurers in the position of the assured."

[17] Vgl. oben B III 4, F. N. 37.

[18] Vgl. oben B III 4, F. N. 43.

[19] Vgl. oben S. 129 f.

[20] RG JW 1910, 231, 232; RG JW 1912, 237, 238.

[21] RG JW 1937, 749, 751 mit zustimmender Anmerkung von Carl.

Ergänzend könnten sich hier die Bestimmungen heranziehen lassen, die für die andere nicht akzessorische Form des Entschädigungsvertrages, die Schadensversicherung, gelten. Hierbei müssen allerdings die Unterschiede zwischen dieser und dem Garantievertrag beachtet werden. Die Versicherung ist ein gegenseitiger Vertrag, in dem der Versicherer das Risiko gegen die Vereinbarung einer Prämie übernimmt. Zwar ist es auch mit dem Begriff des Garantievertrages vereinbar, daß entweder der Garantieempfänger (bei der Export-Garantie) oder der zur Stellung der Garantie Verpflichtete (bei der Bank-Garantie) ein Entgelt zahlt. Dieses ist aber nicht wie die Versicherungsprämie nach versicherungsmathematischen Grundsätzen an der Schadenswahrscheinlichkeit orientiert[22]. Bei Bankgarantien etwa wird mit dem Entgelt eher der Verwaltungsaufwand vergütet als das Risiko. Dieses wird weitgehend schon durch Rückgarantien und Sicherheiten des Auftraggebers abgedeckt[23].

Auf Grund dieses Unterschieds ist § 24 VVG im Bereich des Garantievertrages nicht anwendbar. Hiernach kann der Versicherer kündigen, wenn der Versicherungsnehmer ohne dessen Einwilligung die Gefahr erhöht. Diese Kündigungsmöglichkeit beruht auf der speziellen Interessenlage des Versicherungsvertrages: der Versicherer deckt fortlaufend eine Gefahr, und der Versicherungsnehmer zahlt dafür ebenso fortlaufend eine dieser Gefahr entsprechende Prämie. Da die Prämienberechnung bei einer Veränderung der Gefahr nicht mehr stimmt, muß sich der Versicherer seiner Verpflichtung entziehen können. Die Interessen des Versicherungsnehmers sind ausreichend dadurch gewährt, daß er bei Verlust des Versicherungsschutzes auch keine Prämien mehr zu bezahlen hat und in der Regel durch entsprechende Risikozuschläge neuen Versicherungsschutz bei demselben oder einem anderen Versicherer erwerben kann. Dem ist die Situation der Parteien beim Garantievertrag nicht vergleichbar, da der Garant entweder kein Entgelt erhält oder Zahlung des Entgelts und Deckung des Schadens nicht synallagmatisch miteinander verknüpft sind. Soweit ein Garantievertrag als Dauerschuldverhältnis angelegt ist, muß sich die Möglichkeit seiner Kündigung nach denselben Grundsätzen einer Interessenabwägung richten, die oben[24] für die Kündigung einer Dauerbürgschaft herausgearbeitet worden sind. Aus denselben Erwägungen können auch §§ 40 (Prämie trotz Aufhebung des Versicherungsverhältnisses), 41 (höhere Prämie bei höherer Gefahr) und 41 a (Herabsetzung der Prämie bei Wegfall der Gefahrerhöhung) VVG für den Garantievertrag nicht herangezogen werden.

Keinen grundsätzlichen Bedenken unterliegt dagegen die entsprechende Anwendung der §§ 25 I (Leistungsfreiheit bei Gefahrerhöhung), 25 II 1 (Ge-

---

[22] Vgl. Boetius, S. 47 ff.

[23] Vgl. Auhagen, S. 72 f.

[24] A IX 2 b bb.

fahrerhöhung ohne Verschulden des Versicherungsnehmers), 25 III 2. Alt. (Gefahrerhöhung ohne Einfluß auf den Eintritt des Versicherungsfalls und den Umfang des Schadens), 26 (Gefahrerhöhung im Interesse des Versicherers oder der Menschlichkeit), 29 (unerhebliche Gefahrerhöhung), 33 (Anzeigepflicht des Versicherers nach Eintritt des Versicherungsfalls), 34 (Auskunftspflicht des Versicherungsnehmers nach Eintritt des Versicherungsfalls), 61 (schuldhafte Herbeiführung des Versicherungsfalls), 62 (Abwendung und Minderung des Schadens), 63 (Aufwendungen für Minderung des Schadens, 66 (Ermittlungskosten) VVG[25]. Diese Vorschriften sprechen Rechtsgedanken aus, die auch für andere Entschädigungsverträge wie den Garantievertrag passen. Sowohl bei der Garantie als auch beim Versicherungsvertrag will der Sicherungsgeber für ein bestimmtes Risiko einstehen, das angemessen zu limitieren die vorerwähnten Vorschriften geeignet sind. Besonders hier muß allerdings die individuelle Auslegung des Garantievertrages Vorrang haben. So kann sich ergeben, daß auf Grund der dem Garanten bei Vertragsabschluß erkennbaren Interessen des Garantieempfängers diesem abweichend von § 23 I VVG (Gefahrerhöhung nach Vertragsabschluß) ein gewisser Spielraum für eine Risikoerhöhung zustehen muß. Auch die in § 62 VVG unter anderem niedergelegte Weisungsgebundenheit des Versicherten wird oft dem Parteiwillen beim Garantievertrag nicht entsprechen. Schließlich wird auch dann, wenn eine Risikoerhöhung nur den Umfang des Schadens erhöht, der Garant in aller Regel abweichend von § 25 VVG insoweit leisten müssen, als der Schaden auch ohne die Risikoerhöhung eingetreten wäre.

4. Regreßbehinderung durch den Garantienehmer

Zum Problem der Risikoerhöhung durch den Sicherungsnehmer gehört auch die Regreßbehinderung durch Aufgabe der analog §§ 774 I 1 BGB, 67 I 1 VVG auf den Garanten übergehenden Forderungen und der dafür gegebenen Sicherheiten. Die Frage, ob der Gläubiger durch seine Maßnahmen seinen Ausfall selbst verschuldet oder nur den Rückgriff des Garanten versperrt, läßt sich oft gar nicht trennen.

So läßt sich etwa im Fall *Unity Finance, Ltd. v. Woodcock*[26] auch argumentieren, daß die Klägerin durch die gesetzwidrige Aneignung des Wagens den abgesicherten Ausfall nicht herbeigeführt (der Garantiefall war schon vorher durch den Verzug des Käufers und die Beendigung des Hire-Purchase-Verhältnisses eingetreten), sondern nur Rechte vernichtet hatte, die auf den Beklagten bei Zahlung hätten übergehen sollen. In jedem Fall ist die Mög-

---

[25] Vgl. auch Fikentscher, § 92 II 3.

[26] Vgl. oben B III 4, F. N. 37 sowie B V 3.

lichkeit, bei Zahlung an den Garantienehmer Rückgriff beim Hauptschuldner zu nehmen und dafür die von diesem gegebenen Sicherheiten einsetzen zu können, ein Faktor, der das vom Garanten übernommene Risiko begrenzt und den der Garant für seine Entscheidung über die Übernahme der Garantie berücksichtigen können muß. Beseitigt oder verringert der Gläubiger diese Ersatzmöglichkeit, so erhöht er das Risiko des Garanten über die ursprünglich übernommene Gefahr hinaus. Deshalb muß der Garant frei werden, soweit er aus der aufgegebenen Forderung oder Sicherheit hätte Ersatz erlangen können. Eine stark vertretene Meinung[27] wendet hier § 776 Satz 1 BGB entsprechend an. Zusätzlich kann auch § 67 I 3 VVG herangezogen werden, der in besonderem Maße als Bestimmung gelten muß, die das hier angesprochene sekundäre Risiko des Entschädigungspflichtigen begrenzt[28].

Nach allgemeiner Ansicht werden obige Grundsätze nicht auf Sicherheiten angewendet, die dem Gläubiger erst nach Übernahme der Garantie bestellt worden sind[29]. Eine analoge Anwendung des § 776 Satz 2 BGB wird abgelehnt, da Bürgschaft und Garantievertrag rechtlich zu verschieden seien[30]. Für diese Ansicht spricht, daß § 67 VVG eine § 776 Satz 2 BGB entsprechende Vorschrift nicht enthält, so daß eine Gesamtanalogie zu Vorschriften sowohl des Bürgschafts- als auch des Versicherungsrechts ausgeschlossen ist. Der Auffassung kann deshalb grundsätzlich gefolgt werden.

Abzulehnen ist sie dagegen für den Fall der uneigennützig gegebenen Garantie. Wie bereits oben[31] dargelegt, ist die Grenze zwischen Bürgschaft und Garantievertrag nach dem formalen Kriterium der Akzessorietät zu ziehen, nicht nach der Frage, inwieweit der Sicherungsgeber ein eigenes Interesse an dem Vertragsschluß zwischen Gläubiger und Hauptschuldner hat. Wirtschaftlich gesehen sind Leistungsgarantie und Bürgschaft als Sicherheiten oft austauschbar[32]. Auf der anderen Seite knüpft der Schutz, den der Bürge nach § 776 Satz 2 BGB genießen soll, nicht an die Akzessorietät der Bürgenhaftung, sondern an eine gesetzliche Modellvorstellung des „Freundschaftsbürgen" an, der bei seinem gefährlichen Rechtsgeschäft besonderen Schutz verdient. Ein solcher Schutz sollte dem altruistischen Sicherungsgeber nicht deshalb verweigert werden, weil er eine Verpflichtung übernimmt, die nicht nur die Haftung eines Bürgen vollständig umfaßt, sondern noch

---

27 Pleyer, S. 20; Brink-Petereit-Reinecker-Scheerer, N. 192; Ratz in Großkomm. HGB, § 349, Anm. 94; Staudinger-Horn, § 776, Rdn. 13; Soergel-Siebert-Mühl, § 776, Anm 14; a. A. Boetius, S. 59.

28 Vgl. Ehrenzweig, S. 288.

29 Pleyer, S. 20; Ratz in Großkomm. HGB, § 439, Anm. 94.

30 RGZ 72, 138, 142.

31 B V 1.

32 Vgl. Hadding, Gutachten, S. 747.

darüber hinausgeht. Eine Verweigerung dieses Schutzes wäre dogmatisch unnötige und interessenwidrige Begriffsjurisprudenz[33].

5. Rechtspolitische Überlegungen zur Formvorschrift des § 766 BGB

Während die strenge begriffliche Unterscheidung zwischen Bürgschaft und Garantievertrag in ihren Rechtsfolgen oft durch die Unterordnung unter das gemeinsame Dach des Entschädigungsvertrages erheblich abgemildert werden kann, ist dies bei der Formvorschrift des § 766 BGB nicht möglich. Hier bestehen keine gemeinsamen Grundsätze bei Bürgschaft und Versicherung. Auch graduelle Abstufungen und Erforschungen des Parteiwillens im Einzelfall sind bei der Frage der Anwendbarkeit einer Formvorschrift nicht möglich. So steht die Bürgschaft, für die speziell die Formbedürftigkeit angeordnet ist, dem Garantievertrag, der keiner Formvorschrift unterliegt, schroff gegenüber.

Die dadurch bedingte Abhängigkeit der Formbedürftigkeit davon, ob eine Einstandsverpflichtung sich speziell auf die Erfüllung einer Verbindlichkeit eines Dritten richtet, wird zu Recht als unbefriedigend und nicht interessengemäß angesehen[34]. Tatsächlich hängt die Schutzbedürftigkeit eines Sicherungsgebers nicht davon ab, ob er akzessorisch haftet oder nicht[35]. Es ist nicht einzusehen, warum derjenige, den eigene wirtschaftliche Interessen zur Abgabe einer streng akzessorischen Einstandserklärung bewegen, sich auf den Schutz des § 766 berufen können soll, ein Schutz, der auf der anderen Seite dem altruistischen Sicherungsgeber versagt bleibt, der über ein Einstehen für die Forderung hinaus auf die Erhebung von Einwendungen verzichtet. Es sollen deshalb *de lege ferenda* Änderungsmöglichkeiten aufgezeigt werden.

Die Vorschläge des Max-Planck-Instituts für ausländisches und internationales Privatrecht[36] für eine Angleichung des Bürgschaftsrechts im Bereich der Europäischen Gemeinschaft enthalten u. a. die beiden folgenden Bestimmungen:

---

[33] Vgl. Cohn, M. L. R. 10 (1947), 40, 50.

[34] Vgl. oben S. 143. vgl. auch Hadding, Gutachten, S. 747: „Obwohl der Garant durch den Garantievertrag eine Verpflichtung übernimmt, die zumindest die Verpflichtung des Bürgen sachlich umfaßt, aber in der Regel sogar über sie hinausgeht, bedarf der Garantievertrag nicht der Schriftform. Diese Rechtslage erscheint als solche durchaus unbefriedigend."

[35] Stötter, Das Garantieversprechen (Garantievertrag), DB 1971, 2145, 2146.

[36] Max-Planck-Institut, Bürgschaft, S. 73 ff.

Artikel 2:

(1) Ein Bürgschaftsvertrag ist nur wirksam, wenn der Bürge das Bürgschaftsversprechen schriftlich, telegrafisch oder fernschriftlich erteilt hat[37]. Der Mangel an Form wird geheilt, soweit der Bürge seine Verpflichtungen erfüllt.

(2) Keiner Form bedarf das Bürgschaftsversprechen eines Kaufmanns. Es kann insbesondere auch durch Zeugen bewiesen werden[38].

(3) Als Kaufmann im Sinne dieser Vorschrift gelten:
a) in Belgien: eine Person, die ein Handelsgewerbe betreibt;
b) in Deutschland: ein Vollkaufmann;
c) in Frankreich: eine Person, die ein Handelsgewerbe betreibt;
d) in Italien: ein „imprenditore" mit Ausnahme eines „piccolo imprenditore";
e) in Luxemburg: eine Person, die ein Handelsgewerbe betreibt;
f) in den Niederlanden: eine Person, die eine Bürgschaft in Ausübung ihres Gewerbes abgibt.

Artikel 9

(1) .....

(2) Für den Garantievertrag gelten die Regeln über die Bürgschaft entsprechend. Ausgenommen sind diejenigen Regeln, welche auf der Abhängigkeit der Bürgschaft von der gesicherten Forderung beruhen. Eine abweichende Parteivereinbarung bleibt vorbehalten[39].

Da die Form nicht auf der Abhängigkeit der Bürgschaft von der gesicherten Forderung beruht, wären damit Bürgschaft und Garantie hinsichtlich der Form gleichgestellt. Dies ist zu begrüßen, da es die interessenwidrige Verknüpfung von Formbedürftigkeit und Akzessorietät beseitigt.

Nicht ganz befriedigt jedoch die Differenzierung der Formbedürftigkeit danach, ob die Verpflichtung von einem Kaufmann oder einem Privatmann eingegangen wurde. Die Unterscheidung hat das Max-Planck-Institut[40] damit begründet, daß in den meisten Ländern das Handelsrecht zum Abbau von Formalitäten tendiere. Demgegenüber sieht Ratz[41] eine Entwicklung in umgekehrter Richtung. Der Handel sei vielfach wieder zur Form zurückgekehrt, weil nur die Form eine klare und sichere Lage verschaffe. Von gewis-

---

[37] Anders Art. 3 Nr. 1 des Richtlinienentwurfs der EG, a. a. O. unter A IX 2 b bb, F. N. 69: „Die Bürgschaftserklärung wird durch ein von dem Bürgen unterzeichnetes Schriftstück erteilt."

[38] Ähnlich Art. 3 Nr. 3 des Richtlinienentwurfs der EG, a. a. O. unter A IX 2 b bb, F. N. 69: „Wird die Bürgschaftserklärung in Ausübung einer gewerblichen oder beruflichen Tätigkeit abgegeben, ist sie an keine besondere Form gebunden."

[39] Ähnlich auch Art. 9 Nr. 5 des Richtlinienentwurfs der EG, a. a. O. unter A IX 2 b bb, F. N. 69: „Die Artikel 2 - 8 sind auf Garantieverträge entsprechend anzuwenden."

[40] Bürgschaft, S. 74.

[41] Großkomm. HGB, § 350, Anm. 1.

sen Formerrungenschaften, z. B. der Formstrenge des Wechselrechts und des Scheckrechts, sei der Handel nie abgegangen.

Für den differenzierenden Vorschlag des Max-Planck-Instituts spricht, daß ein Vollkaufmann eher als der Durchschnittsbürger in der Lage ist, die Bedeutung und die Risiken eines Rechtsgeschäfts zu erkennen und seine Vor- und Nachteile gegeneinander abzuwägen. Dank seiner geschäftlichen Erfahrung bedarf er des Übereilungsschutzes der Schriftform in geringerem Maße. Auch wird ein Kaufmann eine Bürgschaft wesentlich häufiger als ein Nichtkaufmann auf Grund kommerzieller, nicht altruistischer Motive abgeben.

Dieser Gesichtspunkt legt die Prüfung nahe, ob die vorgeschlagene Formfreiheit der vollkaufmännischen Bürgschaft, die ohne Anknüpfung an den Begriff des Handelsgeschäfts i. S. von §§ 343 ff. HGB gelten soll[42], dem Gesichtspunkt des eigenen Interesses des Sicherungsgebers am gesicherten Geschäft zu einer durchschlagenden Bedeutung verhelfen könnte. Das geltende Recht ermöglicht es, wie oben[43] dargelegt, einem Bürgen, sich seiner formlos abgegebenen Erklärung auch dann zu entziehen, wenn sie der Förderung eigener Geschäftsinteressen dienen sollte. Da dies unbillig erscheint, entwickelte sich das verständliche, wenn auch *de lege lata* nicht gerechtfertigte Bestreben im deutschen Schrifttum[44], in einem solchen Fall den Schutz einer Formvorschrift zu versagen. Diesem Bestreben kann aber auch der Entwurf des Max-Planck-Instituts keine gesetzliche Grundlage verschaffen. Gerade das „Paradebeispiel" eines wirtschaftlichen Eigeninteresses, die Bürgschaft des Kapitaleigners für eine AG oder GbmH, würde in Deutschland oft formbedürftig bleiben, da nach § 6 HGB nicht er, sondern die Gesellschaft Kaufmann ist. Es ist allerdings auch fraglich, ob eine gesetzliche Differenzierung nach dem wirtschaftlichen Interesse des Sicherungsgebers angezeigt ist. Es läßt sich häufig nur schwer ermitteln und ist als Kriterium für eine Formvorschrift zu unpräzise. Außerdem scheint es sich hier um ein spezifisch deutsches Anliegen zu handeln, das sich im Rahmen der sicherlich wünschenswerten Harmonisierung des Bürgschaftsrechts in den verschiedenen Mitgliedsländern der Europäischen Gemeinschaft nicht durchsetzen dürfte.

Entscheidend spricht der Aspekt der Vereinfachung und Vereinheitlichung des Rechts der Personalsicherheiten dagegen, das Bürgschafts- bzw. Garantieversprechen eines Kaufmanns von der Formbedürftigkeit auszunehmen. In vielen anderen Ländern der Europäischen Gemeinschaft könnte eine Unterscheidung zwischen kaufmännischer und nichtkaufmännischer

[42] Max-Planck-Institut, Bürgschaft, S. 74.

[43] B IV 2 b cc.

[44] Vgl. oben B IV 1, S. 133; B IV 2 b cc, S. 143.

Bürgschaft nicht so genau wie in Deutschland vorgenommen werden. Für Großbritannien und Irland würde sich darüber hinaus die kaum überwindbare Schwierigkeit ergeben, daß dort nicht an einen Rechtsbegriff „Kaufmann" angeknüpft werden kann[45]. Deshalb bietet sich für eine Rechtsvereinheitlichung auf europäischer Ebene die Beschränkung des Art. 2 auf den ersten Absatz an[46]. Dann würden alle Bürgschafts- und Garantieversprechen einer einheitlichen, aber gegenüber der jetzigen deutschen Rechtslage[47] erleichterten Schriftform unterworfen. Da dieser auch ein Fernschreiben genügen würde, würde den Bedürfnissen der Wirtschaft ausreichend Rechnung getragen. Veränderungen im kaufmännischen Verkehr würden sich kaum ergeben, da auch jetzt schon aus Beweisgründen regelmäßig die Schriftform gewählt wird[48].

---

[45] Ebenso Hartley, N. 148.

[46] Dies schlägt das Max-Planck-Institut selbst als Alternative vor (Bürgschaft, S. 73).

[47] Vgl. BGHZ 24, 297.

[48] Vgl. Max-Planck-Institut, Bürgschaft, S. 75.

Literaturverzeichnis

Das benutzte Schrifttum ist an alphabetischer Reihenfolge verzeichnet. Die Kommentare werden mit dem jeweiligen Bearbeiter zitiert. Soweit nicht die letzte Auflage herangezogen wurde, ist dies im Text gesondert vermerkt. Ist im Literaturverzeichnis nur ein Werk eines Verfassers aufgeführt, so wird dieses in der Regel nur mit dem Namen des Verfassers zitiert. Die im übrigen verwendeten Kurztitel sind nachstehend unter „zit.:" vermerkt.

Adams, J. N.: Consideration for Requirements Contracts, L. Q. R. (94) 1978, 73

Adler, K.: Über Doppelversicherung und Überversicherung, LZ 1912, Sp. 497

Anson-Guest: Law of Contract, 26. Aufl., Oxford 1984

Atiyah, P. S.: An Introduction to the Law of Contract, Oxford 1971

Auhagen, U.: Die Garantie einer Bank auf „Erstes Anfordern" zu zahlen, Diss. Freiburg 1966

Bär, T.: Zum Rechtsbegriff der Garantie, insbesondere im Bankgeschäft, Diss. Zürich 1963

Barchewitz-Nielsen: Das Bankrecht, 3. Aufl, Bleckede 1966

Bauer-Mengelberg, R.: Bürgschaft, Schuldübernahme und Garantievertrag, Berlin 1930

Baumbach-Duden-Hopt: Handelsgesetzbuch, 26. Aufl., München 1985

Baur, F.: Lehrbuch des Sachenrechts, 13. Aufl., München 1985

Beeser, J.: Die Bürgschaft mehrerer, BB 1958, 970

Beitzke, G.: Nichtigkeit, Auflösung und Umgestaltung von Dauerschuldverhältnissen, Schloß Bleckede 1948

Benjamin-Finnemore-James: A Treatise on the Law of Sale of Personal Property, 8. Aufl., London 1950

Bernard, J.: Discharge of a Surety by Extension of the Term of the Principal Obligation, Tulane Law Report 1957, 631

Bischoff, K.: Versicherungsnehmer und Versicherter bei der Versicherung für fremde Rechnung als Regreßschuldner des § 67 VVG, VersR 1961, 193

Birks: An Introduction to the Law of Restitution, Oxford 1985

Birks-Beatson: Unrequested Payment of Another's Debt, L. Q. R. 92 (1976), 188

Blair, M. C.: The Conversion of Guarantee Contracts, L. Q. R. 29 (1966), 522

Blomeyer, A.: Allgemeines Schuldrecht, 4. Aufl., Berlin-Frankfurt a. M. 1969

— Urteilsanmerkung, JZ 1957, 443

Blumenwitz, D.: Einführung in das Anglo-Amerikanische Recht, München 1971

Boetius, J.: Der Garantievertrag, Diss. München 1966

Boltze,F.: Zeitgemäße Untersuchungen über das Verhältnis der Bürgschaft zum Garantievertrag, Diss. Jena 1933

Bowstead, W.: On Agency, 15. Aufl., London 1985

Brink-Habel: Recht der Kreditsicherheiten in europäischen Ländern, Teil IV, England, Berlin 1980

Brink-Petereit-Reinecker-Scheerer: Recht der Kreditsicherheiten in europäischen Ländern, Teil I, Bundesrepublik Deutschland, Berlin 1976

Buckland, W.: Equity in Roman Law, London 1911

Bühlow, P.: Recht der Kreditsicherheiten, Heidelberg 1984

Burge, W.: A Dictionary of English Law, London 1923

Caemmerer, E. von: Gesammelte Schriften. Hrsg. von H. G. Leser, 2 Bände, Tübingen 1968, zit.: von Cammerer, Ges. Schriften I, II

— Bankgarantien im Außenhandel. In: Festschrift für Riese, Tübingen 1964, 295 (Ges. Schriften II, 353)

— Bereicherung und unerlaubte Handlung. In: Festschrift für Rabel, Bd. I, Tübingen 1954, 33 (Ges. Schriften I, 209)

Carl: Urteilsanmerkung, JW 1937, 751

Carroll: Lectures on Letters of Guarantee, Dublin 1953

Charlesworth-Cain: Company Law, 11. Aufl., London 1977

Charlesworth-Schmitthoff-Sarre: Mercantile Law, 13. Aufl., London 1977

Cheatham, Th.: Security Rights — Suretyship — Alteration of the Principal Contracts-Loss of Defense by Waiver, Tulane Law Review 1959, 717

Cheshire, G. C.: The Modern Law of Real Property, 11. Aufl., London 1971

Cheshire-Fifoot: Law of Contract, 10. Aufl., London 1981

Chitty, J.: On Contracts, Bd. II, Specific Contracts, 25. Aufl., London 1983

Chorley, R.: The Law of Contract in Relation to the Law of Banking, London 1967

Cohn, E. J.: Validity of Guarantees for Debts of Minors, M. L. R. 10 (1947), 40

Colinvaux: The Law of Insurance, 3. Aufl., London 1970

Collingwood, Ch.: Contract. In: Halsbury, The Laws of England, Bd. 8, 3. Aufl., London 1954, S. 51

Colyar, H. A. de: A Treatise on the Law of Guarantees and of Principal & Surety, 3. Aufl., London 1897

Cornish, W. R.: Interveners and Unjust Enrichment, M. L. R. 38 (1975), 563

Curti, A.: Manuel de Droit Civil et Commercial Anglais, Bd. II, Droit Commercial, Paris 1929

Curtis-Bennet, P. C. M.: Set-Off and Counterclaim. In: Halsbury, The Laws of England, Bd. 34, 3. Aufl., London 1960

Criscuoli, G.: Il Contratto Nel Diritto Inglese, Palermo 1968

David, R.: Les Contrats en Droit Anglais, Paris 1973

David-Grasmann: Einführung in die großen Rechtssysteme der Gegenwart, München-Berlin 1966

Davis, A. G.: The Relationship Between Banker and Seller under a Confirmed Credit, L. Q. R. 52 (1936), 225

Davis, R.: The Law Relating to Commercial Letters of Credit, 3. Aufl., London 1963

Dernburg, H.: Die Schuldverhältnisse nach dem Rechte des Deutschen Reiches und Preußens, 3. Aufl., Halle 1905

Dow, P.: Guarantee and Indemnity. In: Halsbury, The Laws of England, Bd. 18, 3. Aufl., London 1957, S. 409.

Düringer-Hachenburg: Das Handelsgesetzbuch, Bd. IV, 3. Aufl., Mannheim-Berlin-Leipzig 1932, zit.: Düringer-Hachenburg-(Bearbeiter)

Dwyer, J. R.: A Legal and Business Examination of the Contractually Supported Investment in Relation to the Corporate Guaranty, Syracuse Law Review 1972, 33

Eastwood, R. A.: The Contract of Sale of Goods, London 1946

Eccius: Verbürgung für eine künftige Schuld und Kreditmandat, Gruch. B. 46 (1902), 55

Ehrenzweig, A.: Deutsches (Österreichisches) Versicherungsrecht, Wien 1952

Ellinger: The Anatomy of Letters of Credit, Malaya Law Reports 4 (1962), 307

Emmerich, V.: Das Recht der Leistungsstörungen, München 1978

Enneccerus-Lehmann: Recht der Schuldverhältnisse, 15. Aufl., Tübingen 1958

Erman, W.: Handkommentar zum Bürgerlichen Gesetzbuch, Bd. I, 7. Aufl., Münster 1981, zit.: Erman-(Bearbeiter)

Esser-Schmidt: Schuldrecht, Bd. I, Allgemeiner Teil, 6. Aufl., Heidelberg 1984

Esser-Weyers: Schuldrecht, Bd. II, Besonderer Teil, 6. Aufl., Heidelberg 1984

Fikentscher, W.: Schuldrecht, 7. Aufl., Berlin 1985

Finger, P.: Formen und Rechtsnatur der Bankgarantie, BB 1969, 206

— Die Konkurrenz der Rückgriffsansprüche von Pfandschuldner und Bürge, BB 1974, 1416

Fisher-Lightwood: Law of Mortgage, 8. Aufl., London 1969

Flume, W.: Allgemeiner Teil des Bürgerlichen Rechts, Bd. II, Das Rechtsgeschäft, 3. Aufl., Berlin-Heidelberg-New York 1979

Fridman, G. H. L.: The Law of Agency, 4. Aufl., London 1976

Friedmann, D.: Payment of Another's Dept, L. Q. R. 99 (1983) 534

Friedmann, W.: Das System des Quasi-Contracts, insbesondere die Bereicherungshaftung, im anglo-amerikanischen Recht unter vergleichender Darstellung des deutschen Bereicherungsrechts, Diss. Berlin 1929

Fruhstorfer, J.: Die Bemühungen um eine Vereinheitlichung des Bürgschaftsrechts in den Europäischen Gemeinschaften, Mainz o. J.

Furmston, M. P.: Infant's Contracts — La Nouvelle Vague?, M. L. R. 24 (1961), 644

Garvey, M. J.: The Right of a Paid Surety to Subrogation, Marquette Law Review 1960, 194

Gernhuber, J.: Bürgerliches Recht, 2. Aufl., München 1983

Gierke, O. von: Deutsches Privatrecht, Bd. III, Schuldrecht, München-Leipzig 1917

Gilissen, J.: Esquisse d'une histoire comparée des sûretés personnelles. In: Les Sûretés Personnelles, Brüssel 1974, 5

Goff-Jones: The Law of Restitution, London 1966

Goldmann-Lilienthal: Das Bürgerliche Gesetzbuch, Bd. I, 2. Aufl., Berlin 1903

Goldschmidt-Langenbach: Conveyance and Registration. In: Die Zivilgesetze des Gegenwart, Bd. II, Das Zivilrecht Englands in Einzeldarstellungen, 1. Teil, Berlin 1931, 381

Golser, K.: Die Abgrenzung bürgschaftsähnlicher Versicherung gegenüber der Bürgschaft, Diss. Bern 1956

Goode, R. M.: Consumer Credit Act 1974, London 1974

— Hire-Purchase Law and Practice, 2. Aufl., London 1970

Gower, L. C. B.: The Principles of Modern Company Law, 3. Aufl., London 1969

Großkommentar: Handelsgesetzbuch, Bd. III, 2 Halbbände, 3. Aufl., Berlin-New York 1978, zit.: (Bearbeiter) in Großkomm. HGB

Grunfeld, C.: Reform in the Law of Contract, M. L. R. 24 (1961), 2, 69

— Law Reform (Enforcement of Contracts) Act, 1954, M. L. R. 17 (1954), 451

Gschnitzer, F.: Kündigung nach deutschem und österreichischem Recht, Iherings Jahrbücher, Bd. 42 (1927/28), 1

Gutteridge-Megrah: The Law of Banker's Commercial Credits, 4. Aufl., London 1968

Hadding, W.: Bürgschaft und Garantie. In: Gutachten und Vorschläge zur Überarbeitung des Schuldrechts, Bd. III, Köln 1983, S. 571, zit.: Hadding, Gutachten

— Zur Haftung des ausgeschiedenen OHG-Gesellschafters, ZGR 1 (1973), 137

Hager, G.: Zum Schutzbereich der Produzentenhaftung, AcP 184 (1984), 413

Hanbury, H. G.: Equity. In: Halsbury, The Laws of Englands, Bd. 14, 3. Aufl., London 1956, 459, zit.: Hanbury, Equity

— The Principles of Agency, 2. Aufl., London 1980

Hartley, T. C.: Das Bürgschafts- und Garantierecht im Vereinigten Königreich und in Irland, Brüssel-Luxemburg 1977

Hartmann, G.: Grundprinzipien der Praxis des englisch-amerikanischen Vertragsrechts gegenüber der deutschen gemeinrechtlichen Vertragsdoktrin, A. c. P. 77, 161

Hausmaniger-Selb: Römisches Privatrecht, Wien-München 1981

Hayes, J.: Le Statute of Frauds en Droit Anglais, Paris 1924

Heck, P.: Grundriß des Schuldrechts, Tübingen 1929

Hewitson, T.. Suretyship, Its Origin and History in Outline, London 1927

Hewitt, R. P.: A Treatise on the Statutes of Limitations, London 1893

Hobeck, P. A.: Fehlerhafte Erklärungen im englischen Vertrags- und Deliktsrecht unter besonderer Würdigung der Teilkodifikation durch den Misrepresentation Act 1967, Diss. Marburg 1981

Holden, J. M.: The Law and Practice of Banking, Bd. II: Securities for the Banker's Advances, 6. Aufl., London 1971

Holdsworth, W.: History of English Law, Bd. IV, London 1938

Horn, N.: Bürgschaften und Garantien zur Zahlung auf Erstes Anfordern, NJW 1980, 2153

Hueck, A.: Das Recht der offenen Handelsgesellschaft, 4. Aufl., Berlin 1971

Ivamy, E. R. H.: General Principles of Insurance Law, London 1966

Jackson, L. A.: Contract Guarantees Abroad, Journal of the Institute of Banker 79 (1958), 100

Jauernig, O.: Bürgerliches Gesetzbuch, 3. Aufl, München 1984, zit.: Jauernig-(Bearbeiter)

Jenks-Winfield: English Civil Law, 4. Aufl., London 1947

Jung, H. H.: Das englische hire-purchase law und das deutsche Abzahlungsgeschäft, Frankfurt a. M. 1977

Kaehler, Ch.-M.: Bereicherungsrecht und Vindikation, Allgemeine Prinzipien der Restitution, Bielefeld 1972

Kaser, M.: Das Römische Privatrecht, Zweiter Abschnitt, Die nachklassischen Entwicklungen, 2. Aufl., München 1975

Käser, J.: Garantieversprechen als Sicherheit im Handelsverkehr, Rabels Z 35 (1971), 601

Kanka, K.: Die Mitbürgschaft, Iherings Jahrbücher 87 (1937/38), 123

Keener, A.: Treatise on the Law of Quasi-Contrct, New York 1893

Klett, D.: Der Schutz des Bürgen, Diss. Freiburg 1971

Knütel, R.: Zur Frage der sog. Diligenzpflichten des Gläubigers gegenüber dem Bürgen. In: Festschrift für Flume, Bd. I, Köln 1978, S. 559

Köndgen, J.: Selbstbindung ohne Vertrag, Tübingen 1981

Larenz, K.: Lehrbuch des Schuldrechts, Bd. I, Allgemeiner Teil, 13. Aufl., München 1982, zit.: Larenz, SAT; Bd. II, Besonderer Teil, 12. Aufl., München 1981, zit.: Larenz, SBT

Law Reform Committee: Bericht vom April 1953, London 1953, Cmd. 8809

Law Revision Committee: Sixth Interim Report, London 1937

Lian, K. K.: Credit and Security in Singapore, St. Lucia, N. Y., 1973

Lindley-Scamell: The Law of Partnership, 12. Aufl., London 1962

Mac Gillivray, E. J.: On Insurance Law, 5. Aufl., 2 Bände, London 1961

Maitland-Brunyate: Equity, 2. Aufl., Cambridge 1936

Maudsley: Restitution in England, Vanderbilt Law Review 19 (1966), 1123

Max-Planck-Institut für ausländisches und internationales Privatrecht: Die Bürgschaft im Recht der Mitgliedstaaten der Europäischen Gemeinschaften, Brüssel 1971, zit.: Max-Planck-Institut, Bürgschaft

Mayne-Smith: Treatise on Damages, 5. Aufl., London 1894

Mc Garvie-Pannam-Hocker: Cases and Materials on Contract, 2. Aufl., Melbourne 1971

Mc Gregor, H.: On Damages, 13. Aufl., London 1972

Medicus, D.: Bürgerliches Recht, 12. Aufl., Köln-Berlin-Bonn-München 1984

— Schuldrecht I, Allgemeiner Teil, 2. Aufl., München 1984

Megrah: Guarantees and Indemnities. In: The Encyclopaedia of Forms and Precedents, Bd. 9, 4. Aufl., London 1968

Meyer, D.: Consideration Necessary to Support a Contract of Suretyship, Tulane Law Review 1957, 645

Mittelstein, M.: Die Miete nach dem Rechte des Deutschen Reiches, 4. Aufl., Berlin 1932

Molitor, E.: Die Kündigung, Mannheim-Berlin-Leipzig 1935

Morgan: The History and Economies of Suretyship, Cornell Law Quarterly 13 (1927), 153

Mozley-Whiteley: Law Dictionary, 9. Aufl., London 1977

Motive zu dem Entwurf eines Bürgerlichen Gesetzbuches für das Deutsche Reich, Bd. II, Berlin-Leipzig 1888, zit.: Motive II

Münchner Kommentar: Kommentar zum Bürgerlichen Gesetzbuch, zit.: Münch-Komm-(Bearbeiter); Bd. II, Schuldrecht, Allgemeiner Teil, 2. Aufl., München 1985; Bd. III, 2. Halbband, Schuldrecht, Besonderer Teil (§§ 652-853), München 1986

Mungall-Condon: Practice and Procedure under the Indemnity Agreement — What are Available Remedies and How and When Should They be Exercised?, A. B. A. Sect. Ins. N. & CL 1971, 177

N. N.: Considerations for Guarantees, L. J. 69 (1930), 40

N. N.: Co-Sureties: Rights of Contribution, Aus. L. J. 9 (1935), 42

Neumann, H.: Handausgabe des Bürgerlichen Gesetzbuches für das Deutsche Reich, Bd. I, 5. Aufl., Berin 1909

Oertmann, P.: Bürgerliches Gesetzbuch, Bd. II, Recht der Schuldverhältnisse, 5. Aufl., Berlin 1929, zit.: Oertmann, Schuldverhältnisse

— Urteilsanmerkung, JW 1931, 1924

Paget-Megrah: Law of Banking, 7. Aufl., London 1966

Palandt, O.: Bürgerliches Gesetzbuch, 45. Aufl., München 1986, zit.: Palandt-(Bearbeiter)

Pegels, W.: Das Verhältnis von Bürgschaft, Garantievertrag, Schuldbeitritt zueinander, Diss. Erlangen 1936

Pleyer, K.: Die Bankgarantie im zwischenstaatlichen Handel, WM 1973, Sonderbeilage Nr. 2

Pollock, F.: Principles of Contract, 13. Aufl., London 1950

Priester, H.: Der Garantievertrag, Diss. Bern 1935

Prochownick, W.: Das Bürgerliche Recht Englands, Bd. II, Berlin 1929

Prölls-Martin: Versicherungsvertragsgesetz, 23. Aufl., München 1984

Rabel, E.: The Statute of Frauds and Comparative Legal History, L. Q. R. 63 (1947), 174

Raiser, L.: Das Recht der Allgemeinen Geschäftsbedingungen, 2. (unveränderte) Aufl., Bad Homburg v. d. H. 1961

Reichsgerichtsrätekommentar: Das Bürgerliche Gesetzbuch, Bd. II, 12. Aufl., Berin-New York 1976, zit.: (Bearbeiter) in BGB-RGRK

Reinicke-Tiedtke: Gesamtschuld und Schuldsicherung, Neuwied 1981

Rheinstein, M.: Die Struktur des vertraglichen Schuldverhältnisses im anglo-amerikanischen Recht, Berlin-Leipzig 1932

Rowlatt, S.: The Law of Principal and Surety, 4. Aufl., London 1982

Salmon, J. W.: On Jurisprudence, 12. Aufl., London 1966

Samuel, G.: Restitution — Voluntary Payment, L. Q. R. 91 (1975), 308

Saunders, J. B.: Words and Phrases Legally Defined, Bd. II, 2. Aufl., London 1969

Sayn-Wittgenstein-Berleburg, S. Prinz zu: Allgemeine Geschäftsbedingungen im englischen Recht, Marburg 1969

Schäfer, K.-J.: Bankkontokorrent und Bürgschaft, Köln 1971

Scherer, M.: Recht der Schuldverhältnisse des Bürgerlichen Gesetzbuches, Erlangen 1899

Schinnerer: Garantie oder Bürgschaft, Österreichisches Bank-Archiv 1972, 439

Schlechtriem, P.: Ausgleich zwischen mehreren Sicherern fremder Schuld. In: Festschrift für Ernst von Caemmerer, Tübingen 1978, S. 1012

Schlegelberger, F.: Handelsgesetzbuch, Bd. IV, 5. Aufl., München 1976

Schmitthoff, C. M.: Export Trade, 7. Aufl., London 1980

— The Sale of Goods, 2. Aufl., London 1966

Schnitzer, A. F.: Vergleichende Rechtslehre, Bd. II, 2. Aufl., Basel 1961

Scholz-Lwowski: Das Recht der Kreditsicherung, 5. Aufl., Berlin 1980

Schönle, H.: Bank- und Börsenrecht, 2. Aufl., München 1976

Schultz, G.: Grundsätze der versicherungsrechtlichen Vorteilsausgleichung, Hamburg 1934

Schulz, F.: Classical Roman Law, Oxford

Schwarz, A.: Garantievertrag und Bürgschaft. In: Rechtsvergleichendes Handwörterbuch für das Zivil- und Handelsrecht des In- und Auslandes, Bd. 3, Berlin 1931, 593

Seidman, L. E.: Liability of Heirs for Future Debts under Continuing Guarantee — Recent Developments in Contractual Obligations of Good Faith, Mc Gill Law Journal 27 (1981-1982), 563

Selb, W.: Schadensbegriff und Regreßmethoden, Heidelberg 1963

Shebbeare, J. D.: Deeds and Other Instruments. In: Halsbury, The Laws of England, Bd. 11, 3. Aufl., London 1955, 321

Sheldon-Drover-Bosby: Practice and Law of Banking, 10. Aufl., London 1972

Smith, J. W.: Lectures on the Law of Contract, ohne weitere Angabe

Smith-Keenan: Mercantile Law, 4. Aufl., London 1978

Snell, E. H. T.: Principles of Equity, 27. Aufl., London 1973

Soergel-Siebert: Bürgerliches Gesetzbuch, zit.: Soergel-Siebert-(Bearbeiter); Bd. II (§§ 241-610), 10. Aufl., Stuttgart-Berlin-Köln-Mainz 1967; Bd. IV (§§ 705-853), 11. Aufl., Stuttgart-Berlin-Köln-Mainz 1985

Stammler, R.: Der Garantievertrag, A. c. P. 69 (1886), 1

Staub, H.: Kommentar zum Handelsgesetz; Bd. II, 9. Aufl., Berlin 1913, zit.: Staub-Könige; Bd. III, 14. Aufl., Berlin-Leipzig 1933, zit.: Staub-Gadow

Staudinger, J. von: Kommentar zum Bürgerlichen Gesetzbuch, 2. Buch, Recht der Schuldverhältnise, 12. Aufl., Berlin 1979 ff., zit.: Staudinger-(Bearbeiter)

Stearns-Elder: The Law of Suretyship, 5. Aufl., Cincinnati 1951

Stephen, J.: Section Seventeen of the Statute of Frauds, L. Q. R. 1 (1885), 1

Stoljar, S. J.: The Law of Agency, London 1961

— The Law of Quasi-Contract, Sydney-Melbourne-Brisbane 1964, zit.: Stoljar, Quasi-Contract

Stötter, V.: Das Garantieversprechen (Garantievertrag), DB 1971, 2145

— Das Vertragsverhältnis zwischen dem Hauptschuldner und dem Auftragsbürgen, insbesondere seine Beendigung durch Kündigung aus wichtigem Grund (Verhältnis von § 671 und 775 BGB), MDR 1970, 545, zit.: Stötter, Auftragsbürgschaft

— Die Kreditbürgschaft, insbesondere ihre Beendigung, DB 1968, 603

Story-Lyon: Commentaries on Equity Jurisprudence, Bd. II, 14. Aufl., Boston 1918

Story-Thorndike: Commentries on the Law of Promissory Notes and Guaranties of Notes, and Checks on Banks and Bankers, 7. Aufl., Boston 1878

Stroud: Judicial Dictionary of Words and Phrases; Bd. II, 4. Aufl., London 1972; Bd. IV, 4. Aufl., London 1974

Sutton-Shannon: On Contracts, 7. Aufl., London 1970

Thayer, J. B.: A Preliminary Treatise on Evidence at the Common Law, London 1898

Thiele, W.: Gesamtschuld und Gesamtschuldnerausgleich, JuS 1968, 149

— Schuldrecht, Besonderer Teil, 3. Aufl., Frankfurt am Main 1982

Treitel, G. H.: The Law of Contrct, 6. Aufl., London 1983, zit.: Treitel, Contract

— An Outline of the Law of Contract, 2. Aufl., London 1979, zit.: Treitel, Outline

Ulmer-Wiesner: Die Haftung ausgeschiedener Gesellschafter, ZHR 144 (1980), 393

Warren, H. D.: Consideration for Assumption of Obligation as Guarantor, Surety, Indorser, or Indemnitor, after Execution and Delivery of Principal Contract, as Predicable upon Antecedent Promise to Assume or Furnish Such Obligation (Annotation), A. L. R. 167 (1947), 1174

Weber, H.: Sicherungsgeschäfte, 2. Aufl., München 1977

Weeramantry, C. G.: The Law of Contracts, Colombo 1967

Westermann, H.: Sachenrecht, 5. Aufl., Karlsruhe 1966

Williams, W. J.: The Law and Practice Relating to the Contract for Sale of Land and the Title to Land, 3. Aufl., London 1966, zit.: Williams, Sale of Land

Williams, J.: Availability by Way of Defense of Contracts not Complying with the Statute of Frauds, L. Q. R. 50 (1934), 532

— The Statute of Frauds, Section Four, Cambridge 1932, zit.: Williams, Statute

Williams, G. L.: Joint Obligations, London 1949, zit.: Williams, Joint Obligations

— Joint Torts and Contributory Negligence, London 1951, zit.: Williams, Joint Torts

Williams-Keeton: Executors and Administrators, Bd. 2, 14. Aufl., London 1960

Williston, S.: A Treatise on the Law of Contracts, Bd. 10, 3. Aufl., Mount Kisco, N. Y., 1967

Winfield, P. H.: Equity and Quasi-Contract, L. Q. R. 64 (1948), 46

Wolf, E.: Lehrbuch des Schuldrechts; Bd. I, Allgemeiner Teil, Köln-Berlin-Bonn-München 1978, zit.: Wolf, SAT; Bd. II, Besonderer Teil, Köln-Berlin-Bonn-München 1978, zit.: Wolf, SBT

Wolff-Raiser: Sachenrecht, 10. Aufl., Tübingen 1957

Wright, R. A.: Williston on Contracts, L. Q. R. 55 (1939), 189

Zweigert-Kötz: Einführung in die Rechtsvergleichung auf dem Gebiete des Privatrechts, Bd. II, Institutionen, 2. Aufl., Tübingen 1984

Entscheidungsverzeichnis

Aldrich v. Cooper (1803) 8 Ves. 382
Alexander v. Vane (1836) 1 M. & W. 511
Allen v. Bennet (1836) 3 Taunt. 169
Anderson-Berry, Harris v. Griffith [1928] Ch. 290, C. A.
Anson v. Anson [1953] 1 Q. B. 636
Arcedeckne v. Howard (1875) 45 L. J. Ch. 622
Ascherson v. Tredegar Dry Dock and Wharf Co., Ltd. [1909] 2 Ch. 401
Ashby v. Day (1885) 33 W. R. 631
Badeley v. Consolidated Bank (1886) 34 Ch. D. 536
Bailey v. Sweeting (1861) 9 C. B. (N. S.) 843
Batard v. Hawes (1853) 2 E. & B. 287
Batson v. King (1859) 4 H. & N. 739
Bechervaise v. Lewis (1872) L. R. 7 C. P. 372
Beckett v. Addyman (1882) 9. Q. B. D. 783
Belshaw v. Bush (1851) 11 C. B. 191
Birkmyr v. Darnell (1704) 1 Salk. 27
Birmingham and District Land Co. v. London & N. W. Ry. Co. (1886) 34 Ch. D. 261
Bolton v. Buckenham [1891] 1 Q. B. 278
Bradbury v. Morgan (1862) 1 H. & C. 249
Bradford Old Bank, Ltd. v. Sutcliffe [1918] 2 K. B. 833
Bristol, Cardiff and Swansen Aerated Bread Co. v. Maggs (1890) 44 Ch. D. 616
Britain v. Rossiter (1879) 11 Q. B. D. 130
Brook's Wharf and Bull Wharf, Ltd. v. Goodman Bros. [1937] 1 K. B. 534
Browne v. Carr (1831) 7 Bing. 508
Brown's Estate, Re, Brown v. Brown (1893) 2 Ch. 300
Bryant v. Christie (1816) 1 Stark. 329
Buxton v. Rust (1871) L. R. 7 Ex. 1
Calder v. Rutherford (1822) 3 Brod. & B. 302
Carlisle and Cumberland Banking Co. v. Bragg [1911] 1 K. B. 489
Carrington v. Roots (1837) 2 M. & W. 248
Catling v. King (1877) 5 Ch. D. 640
Caton v. Caton (1867) L. R. 2 H. L. 127
Chambers v. Manchester and Milford Rail Co. (1864) 5 B. & S. 588

Ridgeway v. Wharton (1857) 6 H. L. C. 238
Rolt v. Cozens (1856) 18 C. B. 673
Rossiter v. Miller (1878) 3 App. Cas. 1124
Rowson, Re (1885) 29 Ch. D. 358
Ryan v. Fildes [1938] 3 All E. R. 517
Sale v. Lambert (1874) L. R. 18 Eq. 1
Samuell v. Howarth (1817) 3 Mer. 272
Saunderson v. Jackson (1800) 2 Bos. & P. 238
Schneider v. Norris (1814) 2 M. & S. 286
Seaton v. Heath, Seaton v. Burnand [1899] 1 Q. B. 782
Shardlow v. Cotterell (1881) 20 Ch. D. 92
Sherry, Re, London and Country Banking Co. v. Terry (1884) 25 Ch. D. 692
Silvester, Re, Midland Rail Co. v. Silvester [1895] 1 Ch. 573
Simmons v. Simmons (1847) 6 Hare 352
Simmons and Others v. Keating (1818) 2 Stark. 426
Simon v. Metivier (1766) 1 Wm. 81. 599
Sinclair v. Brougham [1914] A. C. 389 (H. L.)
Skelton v. Cole (1857) 1 De G. & J. 587
Smith, Ex parte (1793) 3 Bro. C. C. 1
Smith v. Compton (1832) B. & Ad. 407
Smith v. Dixon (1839) 3 Jur. 770
Snowdon, Ex parte (1881) 17 Ch. D. 44
Solly v. Forbves (1820) 2 Brod. & B. 38
Stewart and Mc Donald v. Young (1894) 38 Sol. Jo. 385
Stirling v. Burdett [1911] 2 Ch. 418
Stokes v. Moore (1786) 1 Cos. 219
Stokes v. Whicher [1920] 1 Ch. 411
Studds v. Watson (1884) 28 Ch. D. 305
Sutton v. Grey [1894] 1 Q. B. 285
Tarr, Smith & Co. v. Messers, Ltd. [1928] 1 K. B. 397
Tawney v. Crowther (1791) 3 Bro. C. C. 318
Tayler v. Smith [1893] 2 Q. B. 65
Thirkell v. Cambi [1919] 2 K. B. 590
Thomas v. Brown (1876) 1 Q. B. D. 714
Thomas v. Cook (1828) 9 B. & C. 728
Timmins v. Moreland Street Property, Ltd. [1958] Ch. 110
Toussaint v. Martinnant (1787) 2 T. R. 100
Trade Indemnity Co. v. Workington Harbour and Dock Board [1937] A. C. 1
Underhill v. Horwood (1804) 10 Ves. 209
United Australia, Ltd. v. Barclays Bank, Ltd. [1941] A. C. 1

Unity Finance, Ltd. v. Woodcock [1963] 1 W. L. R. 455
Urquhart Lindsay & Co., Ltd. v. Eastern Bank, Ltd. [1922] 1 K. B. 318
Vandenbergh v. Spooner (1866) L. R. 1 Ex. 317
Verlander v. Codd (1823) Turn & R. 352
Wain v. Warltes (1804) 5 East 10
Ward v. National Bank of New Zealand (1883) 8 App. Cas. 755
Watson, Re [1896] 1 Ch. D. 925
Watts v. Shuttleworth (1861) 7 H. & N. 353
Wauthier v. Wilson (1911) 27 T. L. R. 582
Western v. Russell (1814) 3 V. & B. 187
White v. Tyndall (1888) 13 App. Cas. 263
Whitham v. Bullock [1939] 2 K. B. 81
Whiting v. Burke (1871) 6 Ch. App. 342
Wildes v. Dudlow (1874) L. R. 19 Eq. 198
Wilkinson v. Evans (1866) L. R. 1 C. P. 407
Williams v. Lake (1859) 2 E. & E. 349
Williams v. Leper (1766) 3 Burr. 1886
Wingfield v. De St. Croix (1919) 35 T. L. R. 432
Wolmershausen v. Gullick [1893] 2 Ch. 514
Wormleighton v. Hunter (1614) Godb. 243
Wyndham v. Chetwynd (1757) 1 Wm. Bl. 95
Wynne v. Hughes (1873) 21 W. R. 628
Yorkshire Railway Wagon Co. v. Maclure (1879) 19 Ch. D. 478

FSC
www.fsc.org
MIX
Papier | Fördert
gute Waldnutzung
FSC® C083411

Kolibri 360 GmbH
Ferdinand-Jühlke-Straße 7
99095 Erfurt, Deutschland
produktsicherheit@kolibri360.de

Druck:
CPI Druckdienstleistungen GmbH
im Auftrag der
Kolibri 360 GmbH
Ferdinand-Jühlke-Str. 7
99095 Erfurt